D-DAY

DER LÄNGSTE TAG

D-DAY

DER LÄNGSTE TAG

WILL FOWLER

tosa

Originaltitel: „D-Day: The First 24 Hours“

This translation of D-Day: The First 24 Hours first published in 2004 is published by arrangement with Amber Books Ltd.

Übersetzung aus dem Englischen: www.textwerkstatt.at/Mag. Caroline Klima

Printed in Slovenia

www.tosa-verlag.com

Bildnachweis

Amber Books: 71, 86, 99(u), 106, 131, 158(u); **TRH Pictures:** 2, 6–7 (US National Archives), 8, 9, 11, 13 (beide), 14, 16, 18, 23, 24 (US National Archives), 25, 28 (RAF Museum), 30–31 (IWM), 32, 34 (IWM), 35, 37, 38, 39, 41, 42, 44–45 (US National Archives), 46–47, 48, 49 (IWM), 50 (US National Archives), 51, 53, 55, 57 (US National Archives), 59 (DOD), 60, 65, 66, 68 (US National Archives), 70 (IWM), 76–77 (IWM), 79, 80, 81, 82, 84 (US National Archives), 85, 87 (US National Archives), 88 (US National Archives), 92–93, 94–95 (IWM), 97, 99 (o), 100, 102, 104 (IWM), 107 (US Army), 120, 121, 123, 124, 128–129 (DOD), 132 (IWM), 133, 135 (IWM), 140 (US Coast Guard), 142 (IWM), 145, 158(o), 161 (IWM), 164 (IWM), 168 (IWM), 169, 174 (IWM), 175 (IWM), 177, 178–179 (US National Archives), 181 (US Army), 185, 186 (IWM); **US National Archives:** 10, 26, 27, 54, 62, 75, 78, 91; **John Csaszar:** 111, 114–115, 127, 138, 187; **Photos12.com:** (Coll-DITE-USIS), 72–73, 116, 117, 144, 183; (KEYSTONE Pressedienst) 156–7; **Popperfoto:** 64, 119, 122, 136, 163, 165, 176, 180; **Süddeutscher Verlag:** 112, 141; **Topham Picturepoint:** 96, 103, 166–167, 172

Kartennachweis

Peter Harper: 20–21, 22, 43, 58, 63, 98, 110, 118, 126, 130, 134, 162, 171, 182
Patrick Mulrey: 67, 159

INHALT

1. Der Weg zu Operation Overlord 6

2. Spionage und Widerstand 30

3. Logistik und Technologie 46

4. Spezialeinsätze 76

5. Stunde Null 94

6. Utah Beach 114

7. Omaha Beach 128

8. Gold Beach 146

9. Juno Beach 156

10. Sword Beach 166

11. Der Preis 178

D-Day-Schlachtordnung 188

Register 190

KAPITEL EINS

DER WEG ZU OPERATION OVERLORD

Die Amerikaner drängten bereits 1942 auf eine Invasion in Nordeuropa, doch es sollte noch zwei weitere Jahre dauern, bis ihre Pläne verwirklicht wurden. US-, britische und kanadische Soldaten sowie Frauen und Männer aus den besetzten Staaten Europas drängten sich auf einer überfüllten Insel, während die alliierten Streitkräfte Kommunikations- und Verteidigungsstrukturen für die Invasion vorbereiteten. Nun warteten diese Soldaten auf den Marschbefehl.

IM FRÜHJAHR 1944 erkannten die westlichen Alliierten und die Sowjetunion, dass sich das Kriegsglück langsam zu Ungunsten Deutschlands und seiner Verbündeten wendete. Doch diese Sicherheit hatten sie nicht immer gehabt.

Im September 1939 griff Nazi-Deutschland Polen an, worauf ihm Frankreich und Großbritannien den Krieg erklärten. Polen fiel binnen eines Monats. Im April 1940 fiel Deutschland in Dänemark ein und trug einen verlustreichen Kampf um Norwegen aus. Im Juni unterlag Frankreich nach sechswöchigem „Blitzkrieg“. Es wurde in eine von den Nazis besetzte Zone im Norden und Westen sowie die „neutrale“, Nazi-freundliche Vichy-Zone im Süden geteilt. Im April 1941 überrannte Deutschland Jugoslawien innerhalb von elf Tagen. Griechenland fiel nach hartem Kampf, Ende Mai ero-

Links: Soldaten und Ausrüstung werden bei einer Übung an einem Strand in Devon aus einem US-Landungsboot geladen. Man wählte die Strände von Devon aufgrund ihrer Ähnlichkeit mit den Stränden der Normandie, mit langen, sanft zum Meer abfallenden Sandstränden.

Oben: Deutsche Schützen schütten Sand und Erde an der Betongrube eines 15-cm-Geschützes K 18 in einer Küstenstellung auf. Rechts legen sie Grassoden aus, um die Grube zu tarnen, die aus der Luft mit auf Rahmen gespannten Netzen getarnt ist.

berten deutsche Fallschirmspringer Kreta. Die UdSSR war durch den 1939 mit Deutschland geschlossenen Nichtangriffspakt gebunden, und die USA wollten trotz Sympathien für England nicht in den europäischen Konflikt hineingezogen werden. Im Frühjahr 1941 stand Großbritannien allein.

Zu Beginn der Operation Barbarossa, wie die Deutschen den Angriff auf die Sowjetunion im Juni 1941 nannten, und bis zum japanischen Luftangriff auf Pearl Harbor im Dezember 1941 verzeichneten die Achsenmächte Deutschland, Japan und Italien große militärische Erfolge. Im Dezember 1941 kam der deutsche Vormarsch vor Moskau zum Stehen, aber im Frühlingdarauf stießen vier Armeen tief in den Kaukasus und bis zur Wolga bei Stalingrad vor. Im Winter 1942 war die deutsche 6. Armee in den Kampf um Stalingrad verwickelt, hunderte Meilen südlich wurde Rommels Afrikakorps bei El Alamein in der ägyptischen Wüste durch die britische 8. Armee gestoppt. Ende 1942 hatte die territoriale Expansion Nazi-Deutschlands den Höchststand erreicht.

Der britische Gegenangriff bei El Alamein im Oktober 1942 und der sowjetische Sieg bei Stalingrad Anfang 1943 waren der Anfang vom Ende. Deutschland und seine Verbündeten standen in der Defensive. Im Mai 1943 war Nordafrika von deutschen Streitkräften gesäubert. Britische und US-Truppen marschierten im Juli 1943 in Sizilien ein, etwa gleichzeitig wurden die deutschen Panzer bei Kursk besiegt.

Ende 1943 stießen britische und US-Armeen auf das italienische Festland vor. Benito Mussolini, Hitlers faschistischer Verbündeter, wurde zum Rücktritt gezwungen. Italien kapitulierte und trat auf Seiten der Alliierten in den Krieg ein. Die Kämpfe auf dem Weg in den Norden Italiens, das Churchill „den weichen Unterleib Europas" genannt hatte, waren schwer, da die Deutschen den alliierten Vormarsch mit natürlichen und künstlichen Hindernissen aufzuhalten versuchten.

1944 blieben die Alliierten vor Monte Cassino stecken und hielten nur noch den Brückenkopf bei Anzio. An der Ost-

FESTUNG EUROPA

Unmittelbar nach dem Fall Frankreichs 1940 besetzten die Deutschen die französischen Marineeinrichtungen und damit die lokale Abwehr. Später, nachdem Großbritannien keinen Frieden geschlossen hatte, wurden Verteidigungsanlagen an der Küste gegraben und Stacheldraht sowie Minenfelder ausgelegt, um Strände zu blockieren, die für amphibische Angriffe geeignet waren. Das waren noch nicht jene Betonbunker, die 1942–44 errichtet wurden, sondern vielmehr Zickzackgräben, die die Soldaten mit ihrer eigenen Ausrüstung graben konnten, nachdem das feindliche Gebiet erobert worden war.

1941 hatte sich die Organisation Todt (OT) (siehe Kasten auf Seite 12 unten) auf den Bau von verstärkten Betonbunkern für U-Boote, Luftwaffenstützpunkten und Küstenstellungen im Pas de Calais konzentriert. Die vier dort stationierten Geschütze sicherten die Kanaldurchfahrt und nahmen regelmäßig Dover, Ramsgate und Folkestone auf den britischen Inseln unter Beschuss. Die größten Kanonen, drei 40,6-cm-Geschütze in der Lindemann-Batterie in Sangatte, konnten alle drei Städte unter Beschuss nehmen. Die Bedrohung von „Hellfire Corner“, wie dieses Gebiet in England genannt wurde, blieb bis Spätsommer 1944 aufrecht. Manche Kanonen waren ursprünglich zur Unterstützung der Operation „Seelöwe“ aufgestellt worden, der geplanten Invasion Großbritanniens 1940.

Schließlich wurden an der französischen Küste 13 Küstengeschützbatterien errichtet, ferner je eine in Belgien, den Niederlanden und Norwegen sowie drei in Deutschland und drei in Dänemark.

front zogen sich die Deutschen langsam an die polnische Grenze zurück, wobei sie den sowjetischen Vorstoß mit lokalen Gegenangriffen verzögerten. Am 28. März wurde die 1. Panzerarmee unter dem Kommando von General Hans-Valentin Hube in der Ukraine ähnlich wie in Stalingrad von den Armeen der Generäle Schukow und Konew eingeschlossen. Zwei Tage später brach sie mit Hilfe zweier Divisionen der Waffen-SS durch und war am 7. April in Sicherheit.

In Großbritannien warteten US- und britische Land-, See- und Luftstreitkräfte auf den Befehl, eine „zweite Front“ zu eröffnen und die Invasion im besetzten Nordeuropa zu beginnen. Wie bei jeder militärischen Operation nannte man den Tag D-Day („Tag X“) und die Stunde des Angriffs H-Hour („Stunde Null“). Obwohl viele Soldaten bereits im Mittelmeer und über Europa eingesetzt worden waren, würde erst D-Day zeigen, ob sich drei Jahre Training gelohnt hatten.

ANGENEHMER POSTEN

In der deutschen Armee galt eine Stationierung in Frankreich – vor allem in Paris – als überaus angenehm. Hierher wurden Einheiten, die vom Kampf an der Ostfront erschöpft waren, auf Erholung geschickt. Die Beziehungen zwischen deutschen Soldaten und den meisten Französinnen und Franzosen waren in der Regel vernünftig. Für den 21-jährigen Gefreiten Klaus Herrig, Funker beim Fernmeldekorps der Kriegsmarine in Le Havre, waren „die Beziehungen eher korrekt als freundlich. Wir gingen ins Café auf ein Bier, aber es gab keine starken persönlichen Bindungen. Unsere Disziplin war gut und die deutschen Soldaten wussten sich im Allgemeinen zu benehmen“.

Monsieur Cassigneuel, ein Bauer aus der Nähe von St-Aubin, pflichtete ihm bei. „Unsere Deutschen waren nett. Wir hatten keinerlei Probleme. Wir hatten Pferde auf dem Hof, sie auch. Viele Deutsche waren Bauern, wir waren alle im gleichen Alter, machten dieselbe Arbeit und redeten darüber, wie was gemacht wird. Sie erzählten uns von den deutschen Methoden und wir sagten, wie wir das in Frankreich machten. Wir tauschten Informationen aus. Das war wirklich gut!“

Unten: Deutsche Offiziere inspizieren einen Betonbunker am Seeufer einer nordfranzösischen Stadt. Die Schießscharte für das Maschinengewehr oder die leichte Artillerie im Inneren steht im Winkel, um quer über den Strand feuern zu können. Stacheldraht blockiert den Uferwall.

Doch nicht jeder war zufrieden; es bildeten sich Widerstandsgruppen, die von Großbritannien und den USA unterstützt wurden, damit sie etwa Informationen über Pläne und Anlagen der Küstenverteidigung lieferten und die Kriegsanstrengungen der Nazis in Europa sabotierten.

BAUPLÄNE

Zwischen Juni und September 1942 wurden keine großen Verteidigungsanlagen errichtet, doch dann änderte sich die Lage. Am 23. März 1942 erließ Hitler die „Führerdirektive 40", die sowohl von begrenzten als auch von groß angelegten Angriffen an der Westküste Europas ausging. Der britische Überfall auf St-Nazaire 1942 und der verheerende Angriff auf Dieppe etwas später im selben Jahr verliehen dem Bau der Befestigungen, denen Hitler den Namen Atlantikwall gab, noch mehr Antrieb. Das geplante Bauprogramm sah die Errichtung von 15.000 Bunkern und Stellungen vom Typ „A" und „B" vor – wie die gewaltigen Bauten im Westwall an der Westgrenze Deutschlands. Die Küstenverteidigungsanlagen, die in Propagandafilmen und -fotos gezeigt wurden, erstreckten sich schließlich über eine Länge von 2.685 km von der spanischen Grenze bis zum Nordkap in Norwegen. Sie kombinierten Küstenartillerie, Infanterie- und Artilleriestellungen, um Schiffe unter Beschuss zu nehmen. Sie waren durch Minenfelder, Flammenwerfer und Stacheldraht geschützt, die alle Truppen und Fahrzeuge zerstören konnten, die eine Landung zu Wege gebracht hatten. An die 17,6 Mio. Kubiktonnen Stahlbeton wurden dafür verbraucht und riesige Armeen an Sklavenarbeitern lebten beim Bau unter entsetzlichen Bedingungen. Die Deutschen waren sehr geschickt bei Tunnelgrabungen; Spitäler, Kommandoposten, Lager und Schutzräume wurden tief im Gestein angelegt. Am Höhepunkt des Bauprogramms waren 260.000 Mann beschäftigt, nur zehn Prozent davon waren Deutsche.

> Diese gewaltige Operation ist ohne Zweifel die komplizierteste und schwierigste aller Zeiten. Sie erfordert die Berücksichtigung von Gezeiten, Wind, Wellen, Sicht sowohl vom Land aus als auch auf See, und das kombinierte und in höchstem Maße abgestimmte Vorgehen von Land-, Luft- und Seestreitkräften unter Bedingungen, die nicht vollständig vorhergesehen werden konnten und können.
>
> *Premierminister Winston Churchill vor dem britischen Unterhaus am 6. Juni 1944*

Links: Ein gepanzerter MG- und Beobachtungsposten im Atlantikwall. Ein Teil der Verteidigungsanlagen wurde der französischen Maginot-Linie und den von Belgiern und Holländern in den späten 30er-Jahren gebauten Hindernissen entnommen. Viele waren sehr wirksam.

Oben: Ein sowjetischer Krokodil-*Cartoon zeigt Hitler in der Zange von drei Jahren Krieg im Osten. Wenn die Deutschen eine alliierte Landung in Europa zurückwerfen konnten, glaubten sie, den sowjetischen Vormarsch stoppen zu können, um dann Frieden zu schließen.*

Die Bunker waren gassicher, da sie über doppelte Türen und ein manuell betriebenes Filtersystem verfügten. Neben dem Eingang, für gewöhnlich eine gepanzerte, durch einen MG-Posten gesicherte Tür, gab es auch einen Fluchtschacht, falls das Tor beschädigt war. Hinter den Stellungen an der Frontlinie errichteten die Deutschen Schutzbunker vom Typ 621 und 622, in denen die Soldaten bei schwerem Beschuss Schutz suchen und von denen aus sie Gegenangriffe starten oder die Bunkerwaffen besetzen konnten.

Eine besondere Konstruktion hatten deutsche Ingenieure von den Italienern geliehen: den Tobruk, einen Betonbunker für zwei bis drei Mann mit einer kurzen Treppe zu einem Munitionslager und Unterschlupf mit rundem Zugang. Es gab ihn in drei Formen: Der Ringstand war oben offen und hatte ein rundes Geländer zum Befestigen eines MGs. Die 5-cm-Mörser-Stellung besaß eine Betonsäule zum Aufstellen des Granatwerfers, wobei das Munitionslager unten an der Treppe lag. Die Panzerstellung verfügte über einen Panzergeschützturm, meist von französischen leichten Panzern wie Renault FT-17 oder R35, die man 1940 erbeutet hatte.

Zum Atlantikwall gehörten außerdem Stacheldraht, Minen, Gräben, „Drachenzähne" genannte Betonwürfel, Stahltetraeder, vertikale Stahlträger und „tschechische Igel" genannte Panzerbarrikaden. Angesichts der Erfahrung von

Dieppe, wo Churchill-Panzer nicht in der Lage waren, die niedrige Ufermauer zu überwinden, entwarfen OT-Ingenieure die Panzermauer – große, verstärkte Betonmauern, 3 m hoch und 2 m stark, in die Panzerabwehrgeschütze eingebaut waren. Gelegentlich wurden Anlagen aus Kriegen aus dem 19. Jahrhundert effektiv integriert, etwa Beobachtungsposten auf oder Feldbunker in den Mauern von Burgen.

Viele Küstenabwehrgeschütze waren französische, tschechische oder sowjetische Waffen. Als Panzerhindernisse wurden auf offenen Stränden die hervorragenden belgischen Stahlträger „Element C" oder „Belgisches Tor" aufgestellt. Diese Hindernisse, die in Position gerollt und dann zusammengenietet werden konnten, waren als Rollböcke bekannt.

TARNUNG UND VERHÜLLUNG

Betonbunker und Geschützstellungen erhielten eine strukturierte Oberfläche, indem man sicherstellte, dass die Verschalung nicht glatt war, und man ließ Konstruktionsstäbe herausstehen, um daran Tarnnetze zu befestigen. Außerdem wurde der Boden rund um die Bunker zu Böschungen angehäuft. Aufgelegte Steine ließen die Stellungen mit Klippen oder Gebäuden verschmelzen. Manche Bunker, die an der Seeseite von Küstenstädten gebaut worden waren, wurden mit falschen Fenstern und Türen bemalt, damit sie wie Bungalows oder Villen aussahen.

Die Bunker und Geschützstellungen des Atlantikwalls waren so massiv, dass viele davon heute noch an den Klippen und Stränden Nordeuropas intakt sind.

OSTARBEITER

Ostarbeiter, das heißt polnische oder russische Sklavenarbeiter aus den besetzten Gebieten, wurden durch ein Armband, das den Buchstaben „O" trug, gekennzeichnet. Sie wurden bei gefährlichen oder anstrengenden Arbeiten eingesetzt, wozu auch der Bau des Atlantikwalls zählte. Sie wurden schlecht versorgt, und wer zu flüchten versuchte, wurde zur Abschreckung öffentlich gehängt.

Am Bau des Atlantikwalls waren nicht nur deutsche Soldaten, OT-Belegschaft und Sklavenarbeiter beteiligt. Die Bevölkerung in ganz Europa fand dabei Arbeit, sei es als einfache Handwerker oder bei komplexen Bauprojekten, die von Unternehmern für die Deutschen ausgeführt wurden.

Nach der Befreiung Frankreichs setzte die Verfolgung von Männern und Frauen ein, die mit den Deutschen tatsächlich oder vermeintlich kollaboriert hatten. Im Juni 1946 schrieb der französische Autor und Intellektuelle Jean Paulham:

„Schreiber und Schriftsteller wurden schwer verfolgt. Die Ingenieure, Unternehmer und Baumeister, die den Atlantikwall errichtet haben, leben friedlich unter uns. Sie bauen neue Mauern. Sie bauen die Mauern der neuen Gefängnisse, in denen wir jene Journalisten einsperren, die den Fehler begangen hatten, zu schreiben, dass der Atlantikwall gut gebaut worden war."

ORGANISATION TODT (OT)

OT war die staatliche, 1938 gegründete und nach ihrem Direktor, Fritz Todt, benannte deutsche Baugesellschaft. OT baute militärische Einrichtungen in Deutschland und im besetzten Europa, die meisten davon auf sehr hohem Niveau. Autobahnen, Luftschutzbunker und Befestigungen sind als stummes Zeugnis für die deutschen Ingenieure und ihre versklavte Arbeitskraft übrig. Zu den großen OT-Projekten gehörten die Reichsautobahn, der Westwall an der deutsch-französischen Grenze und später der Atlantikwall, jene Küstenbefestigungen, die sich vom Nordkap in Norwegen bis zur Bucht von Biskaya erstreckten. Für diese Arbeiten beschäftigte OT Kriegsgefangene, Insassen von Konzentrationslagern und zivile Fremdarbeiter, die von deutschen Streitkräften entführt worden waren. Militärische Stellungen an Klippen oder tief im Boden zu errichten, war hart und gefährlich. Lokal angeworbene Bauarbeiter wurden hingegen gut bezahlt. Es ist Ironie des Schicksals, dass einige der Abwehranlagen der Nazis im Ärmelkanal von Briten gebaut wurden, die die gute Bezahlung schätzten.

Mit Fortschreiten des Krieges wurde OT zur Reparatur von Bombenschäden und später zum Bau von unterirdischen Fabriken gedrängt. Todt und später Albert Speer waren sehr mächtig, sodass sie die Bürokratie umgehen konnten und OT zu einer der effizientesten Organisationen im Dritten Reich machten. Kritiker erinnern sich an Treffen, genannt „Betonaustausch", bei denen die Marine, die Armee und die Luftwaffe um die Dienste der OT warben. OT wurde bei allen Großprojekten, wie sie Nazi-Deutschland so liebte, hinzugezogen, bei denen riesige Mengen Beton in möglichst kurzer Zeit verarbeitet wurden, und eine Rekordmanie setzte ein.

Entlang der Küste gab es Widerstandsnester (WN) oder Stützpunkte. In einer Einsatzanalyse beschrieb die Kanadische Armee ein Widerstandnest. Es wurde rund um zwei oder drei Kasematten errichtet, wobei Panzerabwehrgeschütze auf die Küste gerichtet waren. Granatwerfer feuerten indirekt, mit Maschinengewehren, Geschütztürmen oder Panzergeschützen bestückte Tobruks direkt. Die Stellung war von Panzerabwehrgräben, Minenfeldern und Stacheldraht umgeben.

Der kommandierende Offizier des Sektors, der von der 716. Division gehalten wurde, verglich die 40 bis 50 Widerstandsnester mit einer Perlenkette entlang der Küste. Ob-

Oben: Eine 7,5-cm-Feldkanone 38 in einer offenen Grube. Angesichts der Bedrohung durch alliierte Bomber brachten die Deutschen ihre Artillerie später in massiven Betonkasematten unter. Auch wenn das ihren Schussradius begrenzte, boten sie dem Geschütz größeren Schutz.

Unten: Die Soldaten befestigen ein Tarnnetz über einem erbeuteten französischen 105-mm-1913-Schneider-Geschütz, das zum Schutz eines möglichen Landungsplatzes an der Küste aufgestellt wurde. Es konnte eine 15,74-kg-Granate bis zu 12.000 m weit schießen.

ERWIN ROMMEL

Im Jahr 1940 war der 49-jährige Erwin Rommel Kommandant der 9. Panzerdivision, ein Karrieresoldat, der im Ersten Weltkrieg mit Bravour gedient und 1917 die höchste Tapferkeitsmedaille erhalten hatte, den *Pour le Mérite*. Auf Grund seiner Erfahrungen im Ersten Weltkrieg schrieb er das Buch *Infanterie greift an*, mit dem er Hitlers Aufmerksamkeit erregte. 1939 kommandierte Rommel in Polen Hitlers persönliches Leibgardebataillon. In Frankreich befehligte er 1940 die 7. Panzerdivision, die wegen ihres raschen Vormarsches den Spitznamen Gespensterdivision erhielt. Danach kommandierte Rommel vom 6. Februar 1941 bis 9. März 1943 das Deutsche Afrika-Korps (DAK) in Nordafrika; in dieser Zeit schlug er die britischen Streitkräfte unzählige Male. Nach einer kurzen Periode in Italien übernahm er im Januar 1944 das Kommando einer Heeresgruppe in Nordfrankreich. Er arbeitete unermüdlich am Ausbau des Atlantikwalls und drängte die Kommandanten, die Verteidigungsanlagen mit Feldbefestigungen und Hindernissen zu verstärken. Am 5. Juni fuhr er wegen des schlechten Wetters nach Ulm in Süddeutschland, um den Geburtstag seiner Frau zu feiern, da er sicher war, es würde keine Landung stattfinden. Als man ihn wegen der Landungen alarmierte, kehrte er sofort zurück und war am 6. Juni um 16 Uhr wieder im Hauptquartier in La Roche Guyon.

Sein 36-jähriger Adjutant, Hauptmann Helmut Lang, erinnerte sich noch an den Zorn des Feldmarschalls, dass die Lehr-Panzer und die 12. Panzerdivision der Waffen-SS nicht unter seinem Kommando standen. Dann wären sie näher an der Küste gewesen und hätten einen sofortigen Gegenangriff starten können. Angesichts des Chaos in der deutschen Befehlskette sagte Rommel: „Wenn ich jetzt Kommandant der alliierten Streitkräfte wäre, könnte ich den Krieg innerhalb von 14 Tagen beenden... Wenn Montgomery unser Durcheinander kennen würde, hätte er heute Nacht keine Sorgen."

Rommel und von Rundstedt drängten Hitler zweimal zum Friedensschluss, als die Alliierten an der Küste Fuß gefasst hatten. Am 17. Juli wurde Rommel von einem alliierten Jagdflugzeug schwer verwundet und erholte sich zur Zeit des Juli-Putsches in Deutschland. Obwohl kein Verschwörer, war Rommel von Hitler enttäuscht und die Putschisten hatten ihn als mögliches Staatsoberhaupt gehandelt. Unter der Folter nannte ein Verschwörer seinen Namen, worauf Hitler die Generäle Burgdorf und Meisel mit Gift zu Rommel schickte. Sie boten ihm die Wahl zwischen Selbstmord und einer öffentlichen Verhandlung unter Beiziehung seiner Frau und seines Sohnes. Er wählte den Freitod am 14. Oktober 1944 und wurde mit allen militärischen Ehren bestattet.

wohl Feldmarschall von Rundstedt, Oberbefehlshaber im Westen, den Bau einer zweiten Verteidigungslinie („Zweite Stellung") weiter landeinwärts vorgeschlagen hatte, war nicht viel geschehen; dadurch fehlte es, kritisch betrachet, dem Atlantikwall an Tiefe und Stärke.

Im Sektor der 7. Armee in der Normandie lagen die Prioritäten (laut Befehl des Oberkommandos der Wehrmacht – OKW) wie folgt: die Kanalinseln, Cherbourg, die Ostküste der Halbinsel Cotentin, die Orne-Mündung und der Norden von Caen, die Küste zwischen Orne und Vire sowie schließlich die Westküste der Halbinsel Cotentin südlich des Kaps de la Hague.

Ab 12. Dezember 1943, als Feldmarschall Erwin Rommel das Kommando über die Heeresgruppe B übernahm, wurden die Arbeiten entlang der Küste beschleunigt und waren an D-Day in den ersten drei Abschnitten fast abgeschlossen. Rommel hatte erkannt, dass der Atlantikwall nur dem Namen nach ein Wall war und Propagandafilme ihn viel stärker darstellten, als er tatsächlich war. Der englisch-kanadische Angriff auf Dieppe im August 1942 wurde von deutscher Propaganda hochgespielt, um den Wall als effektive Abwehr vorzustellen; Magazine wie *Signal* druckten Diagramme, die bestenfalls „fantasievoll" genannt werden konnten.

Obwohl die Häfen mit Betonbunkern gut geschützt waren, von denen manche auf Wellenbrechern errichtet worden waren, und auch der Pas de Calais gut gesichert war, waren manche Küstenabschnitte noch immer verwundbar. Im Januar 1944 trafen beim LXXXIV. Korps in der Normandie drei Pionierbataillone ein, zwei zum Festungsbau und eines zum Minenlegen. Zusätzlich wurden 2.850 Mann vom früheren französischen Arbeitsdienst beim Bau sekundärer Verteidigungsanlagen hinter der Front eingesetzt. Schließlich trafen auch noch Ostbataillone – gebildet aus früheren russischen Kriegsgefangenen – in der Normandie ein, um bei den Bauarbeiten zu helfen.

Links: Ein formelles Porträt von Feldmarschall Erwin Rommel, der durch die Erfolge des Afrika-Korps in der westlichen Wüste berühmt geworden war. Hitler betraute nun Rommel mit der Verteidigung des nördlichen Teils der französischen Küste.

Gewöhnliche deutsche Infanteristen mussten drei von sechs Tagen den Bauarbeiten widmen. Als die alliierten Luftangriffe verstärkt wurden, wurde es zunehmend schwierig, Baustoffe wie Holz und Stahl an die Küste zu bringen.

Trotz der harten Arbeit und der drohenden Aussicht auf einen Angriff wussten die deutschen Soldaten in der Normandie, dass ihr Posten ein leichter war. In St-Aubin, einem Küstendorf, das Teil von Juno werden würde, erinnerte sich Lt. Gustav Pflocksch, der 60 Mann vom 736. Infanterieregiment befehligte: „St-Aubin war ein netter Ort für uns. Die Soldaten waren jung. Sie hatten Freundinnen, machten Musik in den Privathäusern, tanzten sogar und tranken. Ich glaube, die Soldaten waren ziemlich glücklich." Die französische Zivilbevölkerung wurde zum unschuldigen Opfer, als das volle D-Day-Bombardement auf Juno einsetzte.

Unter Rommels aggressiver Führung improvisierten die Soldaten Hindernisse für Landungsfahrzeuge, indem sie Tellerminen oder 10,5-cm-Artilleriegranaten an Holzpfosten befestigten oder einfach abgewinkelte scharfe Stahlträger verwendeten. Ein Problem waren die starken Strömungen im Kanal, die Hindernisse herausrissen und wegschwemmten. Für die Männer, die sie errichteten, war die Arbeit zermürbend. Im Sektor der 354. Division mussten die Soldaten das Holz 19 km landeinwärts im Forêt de Cerisy von Hand schlagen und dann auf Karren an die Küste bringen, bevor sie mit der Arbeit beginnen konnten.

ROMMELSPARGEL

Im Landesinneren sollten mit Stacheldraht zusammengebundene Stämme mögliche Landungen von Segelfliegern behindern. Die Hindernisse mit dem Spitznamen Rommelspargel bestanden aus Pfosten, die im Abstand von drei bis vier Metern in den Boden getrieben wurden. Ab dem 1. Mai 1944 befestigten die Deutschen Sprengladungen an den Spitzen der Stämme und verbanden sie mittels Draht untereinander. Überraschenderweise unterschätzten manche britische Segelflieger diese Hindernisse und ihre verzögernde

Unten: Eines der im Tiefflug geschossenen Fotos, aus denen alliierte Planer sehr genaue Karten von den Stränden für die Normandielandung zeichnen konnten, auf denen Sperren und Verteidigungsstellungen verzeichnet waren. Rechts ein Gerüst zum Aufstellen von Hindernissen.

KRIEGSFÜHRUNG MIT MINEN

Es gab zwei Arten von Minen: Panzerabwehrminen und Tretminen. Erstere sollten explodieren, wenn ein Panzer oder ein anderes Fahrzeug den Sicherungsmechanismus niederdrückte. Letztere sollten Menschen töten oder verletzen und Fahrzeuge beschädigen. Es gab zwei Arten von Tretminen: Spreng- und Splitterminen. In Deutschland wurden erstere als Schü-Minen, zweitere als S-Minen bezeichnet. Minen wurden für gewöhnlich in regelmäßigen Abständen 5 bis 10 cm tief in den Boden eingegraben.

Die S-Mine war ein Zylinder mit 127 mm Höhe und 100 mm Durchmesser und wog 4 kg. Sie war mit 395 g TNT und einer Treibladung von 226 g pulverisiertem TNT gefüllt. Sie wurde entweder durch ein Gewicht von 6,8 kg auf einem der drei Zinken eines S.Mi.Z-34-Zünders ausgelöst oder durch die Aktivierung eines der beiden Stolperdrähte eines in den Deckel der Mine geschraubten Z.Z.35-Zünders. Diese löste einen Federzünder aus, der ein Zündhütchen abfeuerte. Mit einer Verzögerung von 3,9 Sekunden sprengte das TNT-Pulver den inneren Zylinder etwa 0,9 bis 1,5 m hoch in die Luft, wo er explodierte und 360 Kugellagerkugeln oder Weichstahlstücke in alle Richtungen schoss. Dies führte im Umkreis von 20 m zum Tod, im Umkreis von bis zu 100 m zu Verletzungen.

Die Schü-Mine (Schuhmine) verwendete den Z.Z.42-Zünder mit einer Nr.-8-Sprengkapsel, die in eine 1928-Pattern-200-g-TNT-Plattensprengladung geschraubt war. Zünder und Ladung waren in einen schwarzen Druckfaserbehälter eingepasst – durch den niedrigen Metallanteil war sie mit Minensuchgeräten nur schwer zu entdecken. Unter Druck löste der Z.Z.42-Zünder die Zündladung aus, und wenn die Hauptladung explodierte, hatte sie eine Sprengwirkung von 10 m².

Die S-Minen wurden jeweils auf einer Linie im Abstand von 4 m eingegraben, die Schü-Minen im Abstand von 1 m.

Die Tellermine, die durch ihre flache, runde Form bekannt ist, war die Standardabwehrmine der Deutschen gegen Panzer. Im Lauf des Krieges wurden vier Versionen produziert, die Tellermine 43 (Pilz), die Tellermine 1942, die Tellermine 35 und die Tellermine 29. Sie hatten ein Gewicht von 8,6 kg, wovon 5 kg auf die TNT-Füllung entfielen. T-Minen wurden durch den Druck eines Gewichts von 110 bis 180 kg in Gang gesetzt. Die Hülle hatte Gewindeschlitze für Zugzünder, die das Hantieren verhindern sollten, wie den Zugzünder 35, der bei einem Zug von 4 bis 5,8 kg aktiviert wurde und die Mine zur Explosion brachte, wenn sie von Hand angehoben wurde. Zusätzlich konnte der Entlastungszünder 44, der 226 g TNT-PETN enthielt, unter die Mine gelegt werden. Er benötigte ein Gewicht von 4,5 kg, um sicher in diesem scharfen Zustand zu bleiben.

Mit typischer deutscher Gründlichkeit wurden Minenfeldattrappen nicht nur wie echte mit einem Zaun umgeben, sondern es wurden auch in Holland erzeugte Metallplatten im typischen Muster ausgelegt, damit Leute, die das Gebiet mit Minendetektoren absuchten, die korrekten elektronischen Signale erhielten. Manchmal wurden auch echte und falsche Minen gemischt.

Wirkung auf die Landung. Man baute Attrappenstellungen, um Artilleriefeuer und Luftangriffe auf sich zu ziehen; in der Nähe postierte Soldaten sollten feuern, um die Folgen eines solchen Angriff zu simulieren.

Große Ackerflächen wurden überflutet, damit sie nicht als Landezonen für Fallschirmspringer dienen konnten. Obwohl dadurch wirksame Hindernisse geschaffen wurden, waren Überflutungen ein zweischneidiges Schwert, da sie auch deutsche Truppenbewegungen behinderten. Hauptgebiete waren das Flachland hinter Les Dunes de Varreville an der Ostküste der Halbinsel Cotentin und entlang der Flüsse Merderat und Douve. Überflutungen hier würden luftgestützte und amphibische Operationen der USA im Westen beeinträchtigen. Südlich von Omaha wurde der Fluss Aure aufgestaut und überflutete das Tal landeinwärts. An der Ostseite der D-Day-Strände war das Flusstal des Dives überflutet. Kleinere Überflutungen dienten dem Schutz der Stellungen rund um Ouistreham und Colleville-Plage an Sword Beach. Unter Wasser gelegene Entwässerungsgräben und Marschland verstärkten die Effektivität dieser Hindernisse.

Bis D-Day war die Verantwortung für Ziele an Land und auf See zwischen der Kriegsmarine und dem Heer aufgeteilt, das Strände und Häfen verteidigte. Marineschützen bemannten die Geschütze, die auf Schiffe gerichtet waren, sie hatten eigene Ziel- und Feuerleitsysteme. Die Architektur der Beobachtungsposten reflektierte das Bemühen der Marine um effiziente Einsätze, das auch in den Bunkerbau einfloss. Die Armee zog verstreute Stellungen vor, wobei die Beobachtungsposten durch unterirdische Kabel mit Geschützen und Munitionslagern in separaten Bunkern verbunden waren. Die Schießscharten der Marinestellungen waren auf See gerichtet, um ein großes Schussfeld zu gewährleisten. Jene

Rechts: Feldmarschall Gerd von Rundstedt (links), mit Paul Hausser von der Waffen-SS, bei einer Parade in Paris nach dem Sieg über Frankreich 1940. 1944 befehligte von Rundstedt die Heeresgruppe West, zu der die Truppen in Frankreich gehörten.

der Armeekasematten sicherten Strände und waren seeseitig durch massive Betonmauern geschützt. An langen, exponierten Stränden wie dem zukünftigen Omaha Beach wurden Stellungen in Klippen und Landzungen gegraben, um die Länge des Strandes mit überlappendem Feuer abzudecken.

Die Aufteilung der Verantwortung zwischen Armee und Marine mag komplex erscheinen. Man nahm an, dass Angehörige der Kriegsmarine alliierte und deutsche Kriegsschiffe identifizieren konnten, während Heeresschützen den eigenen Reihen Verluste zufügen würden. Feuerleitzentralen der Marine waren wie „Schlachtschiffe an Land", die über einen mehrgeschossigen Tower mit Entfernungsmesser und Kommunikationsgeräten verfügten, die via Funk und Kabel mit Geschützen verbunden waren. Wo es das Gelände erlaubte, waren diese Zentralen in Klippen gebaut.

Im Juni 1944 gab es 700 verschiedene Bunker, Kommandoposten oder Schutzbunker im Atlantikwall. Eine typische Geschützstellung umfasste den Leitstand im Marinedesign M120, M162 oder M262 oder im Heeresdesign 636 oder 636a.

Die gedeckte Geschützstellung (Schartenstand) war vom Typ 656, 652, 671 bzw. 679 (Heer) oder M170, M176, M270 bzw. M2762 (Marine).

Das Heer hatte vier Typen von Truppenunterkünften (501, 502, 621, 622), die Marine nur einen, den M151.

Munition wurde von der Armee in den Typen 134, 607 oder 641 gelagert, von der Marine in M145 oder FL246. Im Umkreis der Stellung lagen Büros, Latrinen, Feldküche, Wassertanks und ein Erste-Hilfe-Posten, alle aus Holz, Ziegel oder Beton. Für Nahverteidigung nahm die Armee die Bunkertypen 611, 612, 667, 677 oder 680 mit überlappenden Schussfeldern.

Am äußeren Rand lagen Schlitzgräben und Tobruks und dahinter Minenfelder und Stacheldrahtgürtel. Minen und

KARL RUDOLF GERD VON RUNDSTEDT

Gerd von Rundstedt, einer der erfahrensten und hochrangigsten Offiziere der deutschen Armee, wurde am 12. Dezember 1875 in Aschersleben geboren. Im Ersten Weltkrieg diente er als Generalstabsoffizier und kämpfte in Frankreich und der Türkei. Er machte in der Reichswehr rasch Karriere, wurde jedoch als Generaloberst in Ruhestand versetzt, nachdem er das Vorgehen gegen die Tschechoslowakei 1938 kritisiert hatte. Für den Polenfeldzug 1939 wurde er als Befehlshaber der Heeresgruppe Süd wieder eingesetzt und kommandierte dann Heeresgruppe A in Frankreich und den Niederlanden. Nach dem Fall Frankreichs wurde er am 19. Juli 1940 zum Feldmarschall befördert. In Russland unterstand ihm 1941 die Heeresgruppe Süd auf dem Vorstoß in die Ukraine. Hitler entließ ihn nach einem taktischen Rückzug am 12. Dezember 1941, doch am 1. März 1942 wurde er zum Oberbefehlshaber der Heeresgruppe West in Frankreich ernannt. Hier war er für die Vorbereitungen gegen die erwartete alliierte Invasion verantwortlich. Hitler entließ ihn am 2. Juli 1944 erneut, weil er die Landungen nicht stoppen konnte. Dennoch wurde von Rundstedt noch Kommandant der Ardennenoffensive im Dezember 1944. Er wusste vom Juliputsch, war aber nicht beteiligt, und saß nach dessen Scheitern dem Ehrengericht vor, das die Verschwörer aus der Armee entließ. Nach dem Krieg wurde von Rundstedt verurteilt, weil er am 18. Oktober 1942 den Befehl ausgegeben hatte, sämtliche von Deutschen gefangenen Kommandos sofort zu exekutieren. Aufgrund schwerer Krankheit wurde er am 5. Mai 1949 aus der Haft entlassen und starb am 24. Februar 1953 in Hannover.

CHRONOLOGIE DES D-DAY

5. JUNI 1944

22:00
Beginn der Operation Neptune – 5 Angriffsgruppen verlassen die englischen Häfen.

6. JUNI 1944 – D-DAY

00:05
Alliierte Streitkräfte bombardieren Küstenbatterien zwischen Le Havre und Cherbourg.

00:10
Aufklärungsgruppen und Pfadfinder springen mit dem Fallschirm über US- und britischen Absprungzonen (DZ) ab.

00:20
Britische Luftlandetruppen, befehligt von Major Howard, treffen mit Segelflugzeugen ein und greifen Brücken über den Fluss Orne und den Caen-Kanal an.

0:30
Howards Streitkräfte erobern die Brücken.

01:00
Die 82.US-Luftlandedivision unter Major General Matthew Ridgway landet mit dem Fallschirm westlich von Ste-Mère Eglise.

01:11
Erste Berichte über amerikanische Luftlandungen treffen im Hauptquartier des deutschen 48. Armeekorps in St-Lô ein.

01:30
Die 101. US-Luftlandedivision unter Major General Maxwell Taylor landet mit dem Fallschirm in der Nähe von Utah Beach.

01:50
Die Hauptstreitmacht der britischen 6. Luftlandedivision landet östlich der Orne.

02:45
Truppen, die auf Omaha und Utah Beach landen sollen, steigen in ihre Landungsboote.

03:00
Alliierte Kriegsschiffe treffen an ihren Positionen zum Bombardement ein. Alliierte Luftstreitkräfte greifen Atlantik-II-Stellungen an.

03:20
Schwere Ausrüstung und Verstärkung für die Fallschirmspringer trifft mit Segelfliegern ein.

03:25
Deutsche Marineaufklärer melden den alliierte Streitkräfte vor der Küste der Normandie.

03:50
Britische Fallschirmjäger beginnen mit dem Angriff auf Ranville.

04:30
Das 505. Regiment der 82. US-Luftlandedivision nimmt Ste-Mère Eglise ein. Die Amerikaner besetzen die Marcouf-Inseln vor Utah Beach.

04:45
Die zwei Mini-U-Boote X-20 und X-23 tauchen auf, als Bezugspunkte für die Navigation der britischen Landungsfahrzeuge. Britische Fallschirmjäger unter Colonel Terence Otway setzen die deutsche Küstenbatterie in Merville außer Gefecht.

05:30
Alliierte Kriegsschiffe beschießen deutsche Küstenstellungen.

06:00
Sonnenaufgang. Die Marine bombardiert deutsche Stellungen an US- und britischen Stränden.

06:30
Landungen des VII. und des V. US-Korps an Utah und Omaha Beach beginnen.

06:52
Erste Berichte über Bedingungen an Land erreichen Adm. Ramsay.

07:00
Erste Berichte über die Landungen im deutschen Funk.

07:10
Das 2. Rangerbataillon der US Army beginnt mit dem Angriff auf die Batterie bei Pointe du Hoc.

07:25
Die britische 3. Infanteriedivision beginnt mit der Landung an Sword Beach und die 50. Infanteriedivision an Gold Beach.

07:35
Landung der kanadischen 3. Infanteriedivision an Juno Beach.

8:00
Die britische 3. Division beseitigt harten Widerstand an Sword Beach.

09:00
General Eisenhower genehmigt die Veröffentlichung eines Kommunikees, das den Beginn der Invasion ankündigt.

09:13
General Bradley ersucht um Verstärkung, da er fürchtet, dass es nötig werden könnte, Omaha Beach aufzugeben.

09:30
Das Casino-Gebäude in Riva Bella wird von freien französischen Kommandos unter Commandant Kieffer befreit. Hermanville, das hinter Sword Beach liegt, wird befreit.

09:45
Utah Beach wird von allen feindlichen Streitkräften gesäubert.

10:00
Briten stoßen von Gold Beach vor und nehmen La Rivière ein.

11:00
Die Stadt Bernières wird von den kanadischen Streitkräften von Juno Beach eingenommen.

12:00
Winston Churchill berichtet in einer Rede vor dem Unterhaus über die Landungen. Einheiten der 4. US-Infanteriedivision von Utah Beach schließen sich bei der Stadt Pouppeville mit Fallschirmjägern der 101. Luftlandedivision zusammen.

13:00
Britische Kommandos unter Lord Lovat stoßen nach der Landung am Sword Beach zu den britischen Luftlandeeinheiten, die die Brücken über die Orne halten.

13:30
Soldaten stoßen von Omaha Beach landeinwärts vor.

14:30
Die 21. Panzerdivision beginnt einen Gegenangriff in Richtung Küste.

15:00
Die 12. SS-Panzerdivision geht südlich von Caen in Stellung.

16:00
Britische Panzer erreichen Arromanches.

18:00
St. Laurent, hinter Omaha Beach, wird befreit. Die kanadische 3. Infanteriedivision bildet mit der britischen 50. Division von Gold Beach das größte von Alliierten besetzte Gebiet des D-Day. Deutsche Küstenbatterien in Longues werden durch Marinebeschuss außer Gefecht gesetzt.

20:00
Die 21. Panzerdivision erreicht bei Luc sur Mer die Küste zwischen Juno und Sword Beach, wird aber von britischen Panzer- und Infanterieeinheiten zurückgeworfen. Alliierte Patrouillen erreichen die Vororte von Bayeux.

21:00
Die Britische 6. Luftlandebrigade landet in Seglern an der Orne.

22:00
Rommel kehrt nach einem Treffen in Deutschland in sein Hauptquartier zurück. Kanadisch-britischer Vorstoß auf Caen stockt im Wald von Lebisay.

22:07
Sonnenuntergang.

23:59 Mitternacht
D-Day geht mit verschiedenen erreichten Ziel zu Ende. Die größten Landeköpfe liegen in den britischen und kanadischen Abschnitten. Die Landungen auf Gold und Juno Beach führen zu einem 10 km tiefen und 15 km breiten Landgewinn entlang der Küste; die Sword-Basis misst nur 10 km im Quadrat und konnte sich nicht mit Juno zusammenschließen. Die US-Landungen waren noch weniger erfolgreich. Die Omaha-Streitmacht hält ihre Stellungen in Vierville-sur-Mer, St-Laurent-sur-Mer und Colleville, das ist ein etwa 2 km tiefer und 7 km breiter Brückenkopf. Die Utah-Einheiten haben mit Hilfe von US-Luftlandetruppen verstreute Positionen bis zu 10 km landeinwärts eingenommen, einschließlich Ste-Mère Eglise, die erste in Frankreich befreite Stadt.

Caen
Troarn
Carpiquet
Le Basse de Ranville
Lebisey
Ranville
Robehomme
Benouville
Varaville
Sallenelles
Périers
Merville
Dives
Hermanville
Douvres
Cabourg
Houlgate
Lion
ROGER
QUEEN
07.25 UHR
PETER
Luc-sur-Mer
Langrune
OBOE
S W O R D
St-Aubin
Courselles
NAN
MIKE
LOVE
07.45 UHR
J U N O
07.35 UHR
3. Fallsch.-Brig.
5. Fallsch.-Brig.
6.Brit. Luftl.-Div.
8. Brig.
4. RM-Kmdo.
185. Brig.
8. kan. Brig.
7. kan. Brig.
1. SS-Brig.
41. RM-Kmdo.
48. RM-Kmdo.
9. Brig.
4. SS-Brig.
9. kan. Brig.
3. brit. Inf.-Div.
27. brit. Pnz-Brig.
3. kan. Inf.-Div.
2. kan. Pnz.-Brig.
I. brit. Korps (Crocker)
2. britische Armee

Fontenay
Tilly-sur-Seulles
Balleroy
N
River Aure
River Drome
Littry-la-Cerisy
St-Léger
Esquay
Bayeux
Blay
Colombiéres
Asnelles
Le Hamel
Arromanches
Formigny
Colleville
Port-en-Bessin
St-Laurent
JIG
ITEM
HOW
GEORGE
G O L D
FOX
EASY
DOG
CHARLIE
O M A H A
07.25 UHR
06.30 UHR
Grandcamp-les-Bains
POINTE DU HOC
231. Brig.
47. RM-Kmdo.
56. Brig.
115. RCT, 16. RCT, 116. RCT, 18. RCT
2. US Ranger-Bn.
1. US Inf.-Div.
12. US Rgt.
4. US Inf.-Div.
V. US Korps (Gerow)
VII. US Korps (Collins)
21. Armeegruppe (Montgomery)
1. US Armee (Bradley)

D–DAY
Erste alliierte Angriffswellen
Alliiertes Ziel
von Alliierten gehaltenes Gebiet
Geplante Absprungzone
RCT
US-Regimentskampfteam
352 Inf.-Div.
Deutsche Einheiten
von Deutschen gehaltenes Gebiet
Gegenangriffe d. 21. Panzerdiv.
Deutsche Geschützbatterie
Überflutetes Gebiet
0
5 km
0
5 Meilen
St-Jean-de-Daye
Sainteny
Carentan
Isigny
Brévands
St-Côme-du-Mont
Vierville
St-Marie-du-Mont
Pouppeville
Chef-du-Pont
UNCLE
06.30 UHR
8. US Rgt.
22. US Rgt.
U T A H
La Madeleine
TARE
Les Dunes-de-Varreville
Ravenoville
St-Marcouf
Montebourg

Oben: Die alliierten Luftangriffe auf Küstenstellungen waren sorgfältig abgestimmt, damit es keinen Hinweis darauf gab, wo die Landungen stattfinden würden. Für jeden Angriff auf die Normandie gab es zwei auf Küstenpositionen anderswo. Das hier könnte Cherbourg sein.

Stacheldraht waren so ausgelegt, dass sie Angreifer vor Maschinengewehre drängten oder Soldaten und Fahrzeuge dazu zwangen, in einer bestimmten Richtung vorzustoßen.

Unter den Waffen, die dieses „Todesgebiet" deckten, war der gefürchtete Abwehrflammenwerfer, ein statischer Flammenwerfer mit einem Inhalt von 30 l Benzin. Er war so eingegraben, dass nur die Düse herausstand, und wurde per Fernsteuerung elektrisch gezündet. Die dabei entstehende Flamme hielt nur eine Sekunde, doch sie war 4,5 m breit und 2,7 m hoch, bei einer Reichweite von 27,4 m.

Rommel hatte angeordnet, „Millionen Minen" an die Küste zu bringen. Alliierte Luftangriffe auf Straßen und Bahnverbindungen verhinderten ihre Auslieferung. Doch das bedeutete, dass diese Minen den Deutschen während der erbitterten Kämpfe an den Grenzen des Reichs Ende 1944, Anfang 1945 zur Verfügung standen.

Bis Oktober 1943 waren etwa zwei Millionen Minen ausgelegt worden, bis Mai 1944 war diese Zahl auf sechs Millionen angestiegen. Einem Bericht von Oberst Oehmichen, einem Stabsoffizier der 7. Armee, zufolge waren bis Mai 1944 750.000 Tellerminen im Sektor der 7. Armee ausgelegt worden, 6000 davon an Hindernissen auf den Stränden, was 440 Minen pro Kilometer Front ergibt. Tatsächlich ergab eine im Nachhinein erstellte Einsatzanalyse der Alliierten, dass nur 30 Minen pro Kilometer ausgelegt worden waren.

Dieselbe Studie der Alliierten enthüllte, dass die Deutschen im Sektor der 15. Armee, zu dem der Pas de Calais gehörte, 22 Panzerabwehrwaffen für alle ein bis zehn Kilometer Frontlänge stationiert hatten, von denen jeweils drei schwere Geschütze waren. Westlich davon hatte die 7. Armee für die gleiche Strecke nur etwas mehr als zwölf Geschütze zur Verfügung, darunter nur ein schweres.

Das arithmetische Verhältnis wurde noch ungleicher, wenn man die Kampfstärke verglich. Die 15. Armee hatte 18 Infanterie- und zwei Panzerdivisionen, um einen 350 km langen Küstenabschnitt zu sichern. Die 7. Armee hatte nur 14 Infanterie- und eine Panzerdivision für 1600 km Küste.

Oben: Eine eroberte deutsche Küstenstellung zeigt, wie Geschütze in Kasematten aufgestellt waren, um sie gegen das Meer hin zu schützen, das im Bild rechts liegt. Der Betonvorbau schützt die Schießscharten vor direktem Beschuss von der See aus.

In Nordafrika hatte Rommel das volle Gewicht der alliierten Feuerkraft sowohl an Land als auch aus der Luft kennen gelernt, und er wusste, dass die Landungen sofort am Strand gestoppt werden mussten. Wie bereits in Dieppe im August 1942 gezeigt, würde das die Todeszone sein. Er skizzierte sogar Hindernisgürtel und an ihnen scheiternde oder von der Küstenartillerie versenkte Landefahrzeuge.

„Der Feind", so erklärte er, „ist nach der Landung am verwundbarsten. Die Soldaten sind unsicher und vielleicht sogar seekrank. Sie sind mit dem Gelände nicht vertraut. Noch sind schwere Waffen nicht in ausreichender Menge verfügbar. Dies ist der Moment, sie anzugreifen und zu besiegen."

TAKTISCHE MANÖVERSCHLACHT

Rommels Vorgesetzter, Feldmarschall von Rundstedt, stellte sich ein taktisches Gefecht in Frankreich vor, in dem die überlegenen deutschen Panzer und Strategien die alliierten Armeen nach ihrer Landung zerschlagen würden. Von Rundstedt hatte nur an der Ostfront bzw. in den ersten Kriegsjahren an der Westfront gedient und keine Vorstellung davon, wie viele Fahrzeuge und Geschütze die Alliierten, vor allem die Amerikaner in die Schlacht werfen konnten. Er kannte weder die Furcht erregende präzise Feuerkraft der Schlachtschiffe noch das Gewicht der Bombenladung, die eine Boeing B-17 oder eine Avro Lancaster befördern konnte.

Nach D-Day „hungerten" die Alliierten einige der schwer befestigten Häfen und Kanalinseln aus. Da sie zwar über starke Abwehr-, kaum jedoch über Offensivwaffen verfügten, bildeten sie für die Alliierten auf dem Marsch in Richtung Deutschland keine Bedrohung. 1945 waren die französischen Häfen Lorient, St-Nazaire, La Palisse und La Rochelle sowie die Kanalinseln noch immer in deutscher Hand.

Die Inseln waren der am schwersten befestigte Teil des Atlantikwalls, da Hitler von diesem kleinen Stück britischen Gebiets, das in deutscher Hand war, besessen war. Die Verteidigungspläne sahen 414 verstärkte Betonbauten für Guernsey vor, 234 für Jersey und 153 für Alderney. Tunnel und unterirdische Kammern boten 50.000 m² Schutzraum, während 20.000 m Panzerabwehrmauern und Eisenbahnen die Inseln schützten und versorgten. Es war ein schwieriges Ziel, doch auf dem Höhepunkt der Arbeiten im Mai 1943 waren 25.500 m³ Felsgestein abgetragen worden und im Sep-

DOUGLAS SKYTRAIN/DAKOTA

Ursprünglich trug sie als kommerzielles Flugzeug die Bezeichnung Douglas DC-3 und wurde in Santa Monica, Kalifornien, produziert. Die USAAF nannte sie C-47 und gab ihr den Namen Skytrain, während sie bei der R. A. F., die über 1200 davon im Einsatz hatte, Dakota hieß. Sie war jenes Flugzeug, das alle größeren britischen und US-Luftangriffe im Zweiten Weltkrieg flog.

Mit Klappbänken ausgestattet beförderte sie als Truppentransporter 28 voll bewaffnete Soldaten, mit verstärktem Boden und breiteren Türen trug sie bis zu 2700 kg schwere Lasten, das sind etwa zwei Jeeps, ein Sechspfünder-Panzerabwehrgeschütz oder 14 Frachtkörbe. Die Dakota hatte eine Spannweite von 29 m, war 19,3 m lang und wurde von zwei Pratt-and-Whitney-„Twin-Wasp"-R-1830-Motoren mit 895 kW (1200 PS) angetrieben. Ihre Höchstgeschwindigkeit betrug 370 km/h, ihre Reichweite 2440 km. Insgesamt wurden 10.123 Stück produziert; sie war noch 20 Jahre später im Vietnamkrieg im Einsatz.

tember desselben Jahres wurden 40.881 m^3 Stahlbeton produziert. Bis Kriegsende waren auf den Kanalinseln über 613.000 m^3 Beton verbraucht worden.

Die Inseln verfügten über insgesamt 16 Küstenabwehrbatterien sowie außerdem über schwere und leichte Flak-Stellungen. Die mächtigsten Kanonen befanden sich in der Mirus-Batterie auf Guernsey, die aus vier erbeuteten russischen 30,5-cm-Geschützen bestand, die in Le Frie Baton an der Westküste der Insel aufgestellt waren. Mit Radarunterstützung konnten die Kanonen Ziele in einer Entfernung von bis zu 32 km erfassen.

ERSTER KONTAKT

Es war eine Radareinheit der Luftwaffe in Guernsey, die mit Freya- und Würzburg-Systemen am 5. Juni gegen 22.40 Uhr die ersten Bilder von sich nähernden Flugzeugen ausmachte, von denen manche Segelflugzeuge zu ziehen schienen. Die Information wurde bis zu Regimentskommandant Oberst Oelze weitergegeben. Als er zum LXXXIV. Korps in St-Lô durchgestellt wurde, um zu melden, dass Luftalarm gegeben werden sollte, funkte ein Generalstabsoffizier zurück:

„Die Herren vom Stab wünschen ihren Kameraden auf den Inseln eine gute Nacht; sie raten ihnen, sich vor kleinen Geistern in Acht zu nehmen und mehr Vorsicht walten zu lassen, bevor sie noch mehr Unsinn verbreiten."

Ende Juni 1944, als die Halbinsel Cotentin und Cherbourg unter US-Herrschaft standen, eröffneten die 15-cm-Kanonen der Batterie Blücher das Feuer auf US-Truppen im Nordwesten der Halbinsel. Da die Fliegerabwehr auf der Insel sehr stark war, beschlossen die Alliierten, die Batterie nicht zu bombardieren, sondern das Schlachtschiff HMS Rodney zu entsenden, das am 12. August 72 406-mm-Granaten auf die Batterie abgab. Obwohl die deutschen Kanonen in offenen

Unten: Amphibische 4x4-Halbtonner-Lastwagen der US Army, genannt „Amphijeeps", auf einem Parkplatz in Großbritannien. Ab 1943 wurden Parks und Lager in ganz Südengland mit Unmengen an Soldaten, Waffen und Ausrüstung überfüllt.

Oben: Eine MG-Crew feuert scharfe Munition über die Köpfe von US-Soldaten hinweg, die bei einer „Kampfdrill-Übung" einen Strand hochlaufen, um sich an scharfe Munition zu gewöhnen.

Links: Eine idyllische Szene im ländlichen England, in der sich US-Soldaten auf eine Übung vorbereiten. Für GIs, die Großbritannien nur aus Hollywoodfilmen kannten, war so etwas fast zu schön, um wahr zu sein.

Wir waren im Cricket-Pavillon auf dem Sportplatz der Players-Tabakfabrik in Nottingham untergebracht. Für gewöhnlich spielten wir mit ihnen an Samstagen Baseball und an Sonntagen Cricket; wir konnten nicht gut Cricket spielen und sie nicht gut Baseball; so glich sich das irgendwie aus. Wir hatten viel Spaß.

Lieutenant Colonel Nathaniel Hoskot,
507. Fallschirminfanterie, 101. Luftlandedivision

Es wurden kleine Büchlein an die amerikanischen Soldaten verteilt, aus denen sie lernen sollten, wie man mit den Briten umgeht... „Pubs sind ein wichtiger Faktor in angloamerikanischen Beziehungen. Meiner eigenen Erfahrung nach und unter meinen engsten Freunden kenne ich zahllose Fälle von Engländern, die sehr herzliche Freundschaften mit unseren Jungs schlossen. Die so genannte britische Zurückhaltung bricht in einem Pub total zusammen. Über einem Glas Bier entwickeln sich viele Freundschaften und viel Verständnis. Natürlich sind Pubs gleichzeitig großartige Orte für einen Kampf... Damit muss man rechnen. Denn wenn ein Mann ein paar Drinks gekippt hat, vergisst er all die kleinen Lektionen über anglo-amerikanische Beziehungen, die er aus dem Büchlein gelernt hat."

Major Thor M. Smith,
SHAEF-Stab

Gruben standen, war der Schaden minimal; nur eine Kanone musste zur Reparatur nach Guernsey gebracht werden.

Die ersten GIs – die Initialen standen für „Government Issue", „Eigentum der Regierung", das auf US-Ausrüstungsgegenständen zu lesen war – landeten innerhalb weniger Monate nach Kriegseintritt der USA in Nordirland. Dies war der Beginn einer freundlichen Invasion tausender Männer und Frauen, deren Anwesenheit man drei Jahre lang überall im Vereinigten Königreich spüren sollte.

Für die Briten, die bereits seit drei Jahren unter dem Krieg litten, waren die Amerikaner sowohl belebend als auch ein Ärgernis. Sie waren großzügig, charmant und gesellig, doch durch ihren höheren Sold und den besseren Schnitt und die Qualität ihrer Uniformen waren sie sogar für die kühlsten britischen Damen attraktiv. Die verärgerten britischen Verlobten und Ehemänner meinten, die Amerikaner wären „überbezahlt, sexuell überaktiv und überall". Die GIs gaben zurück: „Ihr seid unterbezahlt, sexuell unteraktiv und unter Ike", womit der US-General Dwight D. Eisenhower gemeint war, nun Oberbefehlshaber der alliierten Streitkräfte.

Auch die Kanadier hatten Schwierigkeiten mit den GIs. Die Kanadier betonten, dass sie seit 1939 im Krieg waren. Einer erzählte: „Es war eine Frechheit, wie irgendein Ami in ein Pub kam, Fünf-Pfund-Noten schwenkte und meinte, er könnte die einzige Flasche Whisky hier plus einen Platz im Dart-Spiel plus die Kellnerin und alles kaufen. Ich glaube, dass die meisten Schlägereien stattfanden, weil die Amis zu viel Geld und kein Verständnis für das Klima in England hatten. Sie holten sich dafür oft blutige Nasen."

Der kulturelle Konflikt wurde durch die Tatsache verschärft, dass in der US Army Rassentrennung herrschte. Schwarze Soldaten wurden in der US Army vor allem für Hilfsarbeiten eingesetzt und in Kampfeinheiten von GIs verachtet. Wenn sich britische Frauen mit schwarzen Amerikanern einließen, gab es häufig Kämpfe zwischen schwarzen und weißen GIs, die nicht selten gewaltsam durch die US-

Links: Bomben fallen aus USAAF B-17 Flying Fortress-Bombern, die in Box-Formation über Deutschland fliegen. Trotz ihrer schweren Defensivbewaffnung waren sie für die aggressive Taktik der Jagdfliegerpiloten der deutschen Luftwaffe anfällig,

Militärpolizei beendet wurden. Timuel Black, ein farbiger GI im Quartiermeisterkorps, erzählte: „Die Briten waren angesichts dieser beiden Armeen verblüfft. Ich glaube, sie hatten nie über ihre eigenen zwei Armeen nachgedacht: die koloniale und die reguläre. Doch diese rassistische Situation, wie sie sie noch nie zuvor gesehen hatten, verärgerte sie."

Doch die Mehrzahl der US-Militärangehörigen integrierte sich gut in die britische Gesellschaft und manche heirateten sogar einheimische Frauen, die nach dem Krieg als „GI-Bräute" mit ihnen in die Vereinigten Staaten zurückkehrten.

1944 gab es eine halbe Million US-Soldaten in Großbritannien und pro Monat wurden weitere 150.000 über den Atlantik befördert. Bis zum Frühjahr 1944 war die Zahl der britischen und alliierten Militärangehörigen auf insgesamt zwei Millionen Männer und Frauen angewachsen, die in Lagern, Stützpunkten, Flugplätzen und Häfen untergebracht waren. Unter Soldaten und Zivilisten wurde gescherzt, dass Großbritannien nur deshalb nicht unter dem Gewicht von Menschen, Waffen und Ausrüstung versank, weil es durch die Sperrballons der Flugabwehr hochgehalten wurde.

Bis D-Day hatten sich die US-Operationen von Großbritannien aus auf U-Boot-Suchpatrouillen in Unterstützung von Transatlantikkonvois beschränkt.

Im Januar 1943 zog die 8. Einheit der US Army Air Force (USAAF) mit ihren Jagdflugzeugen und Bombern nach Norfolk und Suffolk, wo Flugfelder mitten im Agrarland angelegt wurden. An D-Day würde der erfahrene Lt. Gen. James Doolittle die 8. USAAF befehligen. Später schlossen sich ihr die 9. unter Lt. Gen. Lewis Brerreton und die 15. unter Maj. Gen. Nathan Twining an, zu Tageslichtangriffen auf Ziele in Deutschland und im besetzten Europa. Jagdflugzeuge der USAAF verstärkten die Luftmacht der R. A. F. gegenüber der Luftwaffe, was wiederum bedeutete, dass jede Invasion Europas bei vollständiger Luftüberlegenheit stattfinden würde.

JÄGERSCHRECK

Als sich die deutschen Verluste mehrten, warf Hermann Göring den Jagdfliegerpiloten vor, unter Jägerschreck zu leiden. Die Kampfstärke der Luftflotte III war bis Mai 1944 von 891 auf 497 Flugzeuge gesunken, 266 davon Jäger und 200 Bomber. Auch die Verluste an erfahrenen Piloten und Führern waren kritisch: Im Frühjahr 1944 waren elf Staffelkommandanten getötet worden.

In der Normandie beobachtete SS-Sturmmann Jochen Leykauff von der 12. SS-Division *Hitlerjugend* den Himmel und meinte, „dass wir fürchteten, die täglichen Bomberschwärme könnten ihren ‚Segen' auf uns fallen lassen. Außerdem hielten wir nach tief fliegenden Jägern Ausschau. Denn dann würden unsere eigenen Jäger kommen – dachten wir".

British Army und R. A. F. profitierten von der großartigen US-Rüstungsindustrie, die alles lieferte, vom Transportflugzeug Dakota C-47 über Panzer wie den allgegenwärtigen M4 Sherman bis zum kompakten M1-Karabiner.

DER JEEP IM KRIEG

Auf den Straßen Großbritanniens gesellten sich zu den amerikanischen LKWs die kleinen 4x4-Jeeps – was wenig überascht, da vor dem Krieg fast 700.000 Stück gebaut worden waren. Der Jeep wog eine Tonne und wurde von Ford and Willys produziert, obwohl der Autoproduzent Bantam den Prototyp entworfen hatte. Die ersten Modelle gingen im Rahmen der Land-Lease-Hilfe an Großbritannien und die UdSSR. Der Name könnte von den Initialen „GP" stammen, was für „General Purpose" („Allzweck") stand. Er wurde von einem Willys-441- oder -442-„Go-Devil"-2,2-Liter-65-PS-(48 kW-)Motor angetrieben. Er hatte ein dreistufiges Getriebe mit synchronisiertem zweitem und drittem Gang sowie eine zweistufige Übersetzung mit sechs Vorwärts- und zwei Rückwärtsgängen. Die Bremsen waren hydraulisch und die Höchstgeschwindigkeit betrug 100 km/h bei einer maximalen Reichweite von 450 km, die mit Hilfe von Zusatztanks ausgedehnt werden konnte.

Churchill sagte, dass die Briten dank der US-Hilfe und -Ausrüstung wie eine Nation von 58 Millionen Einwohnern kämpfen könnten, statt von 48 Millionen.

Ende Mai war für fast jedermann zu spüren, dass eine Invasion Europas bevorstand. Als US-Armeeeinheiten mit Lastwagen und Zügen nach Süden in neue Lager und Sammelgebiete zogen, mussten sich Freundschaften, die sich in der Intensität der Kriegszeit entwickelt hatten, nun auf rasch gekritzelte Briefe verlegen, von denen manche nie Antwort erhalten würden.

Doch ohne die Männer und die Ausrüstung aus den USA wären die britischen und Commonwealth-Streitkräfte ebenso wie die aus Flüchtlingen aus dem besetzten Europa gebildeten Einheiten nie in der Lage gewesen, in ausreichender Stärke in Frankreich zu landen, um den Feind zu besiegen. Doch wenige Tage vor D-Day gab es immer noch Ängste, dass die Alliierten trotz der großen Massen an Männern und Ausrüstung zwar landen, aber nicht durch den Atlantikwall brechen könnten oder an der Küste steckenbleiben würden.

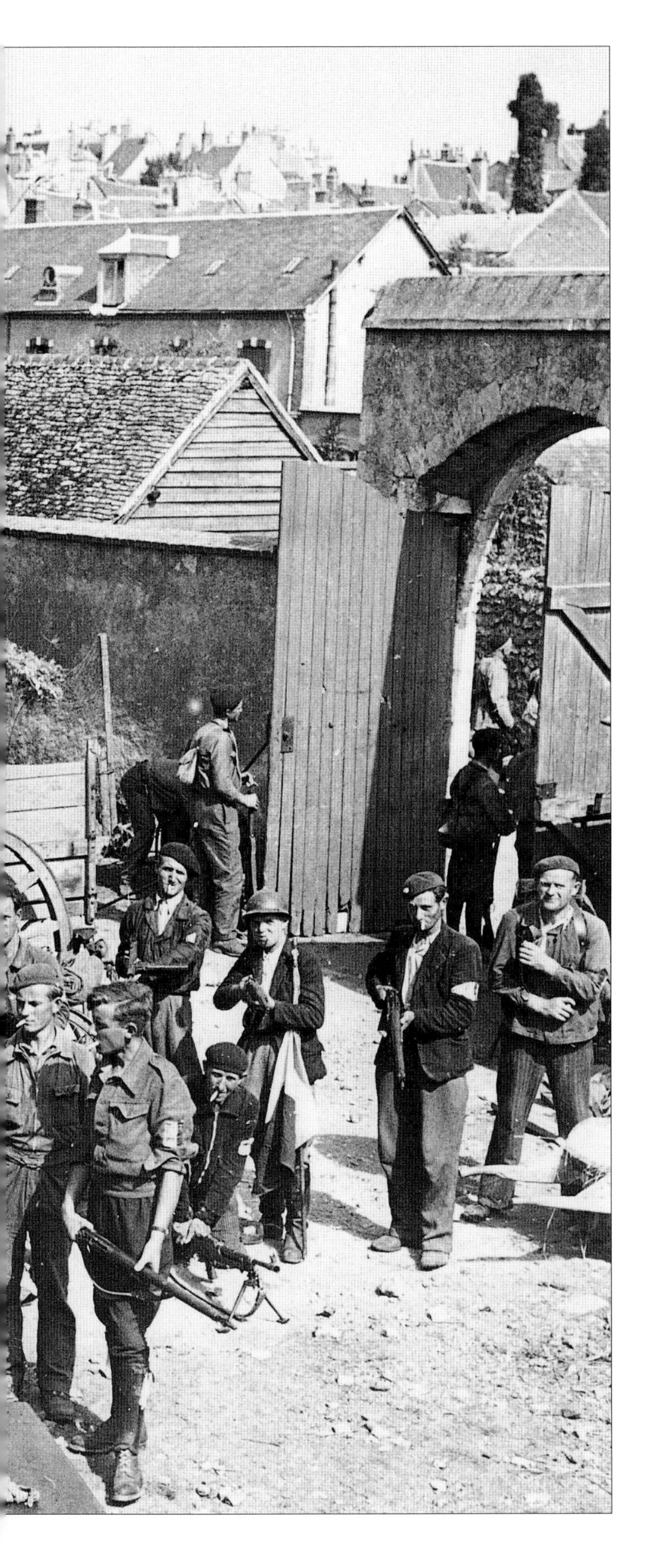

KAPITEL ZWEI

SPIONAGE UND WIDERSTAND

Bevor die ersten alliierten Soldaten in Frankreich landeten, wurde im Land bereits Krieg geführt. Die französische Resistance betrieb Spionage, hielt die nationale Moral aufrecht und führte Angriffe gegen deutsche Streitkräfte. Unterstützung erhielt sie durch den amerikanischen OSS und den britischen SOE, die auch für den Abwurf von Waffen in entlegenen Gebieten sorgten. Der Widerstand hatte seinen Preis: Viele Männer und Frauen wurden hingerichtet oder von den Deutschen in Konzentrationslager verschleppt.

Die Alliierten hatten einen einzigartigen Spionagevorteil, nachdem es ihnen gelungen war, die deutschen Verschlüsselungsmaschinen mit der Bezeichnung „Enigma" zu kopieren und den Code der deutschen Streitkräfte zu entschlüsseln.

Die abgefangenen Nachrichten enthielten Angaben über Kampfstärke, Versorgung und Munition. Aufgrund dieser Informationen konnten sich die Alliierten ein gutes Bild von der Schlachtordnung der deutschen Armee auf der anderen Seite des Kanals machen. Unterstützt wurden sie dabei durch Berichte der französischen Resistance sowie durch Aufklärungsflüge der USAAF und der R. A. F., die sowohl totale als auch Nahaufnahmen von Sperren und Befestigungen lieferten. Tiefflugeinsätze, die weitaus gefährlicher waren als schnelle, hohe Flüge, lieferten Fotos aus einem Winkel, der es

Links: Nach den alliierten Landungen im Juni 1944 schlossen sich viele zuvor Unentschiedene der Resistance an und bildeten Gruppen wie diese in einem französischen Hof. Die Männer tragen von den Briten gelieferte und von den Deutschen erbeutete leichte Waffen.

Seeleuten und Soldaten ermöglichte, die Küsten und Routen auf den ausgewählten Stränden zu analysieren. Zur Ablenkung wurden für jede Mission über der Normandie zwei über dem Pas de Calais geflogen. Nach dem Beginn der Invasion wurde die Luftaufklärung intensiviert – in der Nacht vom 6. zum 7. Juni lieferte allein die 10. Fotoaufklärungsgruppe 10.000 Aufnahmen.

Für die deutschen Streitkräfte in Europa gab es Anfang 1944 zwei einfache offene Fragen: Wo würden die Alliierten landen und wann? Die Alliierten erhielten nicht nur durch abgefangene Nachrichten, sondern auch durch die japanische Botschaft in Berlin Unterstützung, die über Funk regelmäßige Berichte über die deutschen Fortschritte bei der Küstenbefestigung nach Tokio schickte. Ihre Codes waren entschlüsselt worden, sodass sich die alliierten Spionageteams ein sehr detailliertes Bild vom Atlantikwall machen konnten, manchmal bis hin zur Lokalisierung von MG- und Mörserstellungen. Aufgrund der abgehörten Meldung, dass U-Boote in Vorbereitung auf eine alliierte Invasion in französischen Häfen zurückgehalten wurden, konnten die USA 1944 größere Konvois über den Atlantik schicken. Noch besser war, dass die Kriegsmarine Details über die Minenfelder in der Seine-Bucht übermittelt hatte. Dank dieser Informationen konnte man sichere Routen für die Invasionsflotte festlegen.

Die Armeen beider Seiten wussten, dass 1944 ein entscheidendes Jahr werden würde. Mitte April erfuhren die Alliierten, dass die Deutschen einen Angriff innerhalb der nächsten vier Wochen erwarteten. Die Stabsoffiziere der Kriegsmarine waren allerdings davon überzeugt, dass die Alliierten fünf aufeinander folgende Schönwettertage benötigen würden. Mond, Gezeiten und Wetter sprachen ebenso wie die vermutete Stärke der angloamerikanischen Armeen in Großbritannien für Mitte April als wahrscheinlichsten Termin, doch zur Erleichtung der deutschen Garnisonen verstrich diese Zeit ohne Zwischenfall.

Eine am 8. Mai entschlüsselte Nachricht der Luftflotte III bereitete den alliierten Planern echte Sorgen, da sie aus dem Muster der alliierten Bombardierungen schloss, die Invasion würde zwischen Le Havre und Cherbourg landen. Die deut-

Rechts: General Heinz Guderian im Kommandoposten auf einem Schützenpanzer während der Invasion in Frankreich 1940. Der LKW transportierte Funkgeräte und eine Enigma-Verschlüsselungsmaschine (im Bild links unten). Die Deutschen waren überzeugt, dass der Enigma-Code völlig sicher war.

ENIGMA

Die Enigma war ein kompliziertes Verschlüsselungssystem, das äußerlich wie eine Schreibmaschine aussah. Der deutsche Ingenieur Arthur Scherbius entwickelte sie 1923 aus einem Entwurf des Holländers H. A. Koch. Armee und Marine erkannten ihr Potenzial und kauften sie 1929. Sie glaubten, dass sie damit Funkbotschaften schneller und völlig sicher übermitteln könnten. In ihrer einfachsten Form gab es für jeden damit geschickten Brief Millionen mögliche Lösungen. Doch die Deutschen vergaßen, wie wenige Buchstaben das Alphabet hat; dass kein Buchstabe für sich selbst stehen kann; dass die Maschine keine Ziffern hatte und Zahlen daher ausgeschrieben werden mussten. Die polnische Armee entzifferte 1932 einige Signale, der französische Geheimdienst 1938 und der britische im Februar 1940. Für die Briten unterlag das Projekt einer so hohen Geheimhaltungsstufe, die sie „Ultra secret" nannten, und so wurde es als „Ultra" bekannt. Am 1. Juni 1944 begann das angloamerikanische Team in Bletchley Park, den ersten Computer der Welt einzusetzen, um deutsche Codes zu knacken. Er wurde im Postforschungslabor in Dollis Hill entwickelt und erhielt wegen seiner Größe den Namen „Colossus". Er kam gerade rechtzeitig, um die D-Day-Vorbereitung zu beschleunigen.

sche Armee glaubte jedoch weiterhin, dass die Landungen weiter nördlich, bei Dieppe oder Calais, stattfinden würden.

Das Geheimnis, wo und wann die Landungen passieren würden, wurde natürlich streng gehütet. „Wenn der Feind 48 Stunden vorher vom Angriffsgebiet erfährt, stehen die Chancen für den Erfolg schlecht", warnte Lt. Gen. Frederick Morgan, Stabschef im Planungsteam des alliierten Oberbefehlhabers (COSSAC). Er setzte fort: „Jede noch längere Vorwarnung bedeutet die sichere Niederlage."

Sämtliche Karten und Pläne von den Invasionsstränden trugen den Vermerk „Bigot" („Bigott"), eine Stufe über „Top secret" („Streng geheim"). Offiziere, die an den Plänen arbeiteten, erhielten eine spezielle Sicherheitsfreigabe: „Bigoted". Der seltsame Code war ein Anagramm der Wörter „To Gib", die Papiere trugen, die Gibraltar und die nachfolgende Invasion Nordafrikas im November 1942 betroffen hatten.

Doch auch die strengsten Sicherheitsvorkehrungen können unerwartete Lecks aufweisen. Der 54-jährige Sidney Dawe, der Kreuzworträtsel für The Daily Telegraph, eine britische Zeitung, entwarf, verwendete plötzlich Hinweise, die die Sicherheitsleute beunruhigten. Es handelte sich um Codewörter der Operation Overlord. Am 2. Mai tauchte „Utah" auf, zwei Wochen später „Omaha", dann „Mulberry", und als er „Neptune" anbot, wurde er verhaftet und verhört. Er war kein feindlicher Agent, sondern ein unschuldiger Physiklehrer, der scheinbar zufällig über die Wörter gestolpert war.

40 Jahre später stellte sich heraus, dass sie von einem seiner Schüler stammten, der sich als neugieriger Junge in US-Lagern und Stützpunkten bei Leatherhead herumgetrieben hatte. Erstaunlicherweise hatte er die Wörter aufgeschnappt und sie, ohne ihre Bedeutung zu kennen, seinem Lehrer als ungewöhnliche Wörter für seine Kreuzworträtsel angeboten.

Als weitere Sicherheitsmaßnahme wurde jeder Zivilverkehr zwischen Britannien und Irland eingestellt und ab April ein 16 km tiefer Küstenstreifen zwischen The Wash und Land's End sowie beide Ufer des Firth of Forth für alle bis auf authorisierte Reisende geschlossen.

ICI LONDRES

In Großbritannien übten die Soldaten intensiv amphibische und Luftlandetaktiken, ohne die leiseste Ahnung davon zu haben, wo sie landen würden.

Mit seinen wenigen Aufklärungsflugzeugen war der deutsche Geheimdienst auf abgefangene Funksprüche der Alliierten in Südengland angewiesen. Er erfuhr viel über reale Einheiten, erhielt aber auch viel Fehlinformation. Doch die entscheidendsten Informationen kamen beim Verhör französischer Widerstandskämpfer zu Tage. Die Deutschen wussten, dass unter den *messages personnels,* die von BBC Radio Londres ins besetzte Frankreich ausgestrahlt wurden, zwei Gedichte von Verlain waren:

Les sanglots longs
des violons
de l'automne

Darauf folgten die Worte

Blessent mon coeur
d'une langeur
monotone.

Der erste Teil informierte die Resistance-Gruppen, dass die Landungen unmittelbar bevorstanden, der zweite, dass sie in dieser Nacht mit der Sabotage von Straßen- und Bahnverbindungen beginnen sollten. Vor allem die deutsche Funkspionage im Hauptquartier von General Salmuths 15. Armee in Tourcoing wusste, dass die Nachricht wichtig war. Sie war zwischen anderen versteckt, darunter kryptische Sätze wie „Mathurin mag Spinat", „Essig färbt Lackmuspapier rot" und

Oben: Ein französischer Widerstandskämpfer posiert nach D-Day mit seinem Bren-Leichtmaschinengewehr. Das robuste, verlässliche Bren-LMG war eine ideale Waffe für die Resistance. Obwohl sie eine niedrige Feuerrate hatte, machten ihr rohe Behandlung und Schmutz nichts aus.

„Meine Frau sieht sehr scharf". Einige davon waren geheime Anweisungen, andere waren erfunden und wurden nur zur Verwirrung der Deutschen gesendet.

Im Hauptquartier der 15. Armee hatten die Funker den ersten Teil aufgezeichnet; er wurde am 1. Juni und den drei folgenden Tagen ausgestrahlt. Am 5. Juni strahlte BBC den zweiten Teil um 12.15, 21.20, 22.00 und 22.15 aus.

Die meisten deutschen Offiziere glaubten, dass die Nachrichten nur ein allgemeiner Aufruf zu Sabotage durch Bahnarbeiter in Frankreich waren. Feldmarschall von Rundstedt glaubte einfach nicht, dass „General Eisenhower die Invasion über BBC ankündigen würde". Auch im Marinehauptquartier von Admiral Krancke empfing man die Signale zusammen mit der Bemerkung, dass nichts passieren würde.

Trotz der Versuche des Freien Frankreich in London, die Kontrolle über die Resistance zu erlangen und obwohl die Alliierten ihr den Titel „FFI" (Freie Innere Kräfte Frankreichs) gaben, blieb sie lose strukturiert. Die Gruppen von Männern und Frauen, die aufs Land geflohen waren, waren als „Maquis" bekannt, nach dem Hügelland auf Korsika, wo sich Banditen vor dem Gesetz versteckten. Manche von ihnen flohen vor dem Arbeitsdienst in Deutschland. Der Maquis sollte nach den D-Day-Landungen die Angriffe auf deutsche Konvois starten.

STÄDTISCHER WIDERSTAND

Die Resistance, die zum Großteil städtisch war, bestand bereits länger als der Maquis und umfasste die *Organization Civile et Militaire* (OCM), die *Organization de Resistance de l'Armee* (ORA), die *Communist Francs-Tireurs et Partisans* (FTP) und die *Liberation Nord*. Es gab zwei Arten von Widerstandsgruppen: „Netzwerke" (*réseaux*) und „Bewegungen". Erstere waren geheim und meist klein, während Bewegungen größer und daher weniger sicher waren. Die Netzwerke sammelten Informationen, führten Sabotageakte durch und organisierten Fluchtrouten; daher standen sie in Verbindung zu alliierten Geheimdiensten wie *Special Operations Executive* (SOE), MI6 und *Office of Strategic Services* (OSS) oder *Free French BCRAM*. Die Bewegungen richteten sich an das französische Volk, um es aus der Lethargie der Niederlage und Besatzung zu rütteln und für Aktionen zu organisieren. Ihre Hauptwaffe waren geheime Zeitungen.

In der Normandie gab es geschätzte 3000 Aufständische, die bereit waren, auf die Nachricht der französischen BBC zu reagieren. Aktive Widerstandskämpfer gab es in Cherbourg, St-Lô, Caen und Le Havre. Sie hatten sich nach Calvados, südlich von Caen, sowie in den Bezirk Eure im Osten aufs Land zurückgezogen. Am D-Day sprengten die Männer in der Region Calvados acht Brücken, zerstörten über 100 Fahrzeuge und unterbrachen unzählige Bahnverbindungen einschließlich der Linien Paris–Cherbourg bei Carentan, St-Lô–Coutances, Paris–Granville bei Saint Manvieu sowie Caen–Bayeux und Caen–Vire. Sie sabotierten außerdem die Telegraphenverbindung von Caen nach Smolensk und die Leitungen, die das Hauptquartier des LXXXIV. Korps in St-Lô mit der 91. Division in Valognes verbanden, und ebenso die Verbindungen St-Lô–Jersey und Cherbourg– Brest. Im Bezirk Eure vereinte der lokale Widerstandsführer Marcel Baudot die verschiedenen Widerstandsgruppen zu einer gefährlichen Kampfeinheit.

Rechts: B-17 der USAAF werfen bei einer Mission nach D-Day Waffenbehälter über einer ländlichen Abwurfzone in Frankreich ab. Ähnliche Abwürfe für die Resistance gab es bereits seit mehreren Jahren. Die Bomber mit ihren großen Abwurfschächten eigneten sich ideal dafür.

Später, als bekannt wurde, dass die Alliierten einen starken Brückenkopf in der Normandie errichtet hatten und Frankreich schließlich befreien würden, schlossen sich viele vorher unentschiedene Franzosen der Resistance an.

Am D-Day führten die 100.000 Männer und Frauen der Resistance in ganz Frankreich 1050 Unterbrechungen des Bahnnetzes herbei. So mussten die Deutschen auf Lastwagen umsteigen, die weit weniger Kapazität hatten und wertvolles Benzin verbrauchten. Bis zum D-Day dienten 85 Prozent des Bahnverkehrs in Frankreich den Deutschen und zwei Fünftel davon der Wehrmacht. Der Angriff auf die Bahnverbindungen schloss die Zerstörung von 571 Bahnhöfen und Bahnknotenpunkten sowie von 30 Hauptlinien vor dem D-Day ein. Diese Operationen erhielten den Codenamen „Green".

Die so harmlos „Tortoise" („Schildkröte") genannte Operation umfasste die Zerstörung von Telefonverbindungen, Brücken und Straßen. Wegen der Unterbrechung der lokalen und Fernverbindungen mussten die Deutschen über Funk kommunizieren, was den Alliierten zusätzlich die Möglichkeit gab, durch das Abfangen der Meldungen Informationen zu sammeln.

PLASTIKSPRENGSTOFF

PE-808-Plastiksprengstoff, eine britische Vorkriegserfindung aus der Royal Ordnance Factory in Bridgewater, bestand aus Cyclotrimethylen-Trinitramin, einem mächtigen, aber sensiblen Sprengstoff, den die Briten „Research Department Explosive" oder RDX nannten. Ein Gemisch aus 91 % RDX und 9 % Plastifizierungsmittel ergab ein stabiles, wasser- und stoßfestes, kittähnliches Material, das man in Behälter oder direkt auf ein Ziel schmieren konnte – eine großartige Waffe für den Widerstand, ideal zur Sabotage von Bahngleisen oder anderen verwundbaren Zielen. PE 808 war gelbbraun und wurde in Wachspapierhüllen von 75 x 30 mm zu je 100 g hergestellt. Er hatte einen charakteristischen Marzipangeruch, der beim Einatmen starke Kopfschmerzen verursachte („gely headache"=„Sprengstoffkopfschmerz").

Zur Explosion gebracht wurde PE 808 mit einem Composition-Explosive-(CE)-TNT-Zünder und einer Nr.-27-Mk-1-Zündkapsel. Die Zündkapsel war ein 45 mm langes, dünnes Aluminiumröhrchen, das am geschlossenen Ende Quecksilberfulminat enthielt. Am offenen Ende wurde ein Sicherheitszünder (Nr. 11) befestigt, der durch so genannte „Crimpers" gehalten wurde. Der Zünder bestand aus einem Schwarzpulverkern, der mit wasserfestem Material ummantelt war. Er brannte mit 0,6 m pro Minute.

WARENLIEFERUNG

Inzwischen flogen R. A. F.- und USAAF-Maschinen nach Frankreich, um Waffen, Sprengstoff und andere Ausrüstung für Widerstandsgruppen in entlegenen Gebieten abzuwerfen.

Auf der britischen Seite des Kanals benutzten die Alliierten die Enigma („Ultra"), um die Bewegungen der deutschen Einheiten in Frankreich zu verfolgen, Berichte über deren Stärke und Schlagkraft zu überwachen und Befehle aus Paris und Berlin abzuhören. Außerdem konnte man auf diese Weise überprüfen, wie gut die eigenen Sicherheitsmaßnahmen waren; vermuteten die Deutschen zum Beispiel, dass die Landung in der Normandie erfolgen würde oder klappte die Ablenkung? Nach den D-Day-Landungen bestätigten abgehörte Nachrichten, dass die Deutschen glaubten, noch mehr alliierte Streitkräfte würden an der Küste des Pas de Calais landen.

Auf Landkarten wurden fotografische Informationen aufgedruckt und diese dann an Soldaten der ersten Landungswelle ausgehändigt.

An der Universität Oxford rief die Dienstübergreifende Topografische Einheit unter Col. Sam Bassett von den Royal Marines die britische Bevölkerung über Radio BBC auf, Urlaubsfotos und Ansichtskarten „aus allen Teilen der Welt" einzusenden. Diese sollten Strände, Gebäude und Landschaften zeigen. Nach 24 Stunden erhielt Bassett einen verzweifelten Anruf der BBC, dass man mit Fotos und Karten überschwemmt würde. Insgesamt wurden über 10 Millionen Bilder gesammelt; 50 Soldatinnen wurden aus den USA eingeflogen, um sie zu sortieren und zu klassifizieren.

In den Monaten vor D-Day überwachten X-Crafts, 15,5 m lange Mini-U-Boote mit vier bis fünf Mann Besatzung der Royal Navy, zugeordnet den Gemischten Einsatzlotsenkommandos (COPP), die Strände. Die COPPs waren die Idee des 33-jährigen Lieutenant Commander (später Captain) Nigel Clogstoun-Willmott. Das Hauptquartier der Gemischten Operationseinheit unter Lord Louis Mountbatten schuf eine Kriegseinrichtung für die COPPs mit Hauptquartier im Hayling Island Yacht Club zwischen Portsmouth und Chichester an der Südküste Englands.

Die COPP-Teams bestanden aus etwa zehn Mann, und zwar einem Lieutenant Commander oder Lieutenant der Royal Navy als Befehlshaber, drei Marineoffizieren, die für Navigation, Aufklärung und Verwaltung zuständig waren, einem Captain der Armee, ebenfalls für die Aufklärung, einem Sergeant als Leibwache, drei Marinerekruten zum Paddeln von Kanus sowie einem Mechaniker. Clogstoun-

Oben: Eine Sendung des Freien Frankreich auf BBC-Radio London. Für viele Franzosen war es bereits ein Akt des Widerstands, nur die verbotenen französischen Radiosendungen der BBC zu hören. Via Radio wurden geheime Botschaften übermittelt und die Moral aufrecht erhalten.

Willmott hielt die Teams klein, sodass ein COPP als Gruppe rasch überall hin fliegen konnte.

Er entwickelte ebenfalls gummibeschichtete Leinenanzüge für Schwimmer, die Fackeln, wasserdichte Uhren und Kompasse sowie kleine Waffen und Messer mitführten. Die COPP-Teams wurden zwar angewiesen, Kämpfe zu vermeiden, waren jedoch im Nahkampf hervorragend ausgebildet und konnten harte Gegner sein.

Bald nach der Erfindung des Kugelschreibers ließ Clogstoun-Willmott welche ankaufen, um unter Wasser Notizen machen zu können. COPP-Teams lernten, mit U-Booten, Kanus und primitiven Trockentaucheranzügen an Land zu gehen. Sie maßen Strömungen, Gezeitenhub, Tiefen und Steigungen mit Angelschnüren und Pflöcken; sie nahmen Sand- und Kiesproben, um abzuschätzen, ob ein Fahrzeug einen Strand überqueren konnte, ohne stecken zu bleiben.

Amerikanische und britische Streitkräfte hatten COPPs bei den Landungen in Sizilien und Salerno 1943 eingesetzt. Sie wurden nun von den britischen Planern akzeptiert.

Am Morgen des 6. Juni sollten zwei COPP-Mini-U-Boote, X-20 und X-23, in Stellung sein, um britische und kanadische Landungsboote auf ihrem Weg zu den Stränden bei Arromanches und Ouistreham zu lotsen. Die Mini-U-Boote würden die korrekten Anfahrtslinien mit einer Kombination aus Lichtsignalen, Funk und Geräuschen anzeigen.

Die Amerikaner zögerten, COPP-U-Boote einzusetzen; sie fürchteten, dass diese entdeckt würden und die Deutschen dann von der bevorstehenden Invasion wüssten.

Bereits Anfang 1944 untersuchten COPP-X-Boote einen Strand in der Seine-Mündung bei Saint-Laurent-sur-Mer, der später Teil von Omaha Beach werden sollte. Die U-Boote wurden von einem Trawler über einen Teil des Ärmelkanals gezogen und näherten sich dann aus eigener Kraft der Küste.

Rechts: Kanuten einer Gemischten Einsatzgruppe (COPP) beim Training in Großbritannien. Das Kanu war ideal geeignet, um Vorräte und Ausrüstung an einen Strand zu befördern, ohne Aufmerksamkeit zu erregen – in der Dunkelheit war es auf dem Meer fast unsichtbar.

Unter Wasser erreichten sie drei Knoten, an der Wasseroberfläche schafften sie acht.

PLÄNE, LÜGEN UND PROPAGANDA

Die britischen Planungsarbeiten für die Zweite Front, wie die Landungen genannt wurden, hatten bereits im September 1941 begonnen, als sich die USA noch gar nicht im Krieg befanden und die Russen an der Ostfront voll auf dem Rückzug waren. Als die USA in den Krieg eintraten, drängten sie auf einen sofortigen Angriff auf die französische Küste, doch der britische Premierminister Winston Churchill war überzeugt, dass ein Feldzug gegen Nazi-Deutschland langsamer und systematischer erfolgen musste. Seine Ansicht setzte sich durch.

Als General Morgan im April 1943 zum Stabschef des Alliierten Oberkommandos mit Sitz in Norfolk House, St. James's Square, London, ernannt wurde, war es seine Aufgabe, aus der Invasionsidee einen konkreten Plan zu machen.

Bei einer Wochenendkonferenz in Largs, Schottland, wählte das Alliierte Oberkommando die Normandie aus. Morgan hatte die Normandie bevorzugt, weil sie den Alliierten das Überraschungsmoment geben würde. Weitere Entscheidungskriterien waren, dass die Alliierten effektive Luftdeckung geben konnten und dass die Deutschen ihre Truppen in diesem Gebiet nicht rasch verstärken konnten. Der Brückenkopf konnte daher isoliert werden.

Die Küste der Normandie, von La Madeleine im Westen bis Ouistreham im Osten, wurde deshalb gewählt, weil die Strände offen waren, obwohl die Orne und der Caen-Kanal die Bewegungen einschränken würden, falls alle großen Brücken zerstört werden sollten. Die Küste lag in Reichweite von Jagdflugzeugen und Bombern, und die in den südenglischen Häfen massierten Landungstruppen konnten im Ärmelkanal sicher aufgestellt werden, bevor sie in die Seine-Mündung und zu den Stränden der Normandie vorstießen.

Morgan, einer der unbesungenen Helden des D-Day, warnte sein Team: „Das Wort ‚Planungsstab' hat eine unheimliche Bedeutung bekommen. Er bedeutet, nichts als Papier zu produzieren. Wir müssen nun das Papier in Aktion umsetzen." Der ursprüngliche Plan sah eine erste Landungswelle mit nur drei Divisionen vor. Als Montgomery Befehlshaber der 21. Armeegruppe wurde, forderte er Änderungen. Morgan und Montgomery gerieten in Streit; in seinen Memoiren erinnerte sich Montgomery: „Morgan hielt Eisenhower für Gott; weil ich viele seiner Pläne verworfen hatte, setzte er mich an das andere Ende der himmlischen Leiter." Eisenhower schrieb jedenfalls, dass Morgan „D-Day ermöglichte".

Der neue Plan sah nun die Landung von zwei US- und zwei britischen Korps vor. Dies waren, von Westen nach Osten, das VII. US-Korps unter Lt. Gen. „Lightning Joe" Collins (Utah Beach), das V. US-Korps unter Lt. Gen. Leonard „Gee" Gerow (Omaha Beach, bei St. Laurent), das britische XXX. Korps unter Lt. Gen. G. C. Bucknall (Gold Beach, bei Arromanches) mit kanadischen Soldaten des britischen I. Korps unter Lt. General J. T. Crocker (Juno Beach, bei Courseulles) und der Rest des I. Korps (Sword Beach, bei Ouistreham).

Die Luftlandtruppen, die 82. US-Division unter Maj. Gen. Mathew Ridgeway und die 101. US-Division unter Maj. Gen. Maxwell D. Taylor, sollten im Westen landen. Die britische 6. Division unter Maj. Gen. R. N. Gale sollte im Osten landen. Diese Operationen sollten vor Sonnenaufgang beginnen, um die Flanken und die westlichen Ausgänge durch die Überflutungsgebiete hinter den US-Strandköpfen zu sichern.

Innerhalb von 24 Stunden sollten 175.000 Soldaten, 1500 Panzer, 10.000 Fahrzeuge und 3000 Geschütze mit einer riesigen Flotte über den Kanal befördert und an den Stränden gelandet werden; Codename der Operation war „Neptune".

Die Landungen sollten bei Gezeitenwechsel stattfinden, da dann die Sperren sichtbar waren und die Gefahr, dass Landungsboote beschädigt oder versenkt würden, geringer war. Außerdem hätten die Alliierten dann an Land mehr Platz, ihre Truppen zu formieren. Die Deutschen erwarteten logischerweise eine Landung bei Flut, da dies den Männern und Fahrzeugen den langen, exponierten Weg über offene Strände ersparen würde.

Bei der „Trident"-Konferenz in Washington im Mai 1943 wurde für D-Day der Mai 1944 festgesetzt. Es war Churchill, der darauf bestand, den Landungen einen ihrer Größe und Bedeutung entsprechenden Namen zu geben, und „Overlord" („Oberherr") vorschlug. Bei der „Eureka"-Konferenz in Teheran im November 1943 legten sich die Alliierten auf diese Operation fest. Einen Monat später, bei der „Sextant"-Konferenz in Kairo im Dezember 1943, wurde General Dwight D. Eisenhower zum Oberbefehlshaber ernannt.

Unten: General Eisenhower mit einem GI in England. Er konnte gut mit Soldaten umgehen, auch wenn er oft nur dieselben einfachen Fragen stellte, wie „Woher sind Sie?" und „Welchen Beruf hatten Sie in den USA?". Eisenhower war Protégé des US-Stabschefs George Marshall.

RHETORIK NACH CHURCHILL-ART

In typischer großer Geste hatte Churchill im Radio angekündigt, dass Europa noch vor dem „Fall des Herbstlaubes" befreit würde. Als der Herbst 1943 kam und ging, stürzten sich die deutschen Propagandisten auf seine Meldung. Flugblätter in Blattform trugen die Aufschrift: „Ich bin gefallen, oh Churchill! Wo bist du? Wo sind deine Soldaten?"

Im März 1944 tauchten die Blätter mit einem Cartoon von Churchill als Soldat auf der einen und der Parodie eines französischen Liedes auf der anderen Seite wieder auf.

J'y va-t-y, j'y va-t-y pas?
Si j'y va pas, Staline quoi donc qui me dira?
Si j'y va quoi que ce'st qu'Hitler y me fera?
Tant pis, j'y va pas!

Gehe ich oder gehe ich nicht?
Wenn nicht, was wird Stalin sagen?

Wenn ja, was wird Hitler mir antun?
Okay, also gehe ich nicht!

Am 1. April tauchte noch ein deutsches Blatt auf. Auf einer Seite stand: „Hl. Befreiung", auf der Rückseite: „Aprilscherz!"

Im Frühjahr 1944 wurde in einem Anfall von begnadeter Ironie eine Parodie auf ein alliiertes Flugblatt produziert. Es lautete: „Schluss mit dem Requirieren. Bauern von Frankreich, gebt den Deutschen nichts mehr. Alles Beschlagnahmte ist für die Deutschen. Wir müssen ab jetzt alles zurückhalten. Denn mit der nächsten Landung werden die Alliierten kommen, die wir ernähren müssen. Es kommen Briten, Amerikaner, Kanadier, Australier, Inder, Afrikaner, Russen usw. Es sind zehnmal so viele wie die Deutschen. Deshalb brauchen wir zehnmal so viele Lebensmittel. Wir werden sie nicht requirieren lassen. Sie sind unsere Alliierten, also werden wir ihnen alles umsonst geben, als unseren Beitrag zur Freiheit."

In der Heimat benutzte Propagandaminister Dr. Joseph Goebbels zwei Werkzeuge. Das erste war die neue Vergeltungswaffe, die bald gegen Großbritannien gerichtet sein würde. In Nordfrankreich waren Abschussbasen für diese neuen Raketen, genannt V-1, in Bau und der Einsatz sollte am 13. Juni beginnen. Diese Angriffe sollten die britische und die US-Regierung dazu bringen, die Bombenangriffe der USAAF und der R. A. F. auf Deutschland zu reduzieren.

Ein weiteres Werkzeug war, die Angst vor dem Bolschewismus zu schüren sowie vor den Plänen der Alliierten, Deutschland zu einem wenig industrialisierten, agrarischen Land zu machen, wie der britische Peer Sir Robert Vansittart und später der US-Finanzminister, Henry Morgenthau, vorgeschlagen hatten. Goebbels setzte diese „jüdischen" Pläne ein, um den Kampfgeist der deutschen Soldaten zu schüren und die Zivilisten die alliierten Bombenangriffe ertragen zu lassen. Sein Motto war „Stärke durch Angst". Viele Deutsche machte man glauben, dass ein Sieg über die angloamerikanischen Armeen im Westen in der Art von Dieppe die Alliierten an weiteren Landungen hindern würde. Dadurch könnte sich Deutschland stärker auf den Kampf mit der UdSSR im Osten konzentrieren und Friedensverhandlungen erzwingen.

Die Deutschen konnten ihre Propaganda direkt an die französische Zivilbevölkerung und die alliierten Streitkräfte jenseits des Kanals richten, doch sie zogen auch eine Menge alliierter Propaganda auf sich. Zur Täuschung und psychologischen Kriegsführung gegen die Deutschen setzten die Alliierten „schwarze", „weiße" und „graue" Propaganda ein.

„Schwarze" Propaganda war unwahr oder stammte aus einer geheimen Quelle. Das drastischste Beispiel dafür waren die Radiosendungen des Vorkriegsjournalisten Sefton Delmer. Zu D-Day hatte er mit Hilfe starker BBC-Sender zwei „schwarze" Stationen zu einer zusammengeschlossen, die er *Soldatensender Calais, angeschlossen der Deutsche Kurzwellensender Atlantik* nannte. Er sendete ausgezeichnete Musik gemischt mit Nachrichten und Kommentaren und gab vor, dass er von unzufriedenen Soldaten in Frankreich gestaltet werde.

„GRAUE" UND „WEISSE" PROPAGANDA

Die „graue" (oder „schmutzig-weiße") Methode war eine Tageszeitung mit dem Titel *Nachrichten für die Truppe*. Jede Nacht warf die USAAF 250.000 bis 750.000 Stück über Zielen ab, die von der 21. Armeegruppe ausgewählt wurden.

Beide Methoden sollten das Denken der deutschen Soldaten auf den „Feind im Inneren" lenken, etwa Nazi-Funktionäre, die weit weg von der Front in Sicherheit waren, oder Kommandanten, die bereit waren, ihre Soldaten zu opfern.

Die Quelle der „weißen" Propaganda war die BBC, zusammen mit 3,24 Milliarden von USAAF und R. A. F. abgeworfenen Flugblättern, in denen Nachrichten und Informationen unverzerrt und unkommentiert präsentiert wurden.

Mit zunehmender Übung ignorierten die alliierten Planer die Propaganda, betrachteten die bloßen Fakten und versuchten, die für die Landungen am besten geeigneten Tage zu bestimmen. Am vielversprechendsten waren der 5., 6. und 7. Juni: An diesen Tagen war Gezeitenwechsel bei Sonnenaufgang und der Mond ging erst spät nachts auf. Ideal wäre Wind an den Stränden, der nicht stärker als eine „sanfte Brise" mit 10 bis 15 Knoten war (28 bis 33 km/h). Es durfte kein schwerer Seegang herrschen. Die Sicht musste 5 bis 8 km betragen, und damit die Luftunterstützung effektiv arbeiten konnte, mussten tief stehende Wolken 300 m über Grund stark durchbrochen sein. Es würde jedoch für den Zeitpunkt des Gezeitenwechsels eine Differenz von einer halben Stunde zwischen den US-Stränden im Westen und den britischen im Osten geben.

Wie bei allen militärischen Operationen, wussten die alliierten Soldaten, dass auch mit gutem Plan, Überraschungsmoment und übermächtiger Feuerkraft die Schlacht grausam, unvorhersehbar und verlustreich werden würde, sobald der Kontakt zum Feind da wäre – selbst für den Sieger.

Obwohl die Küste von Dünkirchen bis Le Touquet so nah lag, dass man sie von England aus sehen konnte, war sie vom COSSAC-Team als zu offensichtlich und zu schwer befestigt abgelehnt worden.

Die alliierten Planer nutzten dies zu ihrem Vorteil und entwarfen den Ablenkungsplan „Bodyguard", der die Operation „Fortitude South" beinhaltete, mit dem man die Deut-

Oben: Höhere britische Offiziere und Zivilbeamte betrachten eine einfache dreidimensionale Gummikarte. Die Planer setzten alles daran, dass Soldaten und Schiffsbesatzungen mit den Stränden, an denen sie landen und kämpfen würden, möglichst vertraut gemacht wurden.

schen zu überzeugen versuchte, dass die Landungen rund um Calais stattfinden würden. Falsche und echte Landungsboote wurden so platziert, dass sie wie eine Invasionsstreitmacht aussahen; falsche Funksignale aus mobilen Sendern in Kent simulierten größere militärische Formationen.

Die eindrucksvollste Ablenkung war die Schaffung der 1. US-Armeegruppe oder FUSAG unter Gen. George S. Patton. Diese war im Oktober 1943 aufgestellt worden und sollte nach D-Day das Kommando über die US-Armeen in Frankreich übernehmen. Später wurde diese Aufgabe der 12. US-Armeegruppe übertragen, doch FUSAG blieb am Leben, mit fiktivem Stützpunkt an der Ostküste zwischen der Themse und The Wash, von wo aus sie den Pas de Calais bedrohte. Die Aufrechterhaltung dieser Fiktion (Codename „Quicksilver") wurde mit viel Aufwand betrieben. Um ihr Glaubwürdigkeit zu geben, ließ sich Patton in dem Gebiet sehen und in der Presse wurde darüber berichtet. Die Berichte und Fotos wurden von neutralen Ländern wie Spanien und Portugal an Deutschland weitergeleitet.

Durch „Fortitude South" sollten die Deutschen die Landungen in der Normandie für einen Trick halten und auch nachdem sie stattgefunden hatten glauben, dass der Hauptangriff erst in Calais erfolgen würde. Tatsächlich ließ Hitler nach dem 6. Juni die Panzertruppen in diesem Gebiet nicht in die Normandie vorrücken. Das lag auch daran, dass die Alliierten die Deutschen mit Quicksilver überzeugt hatten, dass es noch weit mehr Streitkräfte in England gab. Wenn dem so war, dann konnte man sich einen Angriff auf die Normandie als Ablenkungsmanöver leisten, bevor man den Hauptangriff gegen den Pas de Calais führte.

Man war so erfolgreich, dass die nüchternen Analytiker im Hauptquartier Fremde Armeen West, dem deutschen Heeresnachrichtendienst, der sich mit den angloamerikanischen

Armeen beschäftigte, einen Zusatz zu ihrem Bericht (Nr. 1288) verfassten: „Nach glaubhaftem Bericht der Abwehr vom 2. Juni sind die Streitkräfte in Südengland in zwei Heeresgruppen aufgeteilt, der 21. britischen und der 1. US-Armeegruppe ... Von der 1. Armeegruppe, die rund 25 große Einheiten nördlich und südlich der Themse umfasst, ist keine einzige Einheit ausgerückt. Dasselbe gilt für die zehn bis zwölf Kampfeinheiten, die in Mittelengland und Schottland stationiert sind.

Das legt die Annahme nahe, dass der Feind eine weitere große Operation im Gebiet des Ärmelkanals plant, die sich vermutlich gegen die Küstenregionen im Bereich des Pas de Calais richten wird ..."

Unten: In dieser Luftaufnahme sind die typischen Umrisse der „Schirampe", der Abschussbasis für die V-1, klar erkennbar. Als die ersten dieser primitiven Cruise Missiles auf Südengland fielen, wurde die Zerstörung der Abschussrampen zu einem Hauptziel der Alliierten.

Ein weiterer Ablenkungsplan, „Fortitude North", ließ die Deutschen glauben, dass Südnorwegen bedroht würde. Daher waren deutsche Truppen, Waffen und Ressourcen sowohl im Pas de Calais als auch in Norwegen gebunden. „Fortitude North" erhielt Glaubwürdigkeit durch gefälschte Funksignale und Informationen über „Skye Force", eine fiktive 4. Armee. Meldungen über Kältetraining und Schlechtwettereinsätze stützten die Illusion. Die britische 3. Infanteriedivision absolvierte einige Übungen in Schottland, wobei Übungen wie „Burger 1" und „Burger 2" von der Insel Black aus über den Moray Firth bis in die Burghead Bay durchgeführt wurden. Dadurch hielt man die Vorstellung aufrecht, Norwegen wäre ein potenzielles Ziel. Der Ablenkungsplan „Zeppelin" umfasste die fiktive Invasion auf dem Balkan von Italien aus.

TECHNISCHE TRICKS

In der Nacht vom 5. zum 6. Juni spielte auch die Technologie bei der D-Day-Tarnung eine große Rolle: Bomber warfen

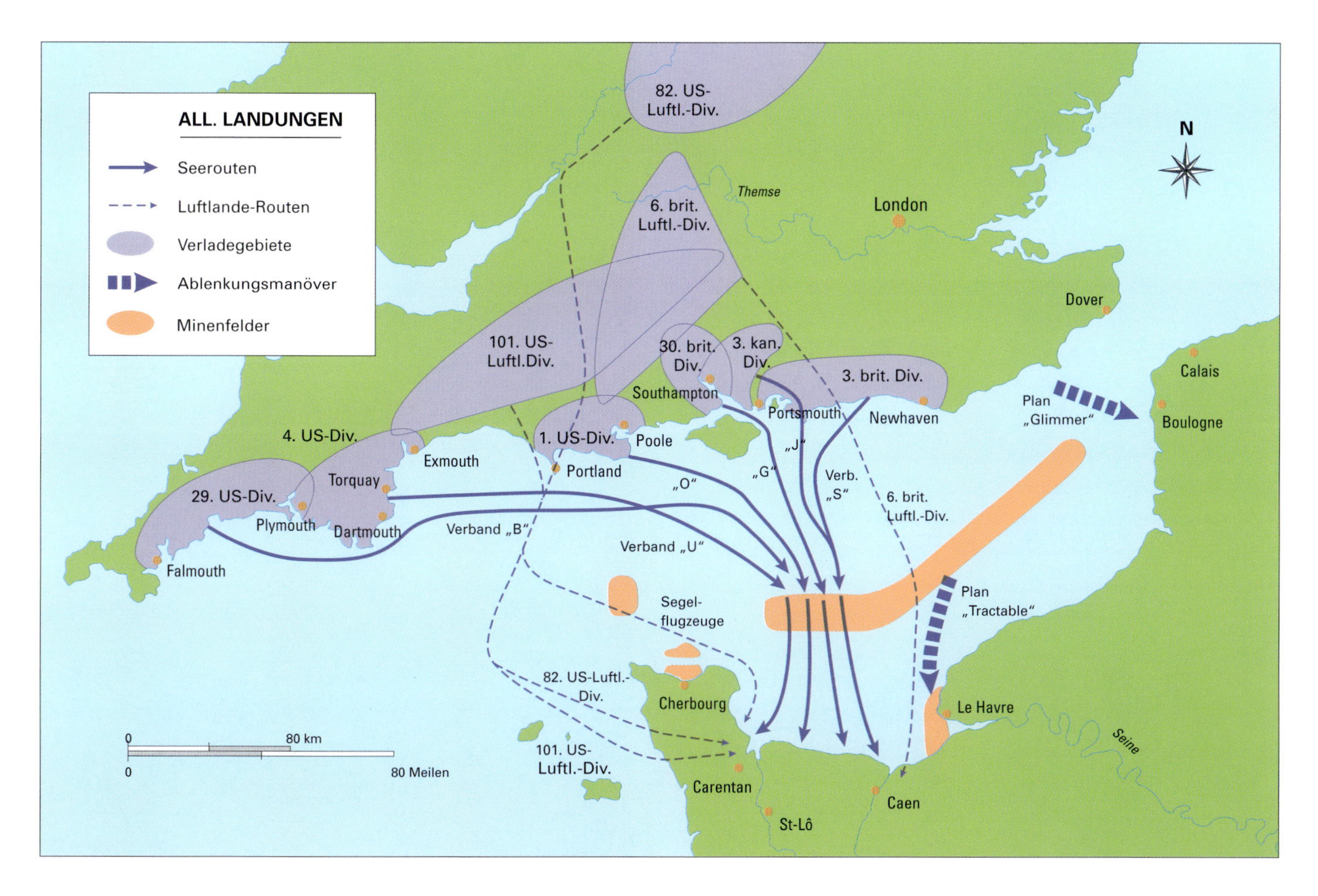

Oben: Die komplexen Luft- und amphibischen Landungen der Operation Overlord konnten an Schlechtwetter, Verwirrung in der Dunkelheit und am Feind scheitern. Die Deutschen waren entschlossen, die Operation zu stoppen, glaubten aber, sie würde im Pas de Calais stattfinden.

„Spreu“ ab, Streifen aus Metallfolie, die Radarsignale reflektierten und auf Radarschirmen wie viele Flugzeuge aussahen.

Bei der Operation Taxable flogen acht Avro-Lancaster-Bomber der 617. R.-A.-F.-Staffel in zwei Wellen mit je 3 km Abstand zwischen den Flugzeugen und 13 km zwischen den Wellen. Indem sie alle fünf Sekunden Stanniolstreifen abwarfen, erzeugten sie das Bild einer „Invasionsflotte“, die sich Le Havre auf einer Fläche von 25 x 22 km näherte. Die Piloten flogen kreisförmig, sodass der Eindruck entstand, die Flotte näherte sich der Küste mit 14 km/h (7 Knoten).

Um die Verwirrung zu steigern, flogen Maschinen der 218. R.-A.-F.-Staffel die Operation „Glimmer“, einen ähnlichen Schwindel, in Richtung Boulogne. Bei beiden Operationen flogen Flugzeuge Störmanöver, um den Eindruck zu erzeugen, man versuche die Flottennäherung zu verbergen.

Die Alliierten konnten die Effektivität ihrer Täuschungsmanöver (und die Geheimhaltung der Operation Overlord) überwachen, nicht nur durch „Ultra“, sondern durch eine weitere geheime Maßnahme. Aufgegriffene deutsche Spione, die nach 1940 mit Fallschirmen, E- oder U-Booten in England landeten, wurden „umgedreht“, um der Abwehr falsche Informationen zu liefern. „Umdrehen“ war brutal, aber einfach. Man stellte den Spion vor die Wahl, entweder für die Alliierten zu arbeiten oder vor Gericht gestellt und gehängt zu werden. Nur sehr wenige wählten den Tod. Die Berichte dieser Spione bestätigten die Annahmen, dass der engste Teil des Ärmelkanals und Norwegen am stärksten bedroht waren.

Der spanische Doppelagent Juan Pujol Garcia – die Briten gaben ihm wegen seines Schauspieltalents den Codenamen „Garbo“ – galt bei den Deutschen als verlässliche Quelle. Sie nannten ihn „Arabel“. Gemeinsam mit seinem brillanten Verbindungsoffizier, Tomàs Harris, erfand Pujol einen Ring von 14 Unteragenten und elf Informanten. Die Deutschen waren von seiner Arbeit so beeindruckt, dass sie Arabel im Juni 1944 informierten, dass ihm für seine Dienste für das Dritte Reich das Eiserne Kreuz verliehen würde. Sechs Monate später verliehen ihm die Briten den MBE.

Am 15. Mai 1944 – die Pläne für D-Day waren fertig – informierte Eisenhower König George VI., Premierminister

Winston Churchill und die obersten britischen und US-Befehlshaber in der St. Paul's School in London in allen Details.

Rear Admiral Morton L. Deyo von der US Navy erinnerte sich, dass das Lächeln und die Zuversicht des Oberbefehlshabers 20 Extra-Divisionen aufwogen. „An diesem Tag war es viel mehr wert. Er sprach 10 Minuten. In der Wärme seiner Zuversicht lösten sich alle Zweifel auf. Nicht oft wurde einem Mann so große Verantwortung auferlegt. Doch dieser hier war mit sich selbst im Reinen."

Die Soldaten, die an D-Day landen sollten, hatten eine andere Sicht von Ansprachen und Instruktionen. Private Mason vom 2. Bataillon East Yorks erinnerte sich daran, als „Eisenhower kam und uns sagte, dass es so weit ist. Er war ein strahlender, heiterer Mann, aber zugleich voller Quatsch."

Bei der Besprechung in St. Paul's School betonte Montgomery, dass „Panzerkolonnen an D-Day rasch landeinwärts vordringen mussten; das wird die Pläne des Feindes stören und ihn aufhalten, während wir unsere Kräfte verstärken."

Er fragte sich, wie rasch die Deutschen Verstärkung in die Normandie bringen konnten. Er schätzte, dass den Alliierten bei der Landung fünf Divisionen gegenüberstehen würden, doch nach einem Tag konnte sich diese Zahl auf zehn erhöht haben. Innerhalb einer Woche könnten 18 alliierte Divisionen mit 24 deutschen konfrontiert sein. „Die Deutschen werden ihr Bestes tun", sagte er, „um uns ein neues Dünkirchen zu bereiten". Doch die Alliierten hatten große Ressourcen bei Luft- und Seestreitkräften. Montgomery meinte: „Die Luftstreitkräfte müssen den Ring halten und die feindliche Reserve auf Bahnstrecken und Straßen behindern."

Gen. Lt. Friedrich Dihm, Rommels Spezialassistent, gab ihm später Recht. Im Verhör durch die US-Armee nach dem Krieg sagte er: „Abgesehen von der Luftüberlegenheit wäre es möglich gewesen, die Invasion in den ersten Tagen nach der Landung zum Scheitern zu bringen. Dies waren die kritischsten Tage für die Alliierten. Später konnten die kontinuierlichen und zunehmenden Verstärkungen der Alliierten durch das Eintreffen deutscher Verstärkungen, die durch die Zerstörung wichtiger Verkehrsrouten behindert wurden, immer weniger wettgemacht werden."

Nach dem 6. Juni wurde diese Überlegenheit durch eine in der Bretagne stationierte Kampfgruppe demonstriert, die in zehn Tagen in die Normandie gelangte, auf von USAAF und R. A. F. zerstörten Straßen und attackiert von der Resistance.

Rechts: Ein grimmiger General George Patton inspiziert herausgeputzte GIs. Patton war dafür bekannt, dass er es mit der militärischen Etikette sehr ernst nahm. Seine Präsenz in Südengland erhielt als Teil des Ablenkungsplans betreffs einer Landung im Pas de Calais große Publizität.

KAPITEL DREI

LOGISTIK UND TECHNOLOGIE

Die gewaltigen Ressourcen der USA sowie die Genialität und Erfahrung britischer Ingenieure und Soldaten führten gemeinsam zur Entwicklung origineller und exzellenter Waffen für den D-Day. Spezielle Ausrüstung wie AVRE wird heute noch weitergeführt und die Überreste der Mulberry-Häfen vor der Küste der Normandie zeugen von der Genialität der Alliierten. Rommel zitierte den Spruch: „Schweiß spart Blut", doch die Alliierten konterten: „Denken spart Schweiß."

DIE PLANER DER ALLIIERTEN überlegten angesichts der Herausforderungen von D-Day – die ersten Landungen und die nachfolgenden Kämpfe –, ob die Probleme mit bestehender militärischer Ausrüstung und Technologie zu bewältigen waren oder ob neue Waffen und Systeme gebraucht wurden.

Bevor noch ein Soldat an Land ging, würden die Strände und Befestigungen von See aus unter schweren Beschuss genommen; eine Neuheit sollten Raketen abfeuernde Landungsboote sein. Sie würden in drei Salven 1000 12,7-cm-Raketen zu je 0,9 kg abfeuern, deren hoch explosive Sprengköpfe trotz ihrer geringen Präzision gewaltige Schäden anrichten würden. Ein US-Soldat meinte, diese Boote sähen aus, als ob sie aus einem populärwissenschaftlichen Magazin oder aus „Unglaubliche Geschichten" stammen würden.

Links: US-Soldaten hasten von einem Landungsboot in einem Übungsgebiet in Südengland an Land. Einer dürfte einen Bangalore-Torpedo gegen Stacheldrahthindernisse tragen. Der Wachturm im Hintergrund dient möglicherweise der Überwachung von scharfer Munition.

Oben: Erste Versuche mit Duplex-Drive-(DD-)Panzern mit modifiziertem Valentine auf dem Staines-Stausee in England. Das in M4-Shermans eingebaute DD-System war sehr erfolgreich sowie überraschend für die Deutschen, weil sie Panzer aus dem Meer auftauchen sahen.

Auf dem Weg zum Strand würden die Landungsboote „DDs" absetzen, Duplex-Drive-Sherman-Panzer – manche Crewmitglieder meinten, die Initialen stünden eigentlich für „Donald Duck". Diese Erfindung des österreichischen Emigranten und Panzerfahrzeugdesigners Nicolas Straußler war ein Panzer mit wasserdichten Leinen- und Gummischürzen und einem Antrieb, der ihn mittels zweier Propeller mit 7 km/h an Land bringen konnte. An Land konnten die Schürzen, die ihm den Auftrieb verliehen hatten, abgeworfen werden und der Panzer konnte mit seiner 75-mm-Kanone feindliche Bunker unter Beschuss nehmen.

Dieppe hatte die Briten 1942 gelehrt, dass sie Spezialpanzer und Panzerfahrzeuge brauchten, um Befestigungen und Sperren zu durchbrechen. Die Panzer erhielten den Spitznamen „Funnies" („Comics") und der Churchill-Panzer der 79. Panzerdivision wurde zur Basis für die meisten der neuen Fahrzeuge. Sie waren für ihre Rolle ideal, da sie innen geräumig und außen stark gepanzert sowie gleichmäßig geformt waren, sodass man an ihnen Ausrüstung befestigen konnte.

Der berühmteste war der Churchill-Crocodile-Flammenwerfer, der feindliche Ziele in 80 bis 120 m Distanz mit 80 Flammenstößen zu je 1 Sekunde befeuern konnte. Man hatte einen neuen Brennstoff für den Flammenwerfer erfunden; er war dickflüssiger und klebte daher am Ziel. Er wurde in einem 6-Tonnen-Anhänger transportiert, der über einen flexiblen Schlauch mit dem Flammenwerfer in der MG-Position verbunden war. War der Brennstoff verbraucht, warf man den Anhänger einfach ab und der Churchill wurde zum konventionellen Panzer. In der Normandie war diese Waffe so sehr gefürchtet und verhasst, dass gefangene Crocodile-Mannschaften von den Deutschen oft exekutiert wurden.

Der „Armoured Vehicle Royal Engineers" (AVRE) verfügte über ein 7,92-mm-Besa-Maschinengewehr, seine Hauptwaffe war jedoch ein gewaltiges 290-mm-Geschütz, das eine 20-kg-Sprengladung bis zu 80 m weit schießen konnte. Der AVRE konnte auch Faschinen mitführen, Reisigbündel zum Auffüllen von Panzerabwehrgräben. In Nordwesteuropa wurden AVRE und Crocodile ein Furcht erregendes Paar: Der eine konnte schwere Befestigungen zerstören, der andere ließ die Überreste in Flammen aufgehen. Oft musste ein Crocodile nur nicht entzündeten Brennstoff in einen zerschossenen Bunker spriten, damit sich die Überlebenden ergaben.

Der Churchill wurde auch als gepanzertes Bergefahrzeug (ARV) eingesetzt.

Ein weiterer Panzer, genannt Bobbin, beförderte eine 100-m-Rolle mit verstärkten Matten an seinem Rumpf, die auf nassem Sand oder losem Kiesel entrollt werden konnten, damit andere Fahrzeuge auf diesem Untergrund Bodenhaftung finden konnten.

ARKs (Armoured Ramp Carriers, auch ARCs) waren mit Faltbrücken bestückt, mit denen man zerstörte Brücken oder Panzerabwehrgräben überbrücken konnte. „Crabs" („Krabben") waren zum Minensuchen eingesetzte Sherman-Panzer mit einer Drehtrommel vorne, an der Ketten mit Gewichten befestigt waren. Wie Dreschflegel arbeiteten sie sich mit 2,5 km/h durch Minenfelder und lösten die Minen aus. Sie besaßen auch Geschützturm und MG eines konventionellen Panzers und konnten, wenn nötig, auf diese Weise eingesetzt werden. Das Crab-Konzept, ein Entwurf eines südafrikanischen Offiziers, war bereits bei El Alamein erfolgreich.

Ein BARV (Beach Armoured Recovery Vehicle) war ein turmloser Bergepanzer mit Winden oder kleinen Bulldozerschaufeln, der gestrandete Fahrzeuge entfernen konnte.

Die Funnies waren das geistige Kind von Maj. Gen. Sir Percy Hobart, hinter seinem Rücken „Hobo" genannt. Er hatte sich bereits in den 30er-Jahren als Erfinder von Panzer-

Unten: Ein britischer Pionier überholt die Mörsermuffe eines Churchill-Pionierpanzerfahrzeugs (AVRE). Rechts ist die als „fliegende Mülltonne" bezeichnete Munition zu sehen. Der AVRE sollte sich bei der Befreiung Europas als hervorragend erweisen.

Unsere Freunde von der Ostfront können sich nicht vorstellen, was hier los ist. Hier gibt es keine fanatischen Horden, die in Massen gegen unsere Linien stürmen, ohne Rücksicht auf Verluste und ohne besondere Taktik. Hier stehen wir vor einem Feind, der all seine Intelligenz in seine vielen technischen Ressourcen investiert, der keinen Materialaufwand scheut und bei dem jede Operation verläuft, als sei sie mehrfach geübt worden. Schwung und Hartnäckigkeit allein machen einen Soldaten nicht mehr aus.

Feldmarschall Erwin Rommel

fahrzeugen einen Namen gemacht und wurde für die Entwicklung der Spezialpanzer verantwortlich, als ihm Generalstabschef Gen. Sir Alan Brooke das Kommando über die 79. Panzerdivision übertrug.

Lt. Ian Hammerton von der 79. Panzerdivision erinnerte sich, dass die Männer enttäuscht und desillusioniert waren, nachdem ihnen Hobart ihre neue Aufgabe erklärt hatte. „Wir würden nicht im Kavallerietempo in unseren Panzern über die Felder Frankreichs fegen – nur Minen suchen. Aber sicher würden wir, nachdem wir ein paar Minen geräumt hatten, von der Leine gelassen, um den Feind zu jagen? Sicher, nach all dem Training..."

Tatsächlich sah Captain Low am D-Day, wie einer seiner Minenräumpanzer eine besonders aktive deutsche Geschützstellung an Sword Beach mit seinem Dreschflegel pulverisierte.

Unter strenger Geheimhaltung hatten die Briten die Spezialpanzer an Attrappen feindlicher Stellungen in entlegenen Übungsgebieten getestet. Unter Testbedingungen hatten sie funktioniert, doch nicht alle waren in Kampfsituationen erprobt – sie würden am D-Day ihr Debüt geben.

Der amerikanische Amphibienlastwagen 6x6 DUKW war bereits am Mittelmeer im Einsatz gewesen. Seine Fähigkeit, zu Transportern und Frachtern vor der Küste zu „schwimmen" und bis zu 2,5 Tonnen Lasten zu Lagern und Stellungen an Land zu befördern, würde ihn in der Frühphase der Landungen zu einem wichtigen logistischen Fahrzeug machen. Außerdem konnte er bei schlechtem Wetter an Land fahren, um einem Sturm auf See zu entgehen. Der DUKW, allgemein als „Duck" („Ente") bekannt, hatte zwei Mann Besatzung; er erreichte 80 km/h an Land und 9 km/h auf See. An Land betrug seine Reichweite 120 km.

Vor Omaha Beach beobachtete der 22-jährige Staff Sergeant William Lewis vom 116. Infanterieregiment an D-Day, wie DUKWs an der rauen See scheiterten. „Die wenig seetüchtigen DUKW fuhren eine Welle hinauf und anstatt wieder runterzukommen, fuhren sie hinein und darunter. Sie nahmen Wasser, kenterten seitwärts und sanken."

Konventionelle Reifen- und Kettenfahrzeuge wurden für Wasserfahrten mit Lufteinlass- und Auspuffverlängerungen ausgerüstet; die Motoren wurden wasserdicht geschmiert.

Unter den Soldaten, die mit den US-Streitkräften am D-Day landeten, waren Bautrupps vom IX. Pionierkommando, die bereits bis 21.45 Uhr einen Notlandestreifen in der Nähe von Omaha Beach errichteten. Für diesen Bau be-

Rechts: Ein Churchill-Panzer überquert einen Damm mit Hilfe eines ARKs (Brückenlegepanzer). Den Deutschen erschien die Verwendung von „Funnies" – Spezialpanzer für Grabenquerung, Minenräumung und Brückenbau – fast verschwenderisch, doch sie retteten ohne Zweifel Leben.

Oben: Ein voll beladenes DUKW beim Manövrieren. Die Fähigkeit dieser amphibischen Lastwagen, Fracht auf See an Bord zu nehmen und zu logistischen Sammelstellen an Land zu bringen, ohne sie entladen zu müssen, beschleunigte den Aufbau der alliierten Armee in Frankreich.

nutzten sie speziell entwickelte Lochstahlplanken (PSP), die so leicht waren, dass zwei Männer sie tragen konnten, und die wie Puzzlestücke aneinandergefügt wurden. PSP waren stark genug, um dem Druck der Landungen und Starts voll beladener Jagdbomber standzuhalten; das Lochmuster bot den Flugzeugrädern genügend Bodenhaftung und ließ Regenwasser abfließen.

Britische Kommandos und Luftlandetruppen hatten eigens entworfene Klappräder und -motorräder, auf denen sie Waffen und Spezialausrüstung inklusive Spengstoffe und Funkgeräte transportieren konnten. Viele deutsche Soldaten waren 1940 mit dem Fahrrad nach Frankreich gekommen und nun kamen die Briten wie bei einer tödlichen Radtour auf den Kontinent, um das Kompliment zurückzugeben.

TRAINING

Für viele Armeeangehörige, die an der Operation Overlord mitwirkten, gab es kein spezielles Training – sie verfeinerten einfach jene Fähigkeiten, die sie in der Grund- und der technischen Ausbildung gelernt hatten. Jene Einheiten aber, die zu den führenden am D-Day zählen sollten, übten verstärkt Landungen. Manche alliierten Einheiten, wie die 1. US-

Unser Training war hart, es wurde uns nicht leicht gemacht. Wir standen auf und liefen vier Meilen in 20 Minuten, und das noch vor dem Frühstück. Wir sollten drei oder vier Meilen Hindernislauf absolvieren ... Keiner erkannte, wie schrecklich unser Training war. Wir hatten zwei bis drei 48-km-Märsche in der Woche ... Der Nebel war so tief und dicht, dass man, wenn man aufrecht stand, nicht mal 1,2 bis 1,5 m weit gesehen hat ... Ich bin in Charlottesville, Virginia, geboren und ich war nie im Norden des Landes ... dort, wo es kalt ist. Je höher man im Moor gelangte, umso tiefer wurde der Sumpf. Er war von Zeit zu Zeit mit Eis bedeckt und es war fürchterlich kalt.

Private Felix Branham
16. Infanterieregiment, 29. Infanteriedivision

DIE MEDIEN IM KRIEG

Vor D-Day wurden britische, kanadische und amerikanische Journalisten von Presse und Radio auf ihre Rolle bei der Invasion vorbereitet. Bei den Alliierten waren etwa 558 akkreditiert. Die BBC allein hatte 48, die als Soldaten ausgebildet waren, wenn auch ohne Waffen, und sie waren die Ersten, die Augenzeugenberichte von den Landungen lieferten. Unter den Journalisten, die über D-Day und die Kämpfe in Nordwesteuropa berichteten, waren Alan Moorehead, Ed Murrow, Drew Middleton, Richard Dimbleby und Ross Munro. Für den *Daily Telegraph* berichtete der junge Cornelius Ryan von der Nase eines Marauder-Bombers aus über die Landungen. 1962 veröffentlichte er *Der längste Tag*, einen der ersten Augenzeugenberichte über D-Day, sowohl aus deutscher als auch aus alliierter Sicht. Auch Richard Dimbleby, der später ein angesehener Anchorman bei BBC-Television wurde, saß in einem Bomber über den Stränden. Nahe an der Front sahen sie „einen einsamen Bauern, der sein Feld bestellte und hinter seinen Pferden herstapfte, ohne links oder rechts zu schauen". Die dramatischsten Fotos von der Omaha-Landung schoss der erfahrene Fotograf Robert Capa; sie wurden eiligst nach London befördert, wo der Assistent, der die Negative entwickelte, in der Aufregung die Emulsion zum Schmelzen brachte und dadurch alle bis auf wenige zerstörte. Journalisten und Fotografen akzeptierten, dass ihre Arbeit zensiert wurde, wenn sie „für den Feind nützliche Informationen" enthielt. Denjenigen, die sich nicht daran hielten, drohte Verfolgung und Haft, obwohl es effektiver war, solchen Journalisten den Zugang zur Front und damit zur Berichterstattung zu verwehren.

Infanteriedivision (*The Big Red One*, „Die große rote Eins"), hatten bereits in Nordafrika, Sizilien und Italien gekämpft und konnten auf ihre Erfahrung zurückgreifen.

Jenseits des Kanals übten die Deutschen Alarm, wobei die Männer aus den Unterkünften gerufen wurden, um die Stellungen zu besetzen. 1942 und noch 1943 waren die Übungen entspannter, obwohl die Küstenstellungen von britischen Kommandos angegriffen werden konnten, was manchem Alarm eine gewisse Dringlichkeit verlieh. Die Küstenverteidigung lernte verschiedene Schiffstypen zu unterscheiden und die Luftabwehr war mit ständigen Luftangriffen der Alliierten beschäftigt. Wer nicht trainierte, wurde beim Minenlegen oder Hindernisbau eingesetzt. Die Marinestreitkräfte an beiden Ufern des Kanals waren mit Patrouillen, Minenräumung, kleinen Angriffen und Aufklärung ausgelastet.

Die Besatzungen der Marinegeschütze wussten, dass sie Feuerunterstützung für die Landung liefern sollten, und trainierten Tempo und Effektivität. Alliierte Jagdflugzeuge flogen über Nordfrankreich und attackierten die wenigen Maschinen der Luftwaffe, denen sie begegneten, oder nahmen Lokomotiven, Lastwagen oder Küstenschiffe unter Beschuss. Bomber griffen größere Ziele an. Für Marine und Luftstreitkräfte gab es keinen Übergang vom Training zum Einsatz.

Für manche Briten und britische Einheiten stellte Overlord die Rückkehr auf den Kontinent dar, von dem sie bei der erniedrigenden Evakuierung von Dünkirchen 1940 vertrieben worden waren. Seit damals trainierten sie in England.

Die Zivilbevölkerung wurde in Norfolk, Dorset und Wiltshire von Höfen und Dörfern abgesiedelt und ihre Häuser zum Übungsgebiet für den Häuserkampf gemacht. In so genannten „Kampfdrillübungen", bei denen man scharfe Munition und Sprengstoff verwendete, bekamen Soldaten ein Gefühl für den Kampf. In ganz Großbritannien fanden motorisierte Übungen statt; ein Panzertruppkommandant wusste, dass D-Day kurz bevorstand, als sein Regiment erfuhr, dass es nicht mehr durch die Tore auf die Felder fahren sollte, sondern über Hecken, Zäune und Mauern hinweg.

Ab Februar 1944 wurden die britischen Inseln von neutralen Staaten wie Irland, Spanien, Schweden und Portugal abgeriegelt. Die Soldaten wurden fitter und härter durch zusätzliches körperliches Training und absolvierten Langstreckenmärsche mit voller Ausrüstung, Waffen, Munition, Spaten und anderen militärischen Geräten.

Doch jeder wusste, wie fit und gut ausgebildet sie auch waren: Wenn die Kämpfe in Frankreich begannen, dann würde ihr Überleben im Kampf auch sehr stark vom Glück abhängen, und jeder wollte einer der Glücklichen sein.

Etwa eine Woche vor dem D-Day wurden die Soldaten über ihr Ziel informiert; sie wussten außerdem, dass sie wohl niemals fitter sein würden und sehr gut ausgebildet waren. Nun wurden sie in sicheren Lagern zusammengefasst. In den vorangegangenen Monaten und Jahren hatten sie viele grundlegende militärische, technische und handwerkliche

Rechts: Unter den eher besorgten Blicken ihrer Kameraden springen britische Soldaten im Training über einen Verbindungsgraben. Ihre Nervosität ist verständlich, da sie die großen Schwertbajonette auf ihre 7,7-mm-SMLE-Gewehre gepflanzt haben.

Fähigkeiten erlernt und amphibische Operationen geübt.

Die britischen, amerikanischen und kanadischen Divisionen wurden in Angriffs-, Unterstützungs- und Nachstoßtruppen geteilt. Die Angriffstruppen, die die erste Welle bilden sollten, wurden an der Südküste konzentriert, der Nachstoß in Südwales und Ostanglien. Im Westen war die Angriffstruppe der 4. Division, VII. US-Korps, bei Torquay und Dartmouth massiert. Die 29. Division, V. US-Korps, befand sich in Dorset rund um Poole und Weymouth. Die 50. Division des britischen 30. Korps lag in Hampshire bei Winchester und Southampton, während im Osten die 3. kanadische Division bei Portsmouth zusammengezogen war. Der Urlaubsort Shoreham war der Einschiffungshafen für die 3. Division, I. britisches Korps. Im Norden, landeinwärts, waren die 82. US- und die 101. US-Luftlandedivision sowie die britische 6. Luftlandedivision in der Nähe von Flugfeldern stationiert.

Unser Training war hart, aber zweckmäßig, um uns zur echten Kampfeinheit zu machen. Die Offiziere und NCOs machten ihre Arbeit gut, wir waren gut und wir wussten das. Ich hatte ein Bren-Gewehr übernommen ... Ich schätze, ich war der Beste, meine Reflexe waren schnell, ich arbeitete hart und war schnell zu Fuß. Es gab einen Gleichklang in der Mannschaft, der schwer zu beschreiben ist. Niemand wagte es, unseren Zugführer zu enttäuschen ..., wir standen alle hinter ihm.

Private Albert King
1. Bataillon Worcestershire-Regiment, britische 43. Infanteriedivision

Unten: In Staub und Rauch gehüllt hasten GIs zu den Bäumen am Strand eines Übungsgeländes in England. Obwohl es bei diesen Übungen zu Todesfällen kam, war das nichts im Vergleich zu dem Entsetzen und der Vernichtung, die über Omaha Beach hereinbrechen sollte.

Oben: Ein alliiertes Kriegsschiff, die HMS Holmes, *beim Bombardieren deutscher Küstenstellungen am 6. Juni 1944. Die phänomenale Feuerkraft der Kreuzer und Schlachtschiffe vor den D-Day-Stränden war ein wichtiger Beitrag zu den Geschehnissen, vor allen auf Omaha.*

Die Hilfsformationen waren das britische VIII. Korps bei Reading, das XII. Korps bei Canterbury und das kanadische II. Korps westlich von Dover. Die meisten Nachstoßtruppen wurden in Gebieten massiert, die eigene Häfen hatten, in denen sie sich einschiffen würden. Die 1. Division, V. US-Korps, lag bei Fowey in Cornwall, die 29. Division bei Swansea in Südwales, die 90. Division, VII. US-Korps, bei Cardiff und die 9. Division in Somerset. Im Osten lagen die 7. Panzerdivision und die 49. Division des britischen XXX. Korps in Ostanglien westlich von Felixstowe, während im Süden die 51. Division des britischen I. Korps in Essex stationiert war.

Für die Flugzeug- und Schiffsbesatzungen war der Krieg jedoch längst im Gange, während sie an der von den Deutschen besetzten französischen Küste patrouillierten oder sie angriffen. Hier verstärkten die Deutschen ihre Verteidigung und hofften, dass die Alliierten nicht in ihrem Sektor landeten, da sie wussten, das würde eine blutige Sache werden.

SEEMACHT

Jenseits des Kanals hatte Admiral Theodore Krancke das Marinegruppenkommando West inne; der erfahrene Offizier hatte 1940 das Westentaschenschlachtschiff KMS *Admiral Scheer* befehligt, das 17 Handelsschiffe im Atlantischen und Indischen Ozean versenkt hatte. Sein Kommando umfasste drei Zerstörer in der 8. Flottille, vier Torpedoboote in der 4. und 5. Flottille sowie 44 Schnellboote, verteilt über die Küste zwischen Ostende, Boulogne und Cherbourg. Die U-Boote, die Geißel der alliierten Atlantikschifffahrt, waren nach wie vor eine ernste Bedrohung: Insgesamt waren davon 49 in Brest, Lorient, St-Nazaire und La Palice stationiert. Rund 35 stachen am 6. Juni vor 24.00 Uhr in See.

Zur Abwehr hatte die Kriegsmarine 18 Minenräumer im westlichen Kanal und im Golf von Biskaya, 53 Motorminenräumer in den Häfen von Dünkirchen und Le Havre sowie 22 kleinere Minenräumboote entlang der Küste. Außerdem gab es Patrouillenboote, Minenlegekähne und Flakschiffe.

Ich hörte, wie ein Torpedo den Rumpf entlangglitt, aber er explodierte nicht. Der nächste erwischte das Heck und riss 9 m davon weg … Das war wie ein großes Tor da hinten, doch wir sanken nicht. Ich schaffte es zurück nach oben. Die Leuchtspurgeschosse waren so dick wie die Haare auf dem Rücken eines Hundes.

Sergeant Ewell B. Lunsford
4. Medizinisches Bataillon, 4. US-Infanteriedivision

Die als S-Boote bezeichneten deutschen Motortorpedoboote wurden von ihren Mannschaften Eilboot oder E-Boot genannt, woraus die britische Bezeichnung „E-boat" für „feindliches (enemy) Boot" abgeleitet wurde.

Die größte Prüfung für die S-Boote war die Invasion der Alliierten in der Normandie. 1944 gab es fünf S-Boot-Flottillen an der Südengland gegenüberliegenden Küste unter dem Kommando von Kapitän Rudolf Petersen, der im deutschen Schweningen stationiert war.

Diese Flottillen waren die 8. Schnellbootflottille in Ijmuiden in Holland, die 2. in Ostende in Belgien, die 4. in Boulogne in Frankreich sowie die 5. und 9. im französischen Cherbourg. Die 9. wurde von Korvettenkapitän Götz Baron von Mirbach kommandiert. Insgesamt umfassten die Flottillen 31 kampfbereite und sechs bedingt einsatzfähige Schiffe.

Vor D-Day fügten die S-Boote der Invasionsflotte schwere Verluste zu. Am 26. April 1944 unternahm die 4. US-Infanteriedivision eine Übung mit dem Codenamen „Tiger". In einem 5 km langen Konvoi transportierten Landungsboote Soldaten und Fahrzeuge über die Lyme Bay in Dorset zu den Sandstränden des Truppenübungsgebietes Slapton Sands in Devon. Sie übten für die Landung auf Utah Beach in der Normandie. In der Nacht vom 27. zum 28. April wurde Konvoi T4, bestehend aus acht Panzerlandungsschiffen (LST) der US Navy mit seiner Eskorte der Royal Navy von neun S-Booten der 5. und 9. Schnellbootflottillen angegriffen. Die Deutschen versenkten LST 507 und 531 und beschädigten LST 289 schwer, das sich in den Hafen von Dartmouth schleppte. Die Deutschen kehrten unversehrt heim, während 441 US-Soldaten und 197 Seeleute bei dem Angriff ihr Leben ließen – mehr als an D-Day auf Utah Beach sterben sollten – und der Verlust der Panzerlandungsschiffe bedeutete eingeschränkte Planungsmöglichkeiten für die Alliierten.

James Murdoch, ein Offizier an Bord von LST 507, berichtete, dass „alle Armeefahrzeuge mit Benzin beladen waren und dieses als erstes Feuer fing. Als es sich über das Deck ausbreitete und sich mit dem Treibstoff vermischte, der seitlich durch den Rumpf sickerte, setzte es das Wasser rund um das Schiff in Brand". Wegen der intensiven Flammen glaubte ein deutscher Offizier, er habe einen Panzer getroffen.

Für diese erfolgreiche Aktion erhielt Kapitän Rudolf Petersen die Eichenblätter zu seinem Eisernen Kreuz. Der Überfall auf den „Tiger"-Konvoi wurde erst nach D-Day publik gemacht, da die Deutschen daraus hätten schließen können, dass die Invasion Europas bevorstand. Die Vertuschung der Aktion führte zu Gerüchten. Alliierte Geheimdienstoffiziere fürchteten, dass die deutschen Angreifer Gefangene gemacht hätten, da sich unter den Offizieren auf den Landungsbooten zehn befunden hatten, die spezielle Kenntnisse über Overlord besaßen. Schließlich wurden die Leichen dieser zehn Männer geborgen. Es war schlimm für die Besatzung der HMS *Obedient*, als sie „hunderte Leichen amerikanischer Soldaten in voller Kampfausrüstung auf dem Meer treiben sah. Vielen fehlten Gliedmaßen oder sogar der Kopf ... Unter allen, die wir an Bord nahmen, waren nur neun Überlebende". Geborgene Leichname, die für tot erklärt wurden, wurden wieder ins Meer gestoßen, da an Bord kein Platz war, um sie zurückzubringen. Julian Perkins, ein Offizier der Royal Navy, erinnerte sich, dass „kleine amerikanische Landungsboote mit gesenkten Rampen buchstäblich Leichen schöpften. Es war gespenstisch".

In der Nacht des 6. Juni, als die ersten Berichte über Luftlandungen kamen, stachen die S-Boote um 3.00 Uhr in See, fanden jedoch nichts. Zwischen 6. und 13. Juni verlor die Kriegsmarine bei Schiff-Schiff-Kämpfen vier Patrouillenboote, zwei Zerstörer, zwei Minenräumer und ein S-Boot. Minen und Luftangriffe versenkten zwei Minenräumer, fünf S-Boote und ein Flakschiff. Sechs Schiffe wurden aufgegeben.

Die Torpedo- und S-Boote der Kriegsmarine versenkten zwei Zerstörer, die norwegische *Svenner* und die USS *Nelson*, vier Landungsschiffe, drei Landungsboote, drei Frachter, ein Motortorpedoboot und einen Schlepper.

Am anderen Ende der Skala mit den kleinen Gruppen von angreifenden deutschen S-Booten wurde eine riesige alliierte Streitmacht in den Häfen Südenglands zusammengezogen. Deren mächtigste Elemente waren die Schlachtschiffe, die nach ihrem Hauptgeschütz als 304 mm oder 381 mm bezeichnet wurden, doch das beschreibt nicht ihre wahre Feu-

ADMIRAL SIR BERTRAM RAMSAY

Ramsay, geboren 1883, diente im Ersten Weltkrieg auf Zerstörern und wurde 1935 Stabschef der Atlantikflotte. Mit 55 ging er 1938 als Vizeadmiral in Pension. Ramsay wurde 1939 zurückgerufen und als Flag Officer Dover für die Operation Dynamo – die Evakuierung von Dünkirchen 1940 – zuständig, für die er geadelt wurde. Als Deputy Naval Commander Expeditionary Force war er für die Landungen in Algerien 1942 und Sizilien 1943 verantwortlich. 1944 wurde er Marineoberbefehlshaber für die Operation Neptune, die maritime Phase von D-Day, die die größte amphibische Landung in der Geschichte darstellen sollte. Weltmännisch und sehr professionell kam „Bert" Ramsay bei einem Flugzeugabsturz im Januar 1945 ums Leben.

Oben: Kooperation der Alliierten: Offiziere von USAAF, US Navy, R. A. F. und British Army diskutieren potenzielle Ziele. Die Alliierten waren bereits 1943 in Sizilien und Italien gelandet und hatten dabei viel über die Koordination von Luft- und Seebombardement gelernt.

erkraft. Die relativ alte USS *Texas*, gebaut 1912, hatte zehn 355-mm-Kanonen in fünf Geschütztürmen an Bord sowie 16 127-mm-Kanonen. Die Schlachtschiffe HMS *Warspite*, ein Veteran aus der Schlacht um Jütland im Ersten Weltkrieg, und die HMS *Ramilies* hatten je acht 381-mm-Geschütze.

Als relativ stabile Plattformen konnten diese Schiffe eine Fläche von der Größe zweier Fußballfelder innerhalb von Sekunden pulverisieren, bei einer Reichweite von bis zu 29 km. Erfahrungen aus dem Ersten Weltkrieg und den Landungen in Italien hatten gezeigt, dass die Wirkung einer Breitseite den Verlauf eines Kampfes an Land innerhalb von Minuten verändern konnte. Rommel sagte über Seebeschuss: „Der Effekt ist so gewaltig, dass im betroffenen Gebiet keine Operation möglich ist, weder mit Infanterie noch mit Panzern."

Am D-Day sollte die USS *Texas* zwischen 05.50 und 12.00 Uhr fünfmal das Feuer eröffnen. Das sollte den Ausgang Vierville auf Omaha frei machen und die Truppen bei Longueville und Formigny unterstützen. An den folgenden zwei Tagen hatte sie so viele Ziele beschossen, dass sie am 9. Juni nach England zurück musste, um Munition zu bunkern. Die *Texas* unterstützte 1945 auch die Landungen im Pazifik.

Turmschiffe wie HMS *Erebus* und HMS *Roberts* waren einzigartige Kriegsschiffe mit etwa 3,3 m Tiefgang. Sie waren eigens für das Küstenbombardement gebaut, besaßen für gewöhnlich einen Geschützturm mit zwei 381-mm-Kanonen und konnten zum präzisen Zielen näher an die Küste heran.

Die alliierten Marinestreitkräfte vor den D-Day-Stränden waren am 6. Juni eingeteilt in die Marinesondereinheit West (TF 123) unter Rear Admiral A. G. Kirk an Bord der USS *Augusta,* die die US-Strände deckte, und die Marinesondereinheit Ost unter Rear Admiral Sir Phillip Vian auf dem Flugabwehrkreuzer HMS *Scylla,* die für die Deckung der britischen und kanadischen Strände zuständig war.

Vian war ein Veteran des Ersten Weltkriegs mit einer exzellenten Karriere im Zweiten Weltkrieg; er hatte einen britischen Sektor bei der Invasion auf Sizilien und einen Flugzeugträgerverband vor Salerno befehligt. Als ihm das Kom-

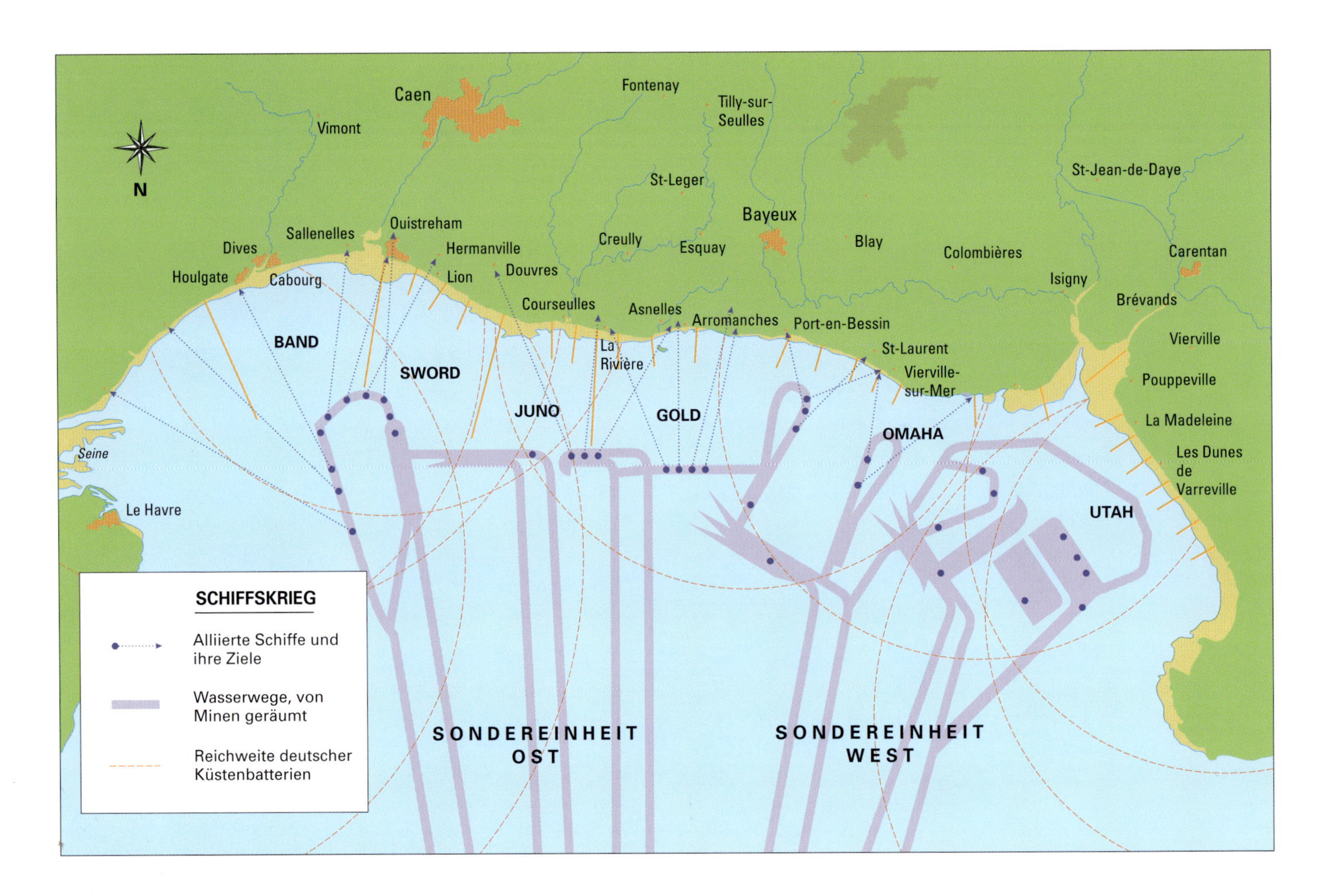

Oben: Die komplexen Anfahrtswege für Landungsboote und Kriegsschiffe zeigen, wie sie sich den Stränden und Stellungen näherten, die sie angreifen sollten. Die Duelle zwischen deutschen Küstenbatterien und den Kriegsschiffen sind ein vergessenes Kapitel des D-Day.

Rechts: Ein M4 Sherman beim Training am Strand. Man musste sicherstellen, dass die Panzer seewasserfest waren, wenn sie landen sollten. An D-Day herrschte eine beträchtliche Dünung, und viele Fahrzeuge waren überschwemmt, bevor sie noch die Brandung überwunden hatten.

mando über die Sondereinheit Ost übertragen wurde, schickte er die Schiffsbesatzungen durch eine Reihe harter, realistischer Übungen. An D-Day konnte er dank der Wendigkeit und Schnelligkeit seines Flaggschiffes seinen gesamten Sektor kontrollieren und obwohl sie keinen Bombardierungsauftrag hatte, eröffnete die *Scylla* um 05.31 und 07.29 Uhr das Feuer.

Es gab fünf Bombardierungseinheiten vor der Normandie. Einheit „A" unter Rear Admiral M. Deyo an Bord der USS *Tuscaloosa* deckte Utah Beach. Einheit „C" unter Rear Admiral C. Bryant auf der USS *Texas* war für Omaha Beach zuständig. Capt. E. W. L. Longley-Cook an Bord des Kreuzers HMS *Argonaut* befehligte Einheit „K", die Gold Beach sicherte. Die Einheit „E" unter Rear Admiral F. H. Dalrymple-Hamilton auf dem Kreuzer HMS *Belfast* war Juno Beach zugeordnet. Schließlich war noch Einheit „D" unter Rear Admiral W. R. Patterson an Bord des Kreuzers HMS *Mauritious* für die Deckung von Sword Beach verantwortlich.

Bei Utah Beach hatte die 4. US-Infanteriedivision das 356-mm-Schlachtschiff USS *Nevada*, das 381-mm-Turmschiff HMS *Erebus* und die Kreuzer USS *Tuscaloosa*, USS *Quincy*, HMS *Hawkins*, HMS *Enterprise* und HMS *Black Prince* sowie das holländische Kanonenboot HNMS *Soemba* auf Abruf, dazu acht Zerstörer zur Unterstützung.

Bei Omaha standen der 1. Infanteriedivision die Schlachtschiffe USS *Texas* (355 mm) und USS *Arkansas* (304 mm) gemeinsam mit den Kreuzern HMS *Glasgow* sowie FFS *Montcalm* und *Georges* von der Freien Marine Frankreichs zur Seite. Außerdem befanden sich dort noch elf Zerstörer.

Die Effektivität des US-Marineunterstützungsfeuers wurde von der US Army in der Normandie und auf der Halbinsel Cotentin so hoch geschätzt, dass Admiral Kirk Gen. Bradley warnen musste, dass zu viel Feuern die Kanonen zu sehr beanspruchte, die doch bald zur Unterstützung von Landungen in Südfrankreich gebraucht würden.

Britischen Plänen zufolge sollte ihr Unterstützungsfeuer durch die Kriegsschiffe 20 Minuten länger dauern als das für die Amerikaner, da die Briten sich der deutschen Panzerbedrohung aus dem Osten sehr bewusst waren und eine halbe Stunde später als die Amerikaner landen würden. Bei Gold Beach sollten die Briten vier Kreuzer auf Abruf haben, die HMS *Orion*, *Ajax*, *Argonaut* und *Emerald,* außerdem das holländische Kanonenboot HNMS *Flores* und 13 Zerstörer einschließlich der polnischen ORP *Krakowiak*.

Bei Juno Beach bestand die Bombenunterstützung für die Kanadier aus den Kreuzern HMS *Belfast* und *Diadem* sowie elf Zerstörern einschließlich der Freien Französischen FFS *Combattante*. SwordBeach standen die 381-mm-Schlachtschiffe HMS *Warspite* und HMS *Ramillies* zur Verfügung, das 381-mm-Turmschiff HMS *Roberts*, die Kreuzer HMS *Mauritius*, *Arethusa*, *Frobisher*, *Danal* und die polnische ORP *Dragon*. Unter den 13 Zerstörern war auch die norwegische HNMS *Svenner*.

Die Zerstörer bildeten einen Schutzschild, um Schlachtschiffe und Transporter vor S- und U-Booten zu schützen.

Zu den 1213 Kriegsschiffen, die an D-Day im Einsatz sein würden, kamen 4126 Landungsschiffe und Landungsfahrzeuge, 736 Hilfsboote und 864 Handelsschiffe. Die Landungsfahrzeuge umfassten konventionelle Truppen- und Fahrzeugtransporter wie amphibische Angriffsfahrzeuge (LCA) und Panzerlandungsschiffe (LCT) ebenso wie exotischere Varianten. Dazu zählte das LCGL (großes Kanonenlandungsfahrzeug), das mit zwei 119-mm-Marinegeschützen und zwei bis sieben 20-mm-Oerlikon-Geschützen oder zwei 119-mm-Kanonen und zwei 40-mm-Geschützen bestückt war. Es gab 14 LCT(R) (eine Raketen feuernde Variante), bestückt mit 1064 127-mm-Raketen in der Sondereinheit West und 22 in Einheit Ost; LCA (HR) (Hedgerow) feuerten eine Variante der Hedgehog-U-Boot-Abwehrbombe ab, um Wege durch Minenfelder zu pflügen. An der Spitze der Einheit beförderten LCS (M) (Unterstützungslandungsfahrzeug, mittel) Beobachtungsoffiziere (FOOs), die über Funk und Feldstecher verfügten und den Beschuss feindlicher Stellungen korrigierten und dirigierten.

Angesichts des schlechten Wetters und dem bei so vielen Schiffen in allen Größen, die in den relativ begrenzten Gewässern operierten, fast unvermeidlichen Stau wussten die Marineplaner, dass es zu Verlusten kommen würde – auch ohne jede Einwirkung des Feindes.

Oben: Ein deutsches Panzerabwehrgeschütz im Einsatz. Wegen Waffenmangel setzen die Deutschen erbeutete sowjetische und französische Geschütze ein. Viele waren einsatzfähig, doch die Versorgung der exotischen Kaliber mit Munition blieb stets ein Problem.

Vor Utah lag Sturmtrupp „U", Spezialeinheit 125, bestehend aus zwölf Konvois, unter dem Befehl von Rear Admiral D. P. Moon an Bord der USS *Bayfield*. Sturmtrupp „O", Spezialeinheit 124, war Omaha zugeordnet. Sie umfasste neun Konvois unter dem Kommando von Rear Admiral L. Hall Jr. auf der USS *Ancon*. Sturmtrupp „G" vor Gold Beach setzte sich aus 16 Konvois unter Commodore Pennant auf der HMS *Bulolo* zusammen. Vor Juno Beach kommandierte Commodore G. N. Oliver an Bord der HMS *Hilary* den Sturmtrupp „J", bestehend aus zehn Konvois. Vor Sword Beach sollte Rear Admiral A. G. Talbot von der HMS *Largs* (dem früheren französischen Linienschiff *Charles Plumier*) aus sicherstellen, dass zwölf Konvois Männer und Ausrüstung an die Normandieküste brachten.

Es gab Nachstoßtruppen für die britischen und amerikanischen Strände. TF 126 oder Nachstoßtrupp „B" unter Commodore C. D. Edgar auf der USS *Maloy* würde US-Soldaten bringen, Nachstoßtrupp „L" unter Rear Admiral W. E. Parry gab Gold, Sword und Juno Beach Deckung.

Lange bevor diese Schiffe den Kanal überquert hatten, um 4.00 Uhr morgens am Sonntag, dem 4. Juni, war Lt. George Honour, ein 25-jähriger Offizier der Royal Naval Volunteer Reserve (RNVR) mit dem kleinsten Gefährt der Invasion in Position. Dies war das Mini-U-Boot *X-23*, das zu COPP gehörte, und er traf an der französischen Küste in der Nähe der Orne-Mündung ein.

SEERETTUNG

Als Teil der US-Streitkräfte bemannte die US-Küstenwache (USCG) an D-Day 97 Schiffe, nicht mitgezählt Landungsfahrzeuge und Angriffstruppentransporter. Bei der Überquerung und den Landungen fuhren 60 schnelle 25-m-Holzkutter der USCG-Rettungsflotte neben den Landungsschiffen. Ihre Aufgabe unter Lt. Comdr. Alexander V. Stewart von der USCG-Reserve war, Männer aus dem Wasser oder von sinkenden Schiffen zu retten. Bereits Minuten nach der Stunde X las ein USCG-Kutter den ersten von 450 Männern auf, die an D-Day gerettet werden sollten. Am Ende von Overlord hatte die USCG 1437 Soldaten und eine Krankenschwester gerettet.

„Ich warf rasch einen Blick durch das Periskop und sah eine Kuh am Strand und ein fixes Licht an der Pier. Ich hatte nicht erwartet, dass sie Lichter anließen. Man sah den Leuchtpfad des Flughafens Caen und landende Flugzeuge."

Das Periskop eines Mini-U-Boots war „so groß wie ein Daumen" und für feindliche Augen kaum auszumachen. Clogstoun-Willmott erinnerte sich, dass es „keine Schaumkrone gab [vom Periskop] und nur ein kleiner Stab nach oben stand ... es sah vermutlich nicht wie ein Periskop aus".

Trotz seiner geringen Größe lieferte es klare Bilder. Während einer Aufklärungsmission vor D-Day in der Nähe von Point du Hoc beobachtete Clogstoun-Willmott einen deutschen Soldaten auf einem französischen Trawler. „Ich konnte den Kerl klar erkennen, den Kragen hochgestellt, das Gewehr über die Schulter gehängt. Ich sah sogar die gebogene Form der Pfeife, die er rauchte, eine deutsche Kirschholzpfeife."

Vor den D-Day-Stränden erkannte George Honour, dass er viel zu weit rechts war, also fuhr er die Küste entlang. Er peilte seine Position mit Hilfe von zwei Kirchen. „Nachdem wir in Position waren, brauchten wir nur noch zu warten."

Das Mini-U-Boot besaß eine winzige Kombüse mit einem Elektrokocher, scherzhaft „Leimtopf" genannt. Die Crew wechselte sich beim Kochen der Rationen wie Pökelfleisch oder Baked Beans ab. Die Waschräume befanden sich in der Notluke, die sich zu den vorderen und hinteren Abteilungen öffnete. Clogstoun-Willmott erinnerte sich daran als „abstoßende Vorrichtung ... in der Nass- und Trockenkammer, ein kleiner Raum, etwa 60 cm breit, der geflutet wurde, wenn jemand rauswollte, während wir unter Wasser waren".

Die U-Boote waren batteriegetrieben und hatten zum Aufladen einen Dieselmotor. Das dauerte zwei bis drei Stunden und musste fern von der Küste durchgeführt werden, damit der Lärm nicht die Deutschen alarmierte. Das Hauptproblem war die Kondensation, durch die alles im Inneren des U-Bootes feucht war.

Die fünfköpfige Crew arbeitete in Schichten, wobei jeweils zwei in den Kojen über den Batterien und im Kontrollraum schliefen. Drei Männer achteten darauf, dass das U-Boot korrekt vor der Küste in Position blieb.

Am 4. Juni lag Honour eine Meile vor der Küste und beobachtete, wie deutsche Stabswagen und Lastwagen mit Soldaten an den Strand kamen. „Sie hatten ihren sonntäglichen Kurzurlaub, sie spielten oder was immer man in Deutschland macht." Manche schwammen oder spielten Ball. „Das amüsierte uns, weil sie offensichtlich keine Ahnung davon hatten, dass wir da waren oder was bald passieren würde."

Das Mini-U-Boot wartete und tauchte Montag Morgen zwischen 0.00 und 2.00 Uhr auf. Es besaß keinen Kommandoturm, fast kein Freibord und ein dünnes Periskop, war also sogar an der Oberfläche schwer zu entdecken. Die Mannschaft stellte die Funkantenne auf und empfing die verschlüsselte Nachricht: „Kommen nicht am Montag". Das hieß, tauchen und nochmals 24 Stunden unter Wasser. Insgesamt blieben *X-20* und *X-23* 64 von 72 Stunden getaucht.

„Also saßen wir herum", sagte Honour und erklärte, die Crew hätte Wartungsaufgaben gehabt, doch aufgehört, die Küste zu beobachten, weil „wir alles Nötige gesehen hatten."

Das Boot hatte seine eigene Sauerstoffversorgung, doch nach 48 Stunden „ist es fast so gut wie ein starkes Bier, du wirst ein bisschen plemplem, wie wenn du halb betrunken wärst, wenn du so vom Sauerstoff abgeschnitten bist. Wir spielten Würfelpoker, und wir verloren alle ein Vermögen, aber das war das Einzige, was wir tun konnten."

Am Nachmittag des 5. Juni räumten Minenräumer bei schlechtem Wetter zehn Pfade durch das östliche Ende des deutschen Minenfelds bis zur Küste der Normandie. Einheit „U" waren 16 Minenräumer der Royal Navy Fleet Minesweepers zugeordnet, während Einheit „O" 17 Minenräumer der RN, elf von der USN-Flotte, 20 von den RN- und 18 von den USN-Motorminenräumern zugeteilt waren. Vor den britischen und kanadischen Stränden hatte Einheit „G" 16 RN-Flotten- und zehn RN-Motorminenräumer, Einheit „J" hatte

PANZERLANDUNGSBOOTE

Das erste Panzerlandungsboot (LCT), 1940 von den Briten entwickelt, war klein und nur für kurze Seeeinsätze geeignet. Unter dem Druck von Churchill, ein größeres und seetüchtigeres Boot zu produzieren, baute die Admiralität in den späten 30er-Jahren drei im Bau befindliche Tanker mit geringem Tiefgang um, die für den Maracaibu-Fluss in Venezuela gedacht gewesen waren. Man schnitt den Bug ab und befestigte ein Bugtor mit Bodenscharnieren. Über eine 21 m lange Doppelrampe konnten Panzer und Fahrzeuge ab- und auffahren. Als HMS *Bachaquero*, *Misoa* und *Tasajera* kamen sie am D-Day zum Einsatz. Hauptsächlich wurde am D-Day der von John C. Niedermair entworfene LST(2) eingesetzt, der in den USA für Royal Navy und US Navy produziert wurde. Er konnte 20 Sherman-Panzer befördern. Zwischen D-Day und Ende September 1944 absolvierte LST *416*, ein Schiff der Royal Navy, nicht weniger als 28 Kanalüberquerungen von England in die Normandie, fast wie eine moderne Rollfähre.

tauchten nun die beiden Mini-U-Boote auf, um die Amphibienstreitmacht zu ordnen.

LANDSTREITKRÄFTE

Die erste Landungswelle der alliierten Streitkräfte bestand aus der 1. US-Infanteriedivision *The Big Red One* für Omaha und der 4. Infanteriedivision für Utah. Auf Gold landete die britische 50. Infanteriedivision mit der 8. britischen Panzerbrigade, auf Juno die kanadische 3. Infanteriedivision mit der kanadischen 2. Panzerbrigade, auf Sword die britische 3. Infanteriedivision mit der 27. Panzerbrigade. Ziel war es, bis zum Ende von D-Day alle Strandköpfe bis auf Utah miteinander zu verbinden und bis zu 10 km ins Landesinnere vorzudringen, um Caen und Bayeux zu befreien. Wenn dies gelang, konnten die Alliierten die gute Ost-West-Verbindungsstraße zwischen diesen Städten benutzen.

Ihnen gegenüber stand die deutsche 7. Armee unter dem Kommando von General Friedrich Dollmann, der trotz seines Alters als kompetenter Offizier

Oben: GIs stellen sich geduldig zur Rückkehr auf ein Landungsboot an, um die Landung noch einmal zu üben. Einer der Gründe für die Verschiebung der Invasion auf 1944 war der Mangel an geeigneten Landungsbooten, vor allem, als sich die Zahl der Strände auf fünf erhöhte.

Rechts: Die deutschen Streitkräfte in Frankreich vor D-Day. Die Panzertruppen waren um Calais konzentriert; dass sie verspätet in Richtung Süden in Marsch gesetzt wurden, erwies sich in den ersten Tagen der Invasion in der Normandie als entscheidend.

16 RN-Flotten- und zehn RN-Motorminenräumer; Einheit „S“ hatte 24 RN-Flotten- und 30 RN-Motorminenräumer. Als die 3,2 km breiten Kanäle geräumt waren, wurden sie durch Bojen mit auffälligen Flaggen oder Lichtern gekennzeichnet und Motorbarkassen markierten den Anfang.

Südlich der Isle of Wight war das Gebiet „Z“, ein Treffpunkt mit dem Codenamen „Picadilly Circus“, vorbereitet worden; hier sammelten sich die Schiffe, bevor sie durch die minenfreien Pfade zu den ausgewählten Stränden aufbrachen. Die Flotte war unterwegs und um 5.15 Uhr am 6. Juni begannen Kriegsschiffe und Bomber mit der massiven Bombardierung der deutschen Küstenverteidigung.

Um 6.30 Uhr setzten sich die Landungsfahrzeuge in Richtung Strände in Bewegung. Vor den britischen Stränden

DAS BESTE KRIEGSGERÄT

Das Gewehr Rifle, Kaliber .30, M1 „Garand“, wurde von John Garand vom Springfield Arsenal in den späten 20er-Jahren entworfen und von der US Army 1936 übernommen. Es war ein robustes, halbautomatisches, mit Gas betriebenes Gewehr, 4,3 kg schwer, 1107 mm lang, mit achtschüssigem Magazin. Das Visier war auf 1100 m ausgerichtet. Trotz des leichten taktischen Mangels, dass die letzte Hülse mit einem scharfen Ping ausgeworfen wurde, bezeichnete General George S. Patton das M1 Garand als „bestes jemals entwickeltes Kriegsgerät“.

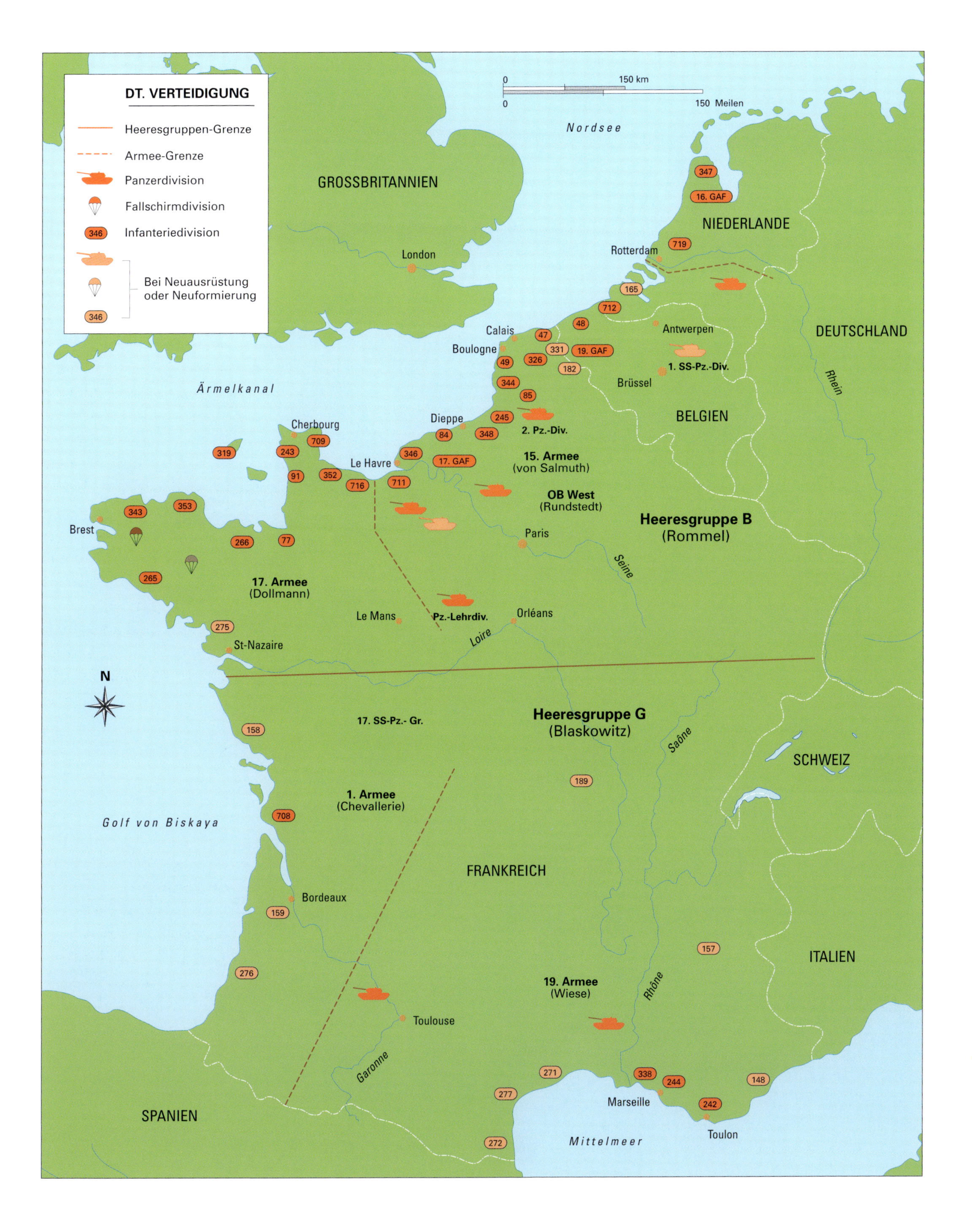
DT. VERTEIDIGUNG
Heeresgruppen-Grenze
Armee-Grenze
Panzerdivision
Fallschirmdivision
346 Infanteriedivision
Bei Neuausrüstung oder Neuformierung
346
150 km
150 Meilen
Nordsee
GROSSBRITANNIEN
London
NIEDERLANDE
Rotterdam
DEUTSCHLAND
Antwerpen
Calais
Boulogne
1. SS-Pz.-Div.
Brüssel
BELGIEN
Rhein
Ärmelkanal
Cherbourg
Dieppe
2. Pz.-Div.
Le Havre
15. Armee
(von Salmuth)
OB West
(Rundstedt)
Brest
Paris
Heeresgruppe B
(Rommel)
Seine
17. Armee
(Dollmann)
Le Mans
Pz.-Lehrdiv.
Orléans
Loire
St-Nazaire
N
Heeresgruppe G
(Blaskowitz)
17. SS-Pz.- Gr.
Saône
SCHWEIZ
1. Armee
(Chevallerie)
Golf von Biskaya
FRANKREICH
Bordeaux
ITALIEN
19. Armee
(Wiese)
Rhône
Toulouse
Garonne
Marseille
SPANIEN
Toulon
Mittelmeer
347
16. GAF
719
165
712
48
47
331
19. GAF
326
49
182
344
85
245
84
348
709
319
243
346
17. GAF
91
352
716
711
343
353
266
77
265
275
158
189
708
159
276
157
271
338
244
148
277
242
272

galt, obwohl er keine Kriegserfahrung im Osten hatte. Im Sektor Normandie waren die 243. und die 709. Division nördlich der Halbinsel Cotentin rund um Cherbourg von Westen nach Osten aufgestellt; die 91. Division hatte ihre Basis bei Carentan. An der Küste zwischen den Flüssen Vire und Orne lagen die 352. und die 716. Division; die 21. Panzerdivision war als Reserve rund um Caen positioniert.

Von allen deutschen Einheiten, die die Küste verteidigten, war die 352. Infanteriedivision am wichtigsten. Sie war frisch, gut geführt und deckte das Gebiet um Omaha Beach. Ihr Befehlshaber, Generalmajor Dietrich Kraiss, hatte mit seinen Soldaten soeben eine Übung zur Invasionsabwehr absolviert. Als Veteran des Ersten Weltkriegs hatte Kraiss im Zweiten Weltkrieg in Polen und Frankreich gekämpft, bevor er das Kommando über die 169. Infanteriedivision in Russland übernahm. Bei diesem Feldzug wurde ihm am 27. Juli 1942 das Ritterkreuz verliehen.

Als er am 6. November 1943 die 352. Infanteriedivision übernahm, brachte er für die Aufgabe, die Einheit auf die Abwehr eines alliierten Angriffs vorzubereiten, ausreichend Erfahrung und Energie mit. Er legte Wert auf Nahkampftraining gegen Panzer und die Erweiterung der Küstenbefestigungen sowie darauf, dass junge Rekruten gut ausgebildet und voll in die Einheit integriert wurden.

Am 6. Juni befand er sich in seinem Hauptquartier bei Littry, wo er auf aggressive Küstenverteidigung drängte. Am D-Day befehligte er die Abwehr zeitweilig von einem vorgelagerten Hauptquartier aus, besuchte Regimentskommandoposten und konferierte mit anderen Befehlshabern.

Nach dem D-Day glaubten die Amerikaner, sie hätten die 352. Infanteriedivision eliminiert, doch Kraiss hatte sie bloß an eine neue Linie 20 km hinter der Küste zurückgezogen. Sie hielt ihre Stellung, bis Verstärkung die Front bei St-Lô sichern konnte. Im August wurde Kraiss im Kampf schwer verwundet und starb in der Nähe von St-Lô. Posthum wurden ihm die Eichenblätter zum Ritterkreuz verliehen.

Die Deutschen klassifizierten ihre Einheiten als „voll angriffsfähig", „begrenzt angriffsfähig", „voll abwehrfähig" und „begrenzt abwehrfähig". Die 352. war „voll angriffsfähig". Das Gebiet, in dem die 82. und die 101. US-Luftlandedivision abspringen sollten, war vom 6. deutschen Fallschirmjägerregiment besetzt. Dies würde ein Kampf zwischen den Elite-Luftlandetruppen zweier Nationen werden.

Links: Ein Moment der Entspannung in einem britischen Hafen, während bei einer Übung Kettenfahrzeuge von einem Landungsboot entladen werden. Obwohl Männer und Fahrzeuge dicht gepackt waren, mussten sie möglichst schnell von Bord, wenn die Rampen sich senkten.

Oben: Ein deutsches 37-mm-Luftabwehrgeschütz am Boden. Obwohl die Männer Tarnkleidung tragen, sind sie vom Heer, nicht von der Waffen-SS. Nach den Erfahrungen an der Ostfront waren die gemusterten Tarnanzüge auch bei der Armee eingeführt worden.

In vielen Gegenden waren die deutschen Einheiten unterbesetzt oder bestanden aus alten Männern; andere setzten sich aus ehemaligen Kriegsgefangenen zusammen, aus Kosaken, Georgiern, Nordkaukasiern, Turkmenen, Armeniern, Wolgatataren, Aserbaidschanern und Wolgafinnen, die meisten von ihnen aus Zentralasien in der Sowjetunion. Obwohl man meinen könnte, dass diese Ostbataillone im besten Fall symbolische Gegenwehr leisten würden, vor allem nach schwerem See- und Luftbombardement, würden ihre Betonbunker sie gut schützen und sie, wenn sie sich zum Kämpfen entschlossen, schwer besiegbar machen. Das deutsche Propagandaministerium hatte aus der Not eine Tugend gemacht und diese Kriegsgefangenen zum Auffüllen deutscher Einheiten verwendet. In Magazinen wie *Signal* wurden sie als neue Verbündete im Kampf gegen den Bolschewismus dargestellt. Deutsche Offiziere sollten dafür sorgen, dass die Soldaten in Stellung blieben, wenn die Kämpfe begannen.

Im Sommer 1943 wurden mehrere deutsche Bataillone der 7. Armee nach Russland geschickt und durch 21 Ostbataillone ersetzt. Am D-Day bestand die 7. Armee zu mehr als einem Viertel aus Ostformationen. Als sie sich ergaben, waren britische und US-Soldaten durch ihr asiatisches Aussehen irritiert und berichteten, dass sie „chinesische" Soldaten gefangen hätten.

Es wurde sogar ein Foto veröffentlicht, das Rommel bei der Inspektion von Sikh-Soldaten zeigt, Angehörigen des 950. Infanterieregiments. Nach ihrer Gefangennahme in Nordafrika waren sie unter den Einfluss von Subhas Chandra Bose geraten, dem nationalistischen indischen Führer, der sich in Deutschland niedergelassen und in Nachahmung Hitlers den Titel *Netaji* („Führer") angenommen hatte. Von 15.000 indischen Gefangenen hatten sich 4000 freiwillig zum Kampf auf Seite der Achsenmächte gemeldet und waren bis Kriegsende in der Waffen-SS aufgegangen.

Unten: Beim Abendangriff eines deutschen Bombers ist der Himmel übersät mit den schwarzen Flecken der Flak. Den Schützen wurde gesagt, dass am D-Day jedes Flugzeug am Himmel ein alliiertes war, auf das sie nicht feuern durften. Diese Flugzeuge trugen Invasionsstreifen.

Bei einem Verhör nach Kriegsende gab Generalleutnant Max Pemsel, Stabschef der 7. Armee, an, die einzige Division mit voller Stärke in diesem Sektor sei die 319. Infanteriedivision auf den Kanalinseln gewesen. Obwohl die 7. Armee darauf drängte, diese Garnison zu reduzieren und Soldaten auf das Festland zu verlegen, bestand Hitler darauf, diesen kleinen Streifen britischen Territoriums zu halten.

Ebenso wie sich die Einheiten in ihrer Qualität unterschieden, unterschied sich auch ihre Ausrüstung. Automatische Waffen hatten höhere Schussraten, Maschinenpistolen waren weit verbreitet. Mit dem M1 Garand besaßen die Amerikaner ein solides, verlässliches Selbstladegewehr – weit besser als die Bolzengewehre der Briten und vieler Deutscher.

Die Deutschen verfügten über den 15-cm-Nebelwerfer, einen hoch effektiven, mehrläufigen Raketenwerfer, mit dem die Alliierten erstmals in Tunesien konfrontiert waren. Wegen des Geräusches, das seine Raketen im Flug machten, nannten ihn die Briten „Moaning Minnies" und die Amerikaner „Screaming Meamies". Der Nebelwerfer hatte mit seinem 10-kg-Sprengkopf eine Reichweite von 6700 m.

Die Bewaffnung im Sektor der 7. Armee umfasste viele erbeutete Waffen aus neun verschiedenen Ländern. Die Kaliber

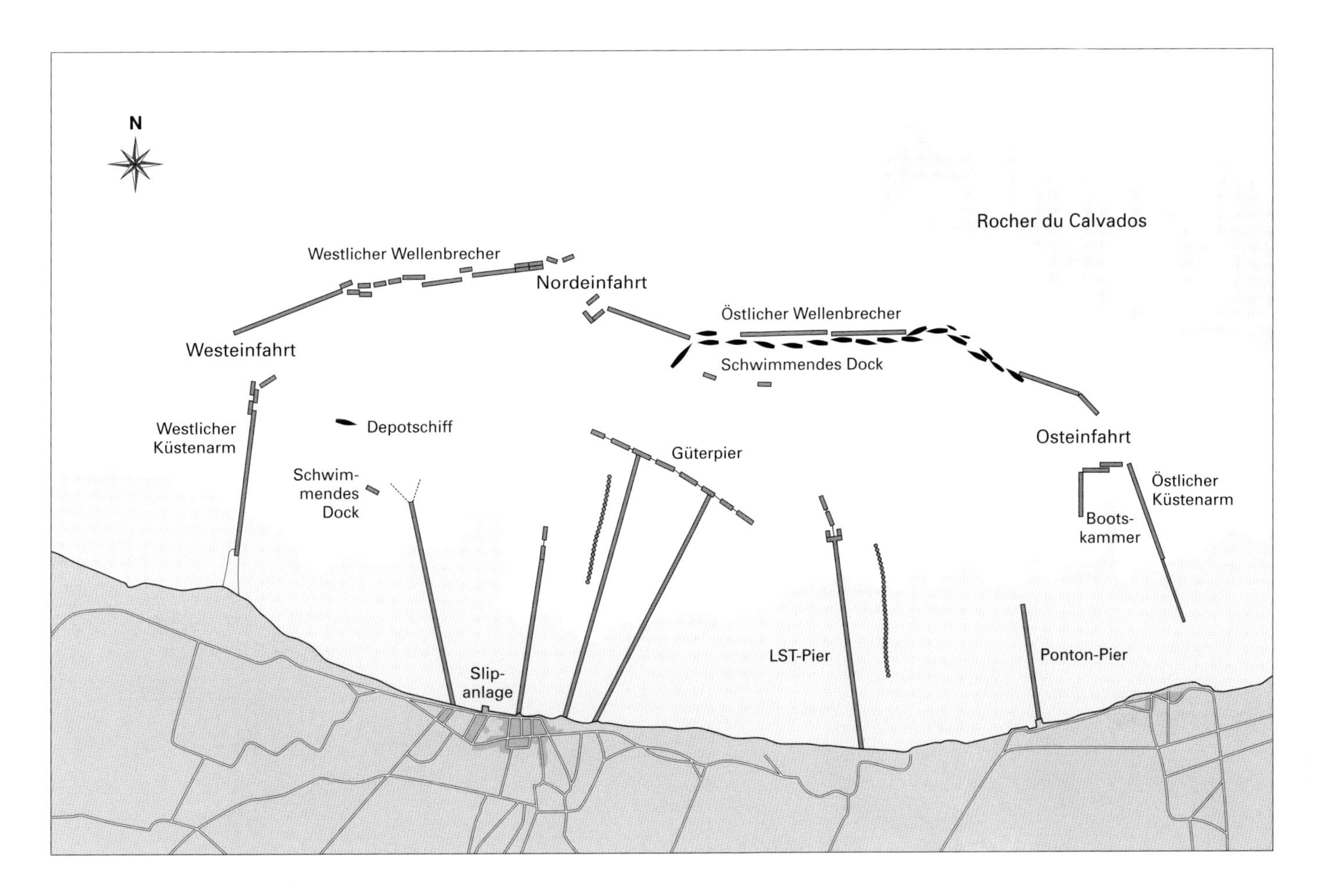

Oben: Der britische Mulberry-Hafen bei Arromanches, der die Juni-Stürme besser überstand als der amerikanische bei Omaha Beach. Die Häfen waren eine Mischung aus Blockadeschiffen und riesigen Wellenbrechern aus Beton sowie Stegen, die sich an die Gezeiten anpassten.

variierten, ebenso die verfügbare Munition; manche Geschütze hatten nur die halbe Zuteilung an Munition.

Der Unterschied zwischen Deutschen und Alliierten lag in der Menge an Artillerie und Ausrüstung, über die sie verfügten. Wenn die Alliierten erst in entsprechender Stärke gelandet waren, konnten sie unzählige schwere und mittlere Geschütze und Haubitzen heranbringen, die die deutschen Stellungen eliminieren konnten. Doch Quantität und Qualität stimmten nicht immer überein.

Der von den Amerikanern gebaute M4-Sherman-Panzer hatte seine Fehler, vor allem die Tendenz, in Flammen aufzugehen, wenn er getroffen war. Das brachte ihm so grausame Spitznamen wie „Ronson", nach dem Feuerzeug, das „beim ersten Mal zündete", oder „Tommy-Röster" von den Deutschen ein. Er war jedoch schnell, wendig und einfach zu bauen, und deshalb wurde er von Alco, Baldwin, Detroit, Federal Machines, Fisher Body, Ford, Lima, Pacific Car, Pressed Steel Car und Pullman-Standard in großer Zahl produziert. Zwischen 1942 und 1946 stellten all diese Firmen zusammen 40.000 Sherman-Panzer her.

Aufgrund der großen Zahl konnten die Besatzungen von beschädigten Panzern in der Normandie 1944 einfach zu den Depots zurückkehren und einen neuen Panzer bemannen. Die Briten stellten den Sherman gerade rechtzeitig für die Schlacht von El Alamein 1942 in Dienst. Mannschaften, die bis dahin mit unzuverlässigen Motoren und Funkgeräten britischen Ursprungs gekämpft hatten, begrüßten die robuste Verlässlichkeit und Einfachheit des Sherman. Für die riesige US-Armee, die nach 1941 aufgebaut wurde, war der M4 ein leicht zu bedienendes Fahrzeug.

Im Januar 1943 wurde bei einigen Sherman-Panzern ein neues 76-mm-Geschütz eingebaut. Diese Kombination stellte den am stärksten bewaffneten britischen Panzer im Zweiten Weltkrieg dar. Nach D-Day war der britische Sherman Firefly der einzige Panzer, der es mit den deutschen Panther- und Tiger-Panzern noch halbwegs aufnehmen konnte. Pro Trupp wurde nur ein Firefly-Panzer ausgegeben, weil nicht genügend 76-mm-Geschütze verfügbar waren. Erst 1945 standen dann mehr Geschütze zur Verfügung.

Oben: Das karge Innere einer C-47 Skytrain mit US-Fallschirmjägern, die man mit Reservefallschirm, Hauptschirm, Waffen und Ausrüstung sieht. Die Männer schleppten große Lasten mit, denn sie wussten, dass sie nach der Landung einige Zeit auf sich selbst angewiesen waren.

Die ersten Umbauarbeiten brachten den M4A3 hervor, der als Sherman IVC (Firefly) bekannt wurde. Doch die größten Änderungen erfolgten beim M4A4, bezeichnet als Sherman VC. Das Rumpf-MG wurde entfernt, um mehr Munition für das Hauptgeschütz unterzubringen. Sein 76-mm-Geschütz feuerte ein 7,65-kg-Geschoss mit einer Mündungsgeschwindigkeit von 950 m/s ab. Es durchschlug eine 130-mm-Panzerung auf 1000 m und feuerte mit einer Rate von 10 Schuss pro Minute. Den Firefly erkannte man sofort an der langen Ausladung und der Mündungsbremse des Geschützes sowie an der Erweiterung an der Geschützturmrückseite, wo der Verschluss des großen Panzerabwehrgeschützes untergebracht war.

Die Deutschen verfügten über bessere Panzer, etwa den Tiger und den Panther, doch nur in begrenzter Zahl. Der PzKpfw-V-Ausf-D-Panther war 1943 direkt vom Fließband der Maschinenfabrik Augsburg-Nürnberg überhastet in Kursk zum Einsatz gebracht worden und viele litten unter Motorpannen und Problemen mit den Ketten. Sie hatten eine fünfköpfige Besatzung, wogen zwischen 43,7 und 46,2 Tonnen und waren mit einem 7,5-cm-KwK42-Geschütz mit 79 Schuss Munition und einem koaxialen 7,92-mm-MG34-Maschinengewehr bewaffnet. Die Höchstgeschwindigkeit des Maybach-HI230-P30-Dieselmotors mit 700 PS belief sich auf 55 km/h. Die maximale Panzerung betrug 120 mm und war anders als beim Tiger so angewinkelt, dass sie direkte Treffer ablenkte. Spätere Panther besaßen ein Maschinengewehr auf dem Rumpf und eine Fliegerabwehrlafette an der Kommandoluke. Insgesamt wurden 5508 Panther erzeugt, doch anfangs war die Produktionsrate sehr niedrig, mit bloß zwölf Stück pro Woche.

Daher waren viele deutsche Panzer vom relativ alten, doch kampferprobten und zuverlässigen Typ PzKpfw IV, gebaut nach Spezifikationen des deutschen Heereswaffenministeriums aus dem Jahr 1934. Er wurde 1939 in Dienst gestellt; bis 1945 wurden von Krupp 9000 Stück produziert. Dasselbe Chassis wurde für schwerer bewaffnete und gepanzerte Modelle verwendet, doch trotz des höheren Gewichts blieb es wendig und hatte ein gutes Kraft-Gewicht-Verhältnis.

Die Besatzung bestand aus fünf Mann, die Bewaffnung umfasste ein 7,5-cm-L/48-Geschütz und zwei 7,92-mm-Maschinengewehre. Die maximale Panzerung betrug 80 mm, die minimale 8 mm. Der PzKpfw IV Ausf H wog 25 Tonnen, war 7 m lang, 2,9 m breit und 2,65 m hoch. Er wurde von einem Maybach-HL108TR-V-12-Dieselmotor angetrieben, der bei 3000 U/min 250 PS entwickelte und eine Marschgeschwindigkeit von 37 km/h bei einer Reichweite von 180 km auf die Straße brachte.

Dieses Chassis wurde für diverse Angriffsgeschütze wie das StuG IV und Jagdpanzer wie den Jagdpanzer IV verwendet, dessen niedrige Silhouette sich im Hinterhalt in der üppigen Vegetation der Normandie im Juni und Juli 1944 als tödlich effektiv erweisen sollte.

Der wahre Schrecken für die alliierten Panzerbesatzungen war jedoch der Tiger. Nervöse Panzercrews meldeten viele PzKpfw IV in der Normandie als Tiger. Der PzKpfw VI Tiger verfügte über das 8,8-cm-Geschütz KwK 36 mit 92 Schuss HE- oder panzerbrechender Zündkapselmunition (APCBC) sowie über ein 7,92-mm-MG34-Maschinengewehr. Obwohl der Tiger keine der ablenkenden Platten des Panther oder des späteren Tiger II besaß, glich er so manchen Designfehler durch pure Stärke aus. An der dünnsten Stelle maß die Panzerung des Tiger 25 mm, an der dicksten um die verwundbarsten Bereiche herum 100 mm. Sein Maybach-HL-230-P45-12-Zylinder-Dieselmotor entwickelte 700 PS bei einer Höchstgeschwindigkeit von 38 km/h. Die fünfköpfige Besatzung war handverlesen und bestens ausgebildet; für sie waren die dünn gepanzerten Shermans leichte Beute.

Die Rechnung „Quantität gegen Qualität“ mag für die alliierten Planer in Großbritannien Sinn gemacht haben, doch sie war nicht ermutigend für jene Crews, die zu statistischen Zahlen in dieser tödlichen Bilanz werden würden.

ALLIIERTE LUFTMACHT

Am Morgen des 6. Juni 1944 betrug die Stärke der alliierten Luftstreitkräfte insgesamt:

- Schwere Bomber (Strategische Streitkräfte): 3440
- Mittlere und leichte Bomber (Taktische Streitkräfte): 930
- Jagdbomber und Jagdflugzeuge (Tag und Nacht): 4190
- Truppentransporter und Frachtmaschinen: 1360
- Küstenkommando (40 von USAAF abkommandiert): 1070
- Aufklärung: 520
- Luft-/Seerettung: 80

GESAMT: 11.590

LUFTMACHT

Es darf angenommen werden, dass Air Chief Marshal Sir Arthur Harris, der strenge Chef des Bomberkommandos der R. A. F., nur äußerst widerwillig zustimmte, dass seine schweren Bomberstaffeln taktische Aufgaben bei der Invasion in der Normandie übernahmen.

Er betrachtete Bomber als strategische Waffe, die bei der Operation Pointblank gegen deutsche Städte und Industrie eingesetzt werden sollte, und war überzeugt, der rücksichtslose Einsatz von Bombern gegen zivile, industrielle und militärische Infrastruktur werde zum Sieg führen. Doch er erwies sich mit Eisenhowers Worten als „eines der effektivsten Mitglieder meines Teams – er erfüllte alle Anforderungen“.

Harris wiederum teilte Eisenhower mit, es sei ihm eine Ehre und Freude gewesen, unter ihm zu dienen. Harris brachte all seine persönliche Energie in den „Transportplan“ ein, die Bombardierung der Verbindungslinien in die Normandie. Obwohl er keine Bedenken wegen deutscher ziviler Opfer bei der Operation Pointblank hatte („Wenn du die Fabrik nicht treffen kannst, triff die Arbeiter“), war er besorgt, dass es französische Zivilopfer geben könnte, da schwere Bomber nachts mit einer gewissen Ungenauigkeit trafen.

Er unterstützte den Plan, der am Abend des 7. Juni seinen Höhepunkt erreichte, als R.-A.-F.-Lancasters der 617. Staffel 5500 kg schwere Bomben auf einen Eisenbahntunnel unter der Loire abwarfen und damit die letzte Bahnverbindung zwischen der Normandie und Südfrankreich zerstörten.

Bomber waren als schwer oder mittelschwer eingestuft, während Jagdbomber konventionelle Jagdflugzeuge waren, die mit zwei Unterflügelbomben oder acht Raketen bestückt waren. Gemäß dem Plan Overlord hatten mittlere Bomber Straßen, Brücken, Güterbahnhöfe und Engstellen in der Normandie bombardiert. Dies sollte das Kampfgebiet isolieren, damit die Deutschen nicht rasch Verstärkung aus Calais heranbringen konnten. Am 1. Juni waren nur noch drei von den 26 Brücken über die Seine intakt, und bei früheren Angriffen zwischen März und Juni waren über 1500 französische Lokomotiven, die Hälfte aller verfügbaren, zerstört worden. Doch die Angriffe beschränkten sich nicht nur auf das Gebiet der Normandie – ausreichend viele trafen andere Ziele, um die Deutschen davon zu überzeugen, dass die Alli-

Oben: Eine USAAF B-17 fliegt über die von Bomben und Granaten verwüstete französische Küste. Die Bombenangriffe auf Küstenstellungen zeitigten unterschiedliche Resultate; manche schalteten Batterien und Bunker aus, andere trafen Ackerland weit landeinwärts.

ierten weiter im Norden landen würden. Die R. A. F. war damit beschäftigt, die Raketenabschussbasen für die V1 Fzg 76 zu bombardieren, die in Nordfrankreich errichtet wurden, und warf 36.580 t Bomben auf identifizierte V1-Rampen ab.

Wegen der Unterbrechung der Bahn wurden 10.000 Mann der Organisation Todt von der Arbeit an den Befestigungsanlagen abgezogen und ebenso wie 15.700 Soldaten den Reparaturarbeiten zugeteilt. Trotz ihrer Anstrengungen waren im Mai rund 1500 Bahnlinien lahmgelegt und im Mai fuhren nur 32 von 100 militärischen Versorgungszügen von Deutschland nach Frankreich. Vertreter der deutschen Reichsbahn meinten, den größten Schaden hätten Angriffe auf Verschiebebahnhöfe und Zugdepots angerichtet. Luftangriffe auf Brücken, fahrende Züge und Sabotage durch die Resistance hielten sie für weniger gefährlich, wenngleich lästig.

Schwere Bombenangriffe wurden hauptsächlich von den viermotorigen Avro Lancasters durchgeführt, die annähernd 10.000 kg Bombenlast befördern konnten; bei gewöhnlichen Bombeneinsätzen transportierten sie jedoch zwischen 6350 und 8200 kg. Die USAAF setzte die Boeing B-17 Flying Fortress und die Consolidated Vultee Liberator ein, die 2700 kg bzw. 3600 kg Bombenlast mitführen konnten.

Obwohl all die Bomber Tonnen von Sprengstoff über den Zielgebieten abwerfen konnten, trafen sie nicht sehr genau; von je 1000 Bomben, die auf deutsche Stellungen bei Merville fielen, schlugen nur 50 innerhalb der Verteidigungsanlagen ein und nur zwei trafen tatsächlich eine Kasematte.

Mittelschwere Bomber waren für gewöhnlich zweimotorig; dazu zählten Typen wie Douglas Boston, Martin Marauder oder B-25 Mitchell. Sie konnten bis zu 2000, 2500 resp. 2000 kg Last oder Bomben befördern. Sie lieferten näher an der Front Luftunterstützung und trugen, wie alle Flugzeuge der R. A. F. und der USAAF mit Ausnahme der viermotorigen Bomber, fette schwarze und weiße „Invasionsstreifen". Diese bestanden aus zwei schwarzen und drei weißen Streifen rund um Tragflächen und Rumpf und sollten verhindern, dass schießwütige alliierte Flugabwehrschützen sie unter Beschuss nahmen, wie es bei der Landung auf Sizilien passiert war. Auch die Mannschaften der Schiffe vor der Normandie konnten so sichergehen, dass jedes Flugzeug, das sie am D-Day sahen, ein alliiertes war.

Zu den Jagdflugzeugen zählten die einsitzige, 703 km/h schnelle North American P-51D Mustang, „der Cadillac der Lüfte", und die zweisitzige, 721 km/h schnelle Supermarine Spitfire XIV, obwohl auch die zweisitzige Bristol Beaufighter und die De Havilland Mosquito mit ihrer mächtigen Bugbewaffnung in dieser Rolle eingesetzt wurden.

Die Hawker Typhoon, bestückt mit vier 20-mm-Geschützen und bis zu 900 kg Bombenlast oder acht 76,2-mm-Raketen, wurde gegen diverse Ziele eingesetzt, etwa die deutschen Küstenradarstationen, die schon früh Warnungen vor Overlord-Schiffen und -Flugzeugen absetzen hätten können. Bis zum Abend nach D-Day waren alle 16 noch bestehenden Radarstützpunkte an der Nordküste Frankreichs und Belgiens – von ursprünglich 92 – angegriffen und zerstört oder schwer beschädigt worden. Der Preis dafür war hoch, denn viele waren durch Flakstellungen gut geschützt gewesen.

Group Captain Desmond Scott, der das 123. Geschwader der 2. taktischen Luftstreitkräfte befehligte, erzählte: „Als unsere Staffeln gegen den stärksten Teil des Atlantikwalls flogen, verteidigte die Abwehr ihre Radarstationen wie ein tollwütiger Tiger. Beim Angriff auf schwer geschützte Bodenziele gab es keine Faustregel, keinen guten Rat. Der erfahrene Pilot flog denselben tödlichen Weg wie der unerfahrene."

Die deutschen Radargeräte umfassten die Typen Mammut, Wassermann und Freya-Frühwarngerät, die Seetakt-Küstenüberwachung, Würzburg-Riese für Jagdflugzeuge und Würzburg für Flakbatterien.

Der alliierte Fallschirmjägerangriff auf die Flanken der D-Day-Strände wäre nicht möglich gewesen ohne die unzähligen C-47 Dakotas, die an die R. A. F. geliefert und von Transportgeschwadern der USAAF benutzt wurden.

Die britische Armee setzte das Angriffssegelflugzeug Airspeed Horsa ein, das 24 Mann oder entsprechende Last beförderte, während die US Army Waco CG-4A verwendete, das 29 Mann, Fahrzeuge oder Last aufnehmen konnte. Das britische Flugzeug bestand aus Sperrholz, ein leichtes, nicht strategisches Material; das amerikanische war stärker und auf einem rohrförmigen Metallrahmen aufgebaut. Britische Segelfliegerpiloten behaupteten, dass die Tragflächen und der Rumpf den Aufprall bei der Landung absorbieren würden.

Die große Zahl alliierter Flugzeuge sollte sicherstellen, dass der Himmel über der Normandie tagsüber feindfrei blieb, doch des Nachts konnten sich deutsche Bomber heranstehlen und die deutsche Fliegerabwehr sollte noch bis Kriegsende eine ernsthafte Bedrohung darstellen.

Rommel meinte über die Luftmacht: „Jeder, der, und sei es mit den modernsten Waffen, gegen einen Feind kämpfen muss, der den Luftraum völlig beherrscht, kämpft wie ein Wilder gegen moderne europäische Soldaten."

6080 alliierte Flugzeuge gehörten den Amerikanern, 5510 den Briten oder anderen alliierten Streitkräften. Zusätzlich gab es 3500 Truppentransporter und Lastensegler.

Die Alliierten waren bei allen Flugzeugtypen – Jagdflieger, mittlere oder schwere Bomber und Frachtmaschinen – überlegen. Die Transporter sollten zwei US-Luftlande- und eine britische Division in das D-Day-Gebiet bringen, um vor dem Morgengrauen Fallschirmjäger und Segelflieger abzusetzen. An diesem Tag flogen die Alliierten 14.674 Einsätze, bei denen sie 127 Flugzeuge vor allem durch Flak verloren.

In Frankreich standen Feldmarschall Hugo Sperrles 3. Luftflotte III Messerschmitt-Bf-109- und Focke-Wulf-Fw-190-Jagdflugzeuge zur Verfügung. Am D-Day war die deutsche Luftwaffe mit 130 Bombern vor Ort nur noch ein Schatten jener Truppe, die die Blitzkriegsiege von 1939 bis 1942 angeführt hatte – darunter die schwere Heinkel He 177, die Hitler nach Motorbränden und anderen Pannen als „größten je produzierten Mist" tituliert hatte, und die vielseitigere Junkers Ju 88.

Rechts: Ein Soldat vom kanadischen Regiment de Levis kurz nach seiner Ankunft in England, Teil des gewaltigen Aufbaus amerikanischer und kanadischer Streitkräfte.

Am D-Day flogen Luftwaffe-Jäger 70 Einsätze und die Deutschen schätzten ihre Verluste dreimal so hoch ein wie die der Alliierten. Durch Angriffe wurden nur fünf alliierte Schiffe versenkt, jedoch 26 durch aus der Luft abgeworfene Minen.

Sperrles Kommando mit Hauptquartier in Paris umfasste Frankreich, Belgien und Holland und konnte etwa 950 Flugzeuge aufbringen. Es bestand aus drei Fliegerkorps und einem Jagdfliegerkorps. Fliegerkorps III unter dem Befehl von

Links: Die schwimmende Pier des Mulberry-Hafens, die sich mit den Gezeiten bewegte. Für die Häfen verbrauchte man Unmengen von Stahl und einige Amerikaner stellen später ihren Wert in Frage. Doch durch sie war es für die Alliierten nicht vordringlich, Cherbourg zu erobern.

Generalleutnant Alfred Bulowins war mit 50 Flugzeugen in Compiègne stationiert. Seine Aufgabe bestand in Nahkampfunterstützung und taktischer Aufklärung. In Beauvais besaß das Fliegerkorps IX unter Generalleutnant Dietrich Peltz 130 Bomber für Schiffsabwehr und Küsteneinsätze. Auch Fliegerkorps X war für Schiffsabwehr zuständig; es zählte 130 Bomber und 30 Torpedobomber und stand unter dem Kommando von Generalleutnant Alexander Holle mit Hauptquartier in Angers. Das Jagdkorps II schließlich bestand aus Jagddivision 4 mit 71 Tagesjägern und 29 Nachtjägern sowie Jagddivision 5 mit 29 Tagesjägern. Es wurde von Generalleutnant Werner Junck von Coulommiers aus kommandiert, der weitere Stützpunkte in Bernay und Rennes unterhielt.

Vor D-Day flog die deutsche Luftwaffe Aufklärungsmissionen über Großbritannien, doch die Amerikaner verzeichneten nur einen Luftangriff, als Bomben auf ein Lager bei Falmouth in Cornwall in der Nacht des 30. Mai zu Verlusten in einem Artilleriebataillon führten.

Doch Luftmacht allein würde den Sieg nicht herbeiführen. Man würde Soldaten auf dem Boden benötigen, um den Feind zu eliminieren. Und damit sie dies effektiv tun konnten, brauchten sie Munition, Treibstoff und Verpflegung.

MULBERRY, PLUTO UND LOGISTIK

Bereits 1942 erkannten die Alliierten, dass sie sich nicht darauf verlassen durften, zu Beginn der Befreiung Europas einen funktionierenden Hafen zu erobern. Am 19. August 1942 waren bei der Operation Jubilee, dem verheerenden Angriff auf Dieppe, 3379 von 5000 kanadischen Soldaten umgekommen; dies hatte gezeigt, dass der Preis für einen Angriff auf einen Hafen von See aus zu hoch war. Doch wenn sie siegen wollten, mussten die Alliierten Soldaten, Waffen, Verpflegung, Treibstoff und Munition in großer Menge an Land bringen, und zwar schneller als die Deutschen ihre eigenen Vorräte aus Frankreich und Westeuropa auffüllen konnten.

Die völlig neuartige Antwort auf den Mangel an Häfen im Landungsgebiet bestand darin, zwei vorgefertigte Häfen in Teilstücken über den Kanal zu ziehen und vor den britischen und amerikanischen Strandköpfen zu positionieren. Am 30. Mai 1942 hatte Churchill das Projekt mit einem knappen Memo an Mountbatten in Gang gesetzt:

> ***Landungsbrücken für Strände***
> *CCO oder Stellvertreter*
>
> *Sie müssen sich mit den Gezeiten heben und senken.*
> *Das Ankerproblem muss gelöst werden.*
> *Arbeiten Sie mir die beste Lösung aus.*

Diskutieren Sie nicht die Sache selbst. Die Schwierigkeiten werden genügend zu diskutieren sein.

In Großbritannien wurden in aller Heimlichkeit Bauunternehmen angewiesen, „Stahlbetoncaissons" zu bauen – dies waren riesige Betonkästen, so hoch wie ein sechsstöckiges Haus, die als Wellenbrecher rund um die Häfen versenkt würden. Ein höherer britischer Offizier wurde ausgeschickt, um Arbeitern zu versichern, dass sie kriegswichtige Arbeit leisteten, denn es waren Gerüchte aufgetaucht, die Betonkästen wären bloß für das Baugewerbe nach Kriegsende gedacht.

Deutsche Fotoaufklärungsflugzeuge hatten die Gebilde fotografiert, doch Feldmarschall Keitel und Generalleutnant Jodl erklärten nach Kriegsende im Verhör durch die US Army: „Wir dachten, sie sollten zerstörte Kais in einem Hafen ersetzen." Die deutschen Strategen waren noch immer überzeugt, dass die Alliierten einen großen funktionierenden Hafen benötigen würden, um genügend Fahrzeuge und Vorräte für den Krieg in Europa an Land zu bringen.

Die vorgefertigten Häfen wurden „Mulberries" („Maulbeeren") genannt; sie wurden bei St-Laurent im Gebiet des V. US-Korps sowie in Arromanches bei den britischen Stränden an der Küste der Normandie zusammengebaut. Die Häfen bestanden aus einem äußeren Gürtel von 70 Schiffen mit dem Codenamen „Gooseberries" („Stachelbeeren"), die als Wellenbrecher und Flakstellungen dienten. Darunter waren das alte französische Schlachtschiff *Courbet,* das über den Kanal gezogen wurde, und ein Kreuzer der holländischen Marine. Knapp vor der Küste wurden die Schiffe absichtlich halb versenkt und galten bei deutschen Küstenstellungen als „versenkt". Obwohl sie auf Grund lag, besetzten Franzosen die Flak der *Courbet* unter der wehenden Trikolore.

Die „Gooseberries" waren eine Idee von Rear Admiral William Tennant, der ab Januar 1943 für die Planung, Vorbereitung, Schleppung und Verankerung der Mulberry-Häfen verantwortlich war. Er hatte es nicht leicht mit der Admiralität, die zögerte, Schiffe zum Versenken herzugeben, doch Tennant war davon überzeugt, dass sie als Blockadeschiffe zum Schutz der Häfen gebraucht wurden. Einmal sagte sein Stellvertreter über die Admiralität: „Wir baten um eine Stachelbeere und erhielten bloß eine Himbeere!"

Innerhalb des Schiffsgürtels befanden sich mehr als 200 Caissons. Wenn sie an Ort und Stelle waren, wurden schwimmende Dämme namens „Beetles" („Käfer") mit „Whale"-(„Wal"-)Landungsstegen verbunden, an denen Schiffe neben Laderampen ankern konnten, die sich mit den Gezeiten hoben und senkten. Jeder Hafen bestand aus 2 Millionen Tonnen Stahlbeton und hatte die Größe von Dover, sollte jedoch innerhalb von zwei Wochen in Betrieb sein. Um 600 „Mulberry"-Einheiten in die Normandie zu bringen, waren 200 Schleppkähne (alle Schiffe in Großbritannien) und von den USA requirierte Schiffe nötig. Sie würden aus Portland, Poole, Plymouth, Selsey und Dungeness auslaufen. Jeder Hafen bedeckte eine Fläche von über 5 km^2.

Operation Pluto war eine Meisterleistung britischer Ingenieurskunst, von herausragendem Einfallsreichtum, ausgeführt mit Hartnäckigkeit, gekrönt von umfassendem Erfolg. Diese kreative Energie half uns, den Krieg zu gewinnen.

Premierminister Winston Churchill

In 100 Tagen wurden in Mulberry B, „Port Winston" bei Arromanches, 2,5 Mio. Mann, 500.000 Fahrzeuge und vier Mio. Tonnen Güter gelandet. Auch wenn der amerikanische Hafen bei Omaha durch Julistürme schwer beschädigt wurde, blieb der britische erhalten und war, obwohl nur für drei Monate gedacht, acht Monate nach D-Day noch in Betrieb.

War die Küste gesichert, sollte bei Port-en-Bessin ein Treibstofflager gebaut und über flexible Schläuche mit Auslegern vor der Küste verbunden werden, sodass Tanker Treibstoff an Land pumpen konnten. Später, als Cherbourg erobert war, wurde „Pluto" (kurz für: „Pipe Line Under the Ocean") errichtet. Damit konnte man Erdöl direkt aus einem 1,89-Mio.-Liter-Tank bei Shanklin auf der Isle of Wight vor der Südküste Englands über vier Leitungen 450 km weit zu den logistischen Stützpunkten in Frankreich pumpen – was weitaus sicherer und schneller war, als Tanker über den Kanal zu schicken. Die britischen Pumpstationen waren als Strandhütten getarnt. Die Pipeline sollte nach Osten verlängert werden, wenn die Alliierten größere Teile Frankreichs befreit hätten, und eine zweite Pluto sollte von Dungeness bis in die Nähe von Boulogne führen. Bis zur Einstellung des Betriebs pumpte Pluto 1 Million Kiloliter Treibstoff nach Frankreich.

Bevor jedoch die Mulberries in Position gebracht werden und Pluto den Betrieb aufnehmen konnte, mussten die Alliierten in den ersten 24 Stunden von D-Day 175.000 Mann, 1500 Panzer, 3000 Kanonen und 10.000 Lastwagen an Land bringen. Wenige Tage davor wurden Männer und Fahrzeuge in Wäldern an der englischen Südküste zusammengezogen.

Rechts: Jeeps, Laster und Soldaten auf einem Landungsschiff in einem Hafen in Südengland. Die Jeeps waren mit einem weißen Stern in einem Kreis gekennzeichnet, damit sie von Bodenangriffspiloten als verbündete Streitkräfte erkannt wurden.

HQ-9
1-X
HQ-19

KAPITEL VIER

SPEZIAL-EINSÄTZE

Auch wenn der Großteil der Operation Overlord in einem amphibischen Großangriff mit Luftlandeunterstützung bestand, gab es doch Ziele wie Küstenbatterien und Brücken, die speziellere Einsätze erforderten. Obwohl man die Geschützbatterien auch von Kriegsschiffen aus bombardieren konnte: Direkte Angriffe stellten sicher, dass der Feind damit die Landungen nicht störte. Jeder Angriff wurde zu einer Heldentat innerhalb des großen Vorstoßes auf die Normandie.

Obwohl man 73 Küstengeschütze in der Normandie aus der Luft bombardiert hatte, konnten die alliierten Strategen nicht sicher sein, dass die Kanonen im Inneren wirklich zerstört waren. Wenn sie auch nur teilweise funktionierten, konnte das zu Verlusten führen und die Landungen durch den Beschuss von Schiffen und Landungsfahrzeugen verzögern.

Zwei Stellungen galten als besonders wichtig für die Landungen. Bei der Pointe du Hoc, die aufgrund eines Tippfehlers in den alliierten Plänen Pointe du Hoe hieß, hatten die Deutschen Betonkasematten, in denen man 155-mm-Kanonen mit einer Reichweite von 23 km vermutete. Diese Geschütze konnten Schiffe, die nach Utah Beach fuhren, ebenso angreifen wie solche auf dem Weg nach Omaha.

Am östlichen Rand der Strände, an Sword Beach, hatten die Deutschen eine weitere Batteriestellung mit vier 2 m großen Kasematten errichtet, etwas erhöht etwa 2,5 km landeinwärts bei Merville. Der Beobachtungsposten für diese

Links: Brtische Infanterie- und Luftlandesoldaten inspizieren nach der Landung eine deutsche Panzerabwehrstellung. Obwohl die Kasematte getroffen wurde, ist das Geschütz intakt, und es gibt einen Betonschlitz, durch den es jeden Angreifer auf See mit Flankenfeuer bestreichen kann.

Oben: Eine Flottille von LCAs mit US-Rangern an Bord läuft in Richtung Kanal aus. Die Besatzungen von Landungsbooten lernten angestrengt, wie man auf dem Strand landete, Männer oder Fracht entlud und dann mit voller Kraft rückwärts vom Strand wieder ins Meer fuhr.

Batterie befand sich am Rand der Sallenelles-Bucht und war mit den Geschützen über ein in der Erde verlegtes Telefonkabel verbunden. Man vermutete dort 150-mm-Kanonen, die für die alliierten Schiffe ebenso gefährlich waren wie die von der Pointe du Hoc. Man nahm an, dass die Geschütze von Merville eine Reichweite von über 12 km hatten.

Die alliierten Strategen hielten auch den Caen-Kanal und den Fluss Orne zwischen Caen und Ouistreham für entscheidend. Wenn die Brücken über diese breiten Wasserhindernisse von den Deutschen zerstört würden, würden die Alliierten nicht nach Osten ausbrechen können, und die Deutschen würden den Strandkopf halten. Doch schlimmer noch: Falls die Deutschen die Brücken hielten, konnten sie sie überqueren, um Sword Beach bei Ouistreham anzugreifen.

Der einzige Weg, wie man Pointe du Hoc mit völliger Sicherheit ausschalten konnte, war durch einen Seeangriff, doch hier waren die Klippen 30 m hoch. Die mit dieser Aufgabe betrauten Männer vom 2. US-Rangerbataillon betrachteten die Lage und kamen auf interessante Lösungen. Am Fuß der Klippen lag ein schmaler Felsstrand. Dort sollten DUKWs mit 30 m langen Feuerwehrleitern – einer Leihgabe der Londoner Feuerwehr – landen und Soldaten absetzen. Außerdem wollte man kleine Sturmleitern und raketenbetriebene Dregganker sowie Seile benützen. Die Ranger übten den Klippenangriff an den Kalkklippen der Isle of Wight sowie bei Swanage in Dorset. Ihr Plan konnte funktionieren, solange die deutsche Garnison durch Luftangriffe und Seebombardement, darunter Breitseiten vom Schlachtschiff USS *Texas*, in Schach gehalten würde.

Bei den Brücken über den Caen-Kanal und die Orne bei Benouville gab es keine Luft- oder Seeunterstützung. Die Männer der Kompanie „D“, das 2. Leichte Infanteriebataillon *Oxfordshire and Buckinghamshire* unter Major John Howard,

WETTERVORHERSAGE FÜR D-DAY

Die drei wichtigsten Wettervorhersageteams der Alliierten waren das British Central Forecasting Office in Dunstable in den Bedfordshire Downs, die Einrichtung der USAAF in Widewing bei Teddington im Themse-Tal und die Admiralität in London. Die USAAF in Widewing wollte Operation Overlord am 5. und 6. Juni starten, weil man überzeugt war, das atlantische Tief „L5“, das Schlechtwetter gebracht hatte, würde von „L6“ gefolgt, aber dieses würde nach Norden in Richtung Grönland abziehen, nicht nach Norwegen. Dunstable und die Admiralität glaubten, es würde nach Osten ziehen. Es blieb James Stagg überlassen, die Daten zu prüfen und einen Rat zu geben.

sollten um Mitternacht mit Segelfliegern bei den Brücken landen und den Überraschungseffekt nutzen, um die Stellung zu nehmen. Falls die Deutschen Lunte rochen, würden die Briten tot sein, bevor sie aus ihren Segelfliegern gestiegen wären – entscheidend war das Überraschungsmoment.

EINSATZ IN MERVILLE

Für die Batterie in Merville sollte das 9. Bataillon des Fallschirmjägerregiments unter Colonel Terence Otway im Zielgebiet bei Varville landen, 3 km südöstlich der Stellung. Die Männer würden mit ausgezeichneten Abwehranlagen konfrontiert sein, unter anderem Minenfeldern, einem Panzerabwehrgraben, Stacheldraht, acht Maschinengewehren und einer 2-cm-Flak.

Wie Teile eines komplexen Puzzles mussten die drei Angriffe gelingen, wenn die größeren Teile der D-Day-Operation zusammenpassen sollten. Die Pläne waren gewagt und die Männer gut ausgebildet, doch wie bei allen Spezialeinsätzen war auch eine gute Portion Glück nötig.

Bis D-Day hatte sich das *Special Air Service* (SAS), das als kleine Spezialeinheit in Nordafrika begonnen hatte, zu einer vollen Brigade des 1. britischen Luftlandekorps unter Brigadier Roderick McLeod entwickelt.

Es umfasste das 1. SAS unter Lieutenant Colonel „Paddy“ Mayne, das 2. SAS unter Lt Col William Stirling, dem Bruder des SAS-Gründers David Stirling, zwei freie französische Fallschirmjägerbataillone (3. und 4. SAS) sowie eine unabhängige Kompanie von belgischen Fallschirmjägern (5. SAS).

Das SAS war stolz auf seine Identität und nur widerwillig Teil des 1. Luftlandekorps. Als Angehörige des Korps mussten sie das braune Barett des Fallschirmjägerregiments tragen, doch viele setzten sich darüber hinweg. Das führte dazu, dass einige, wie Mayne, die original sandfarbenen SAS-Baretts trugen, andere aber braune. Vor dem gleichen Dilemma stand die *Ox and Bucks* Leichte Infanterie; ihre Lösung bestand darin, dass sie ihr Waldhornabzeichen mit grünem (Infanterie-)Hintergrund auf braunen Bérets trugen.

Es gab jedoch noch andere Spannungen innerhalb der SAS. Britische Veteranen der 1. und 8. Armee sprachen nicht miteinander, während „die französischen Bataillone schon beim bloßen Anblick übereinander herfielen“, wie sich ein Veteran erinnerte. Brigadier McLeod hatte die Aufgabe, diese hoch motivierten, aber ungewöhnlich jungen Männer unter Kontrolle zu halten und bestens auszubilden. Er war einer der wenigen britischen Berufssoldaten, die sich für geheime Kriegsführung interessierten, und fast der einzige reguläre

Unten: Lieutenant T. Stephens vom SAS in Zivilkleidung mit zwei Offizieren. Auf einem Fahrrad in Begleitung eines Bahnarbeiters und eines anderen Restistance-Mitglieds führte er Nahaufklärung bei Treibstofflagern der Bahn durch. Diese wurden aus der Luft angegriffen.

Oben: Ein Soldat hält beim Training ein Fairbairn-Sykes-Kampfmesser zwischen den Zähnen, aber nicht, weil es wild aussah – dadurch hatte er beide Hände zum Klettern oder Kriechen frei. Die Kommandos verachteten Helme und bevorzugten Wollmützen oder später grüne Baretts.

britische Offizier in seiner Brigade. Vor dem Krieg war er Ausbilder am Stabscollege in Camberley gewesen; nach dem Krieg war er stellvertretender Verteidigungsstabschef.

In ihrer Ausbildung hatten SAS-Angehörige „mit unterschiedlichem Erfolg" französische und deutsche Sätze gelernt, weshalb die Deutschen glaubten, die SAS bestünde aus Linguisten. Sie lernten auch, wo man an einem Generator am besten Sprengladungen anbringt (im Kraftwerk Kilmarnock), wie man Züge entgleisen lässt (im lokalen Bahnhof) und wie man unterirdische Telefonkabel und Anschlusskästen ortet. Die Armeestrategen sahen das SAS für ähnliche Aufgaben vor wie konventionelle Fallschirmjäger, die zur Sicherung der Flanken der D-Day-Strände landeten. Ehe er unter Protest zurücktrat, konnte William Stirling verhindern, dass das SAS für solche Aufgaben verschwendet wurde.

SAS-Einsätze in Frankreich zielten, wie viele zuvor in Italien, auf die Unterbrechung oder Störung deutscher Versorgungslinien zu den Kampfschauplätzen in der Normandie, was nach dem alliierten Durchbruch den Rückzug verzögerte. Die Einsätze folgten einem bewährten Ablauf: Zuerst sprang die Vorhut mit einem Phantom-Funkgerät oder einer oder zwei SAS-Offiziere im betreffenden Gebiet ab und nahm Kontakt mit der Resistance auf. Phantom, oder „F"-Geschwader-GHQ-Verbindungsregiment, war das für die SAS zuständige Funkgeschwader. Es bestand aus einem Hauptquartier und vier Patrouillen unter dem Kommando von Major J. J. Astor. Zwei Patrouillen waren dem 1. SAS zugeordnet, zwei dem 2. SAS. Phantom-Funker lieferten nach dem D-Day durchgehend Informationen von SAS-Basen in Frankreich nach England. War eine Phantom-Funkstation errichtet und eine gute Landezone gefunden, folgte der Haupttrupp.

In entlegenen Gebieten wurden Stützpunkte errichtet und im Sommer 1944 warf das SAS dort Waffen, einschließlich Mörser und Panzerabwehrgeschütze, Jeeps, Munition, Sprengstoff und Vorräte für lokale Widerstandsgruppen ab. Das einzige Hindernis bei Einsätzen im Sommer 1944 waren die kurzen Nächte und der dadurch beschränkte Schutz der Dunkelheit. Die Alternative waren „blinde" Abwürfe in nicht darauf vorbereiteten Abwurfzonen. Auch wenn das gefährlich klingt, so war die nächste SAS-Basis für gewöhnlich nicht weit.

SOE-Agenten zufolge, die mit dem SAS in Frankreich zusammenarbeiteten, verhielten sich SAS-Angehörige in feindlichem Gebiet mit einer gewissen Sorglosigkeit. Sie wussten wenig über Frankreich oder den Widerstand, und laut Col Barry vom SOE waren sie zu stolz, um Rat vom SOE-Hauptquartier in der Baker Street in London anzunehmen.

KOMM ZU DEN JEDS

In den USA übernahm das Office of Strategic Services (OSS) eine Aufgabe in Frankreich. So entstanden die „Jedburgh"-Teams oder „Jeds". Der Name leitete sich von der Stadt nahe dem Übungsgelände in Schottland ab. 86 Teams, bestehend aus einem französischen und einem amerikanischen oder britischen Offizier, sprangen über Frankreich ab, um den Widerstand zu organisieren und zu versorgen und um Angriffe gegen die Deutschen zu leiten. Sie hatten auch eine politische Funktion, denn durch sie behielt der US-Geheimdienst eine gewisse Kontrolle über verdeckte Operationen in Frankreich.

R. A. F und USAAF setzten Bomber und Frachtmaschinen für den Transport dieser Agenten und Soldaten ein. Der Vorteil von Bombern wie Armstrong Whitworth Whitley, Albermarle, Handley Page Halifax und Short Stirling Mark IV bestand darin, dass man Behälter im Bombenschacht verstauen konnte und sie dann genau über der Abwurfzone abwerfen konnte. Echte Frachter wie die DC-3 waren vielseitiger und konnten für Fallschirmspringer, für Frachten oder zur Evakuierung Verwundeter eingesetzt werden.

Unten: Das D-Day-Team: Marinekommandant Bertram Ramsay, Oberbefehlshaber (SAC) Dwight Eisenhower, Kommandant der Expeditionsluftstreitkräfte Trafford Leigh-Mallory, Stellvertretender SAC Arthur Tedder, Kommandant der 21. Armeegruppe Bernard Montgomery.

Vor dem D-Day waren alle Transporter den britischen und US-Luftlandedivisionen zugeteilt, doch nach dem 6. Juni wurden SAS-Operationen in allen Teilen Frankreichs durchgeführt und weiter versorgt. Die britischen Flugzeuge stammten von Gruppe 33 und 46, manche von der R. A. F. Tempsford.

Die Kontaktaufnahme zwischen Pilot und Bodengruppe beim Anflug auf die Abwurfzone wurde durch das S-Phone sehr erleichtert. Dieses kleine Funkgerät maß 457 x 203 x 101 mm und wog nur 5,4 kg mit Gurt und Batterien. Es hatte für Boden-Luft-Kommunikation eine Reichweite von 16 km, wenn sich das Flugzeug in 90 m Höhe befand; diese stieg jedoch auf 80 km, wenn es auf 1800 m flog.

Die Codenamen für SAS-Operationen in Frankreich spiegeln eine zutiefst britische Einstellung wider; sie stammen teils aus der Literatur, teils zeigen sie Nostalgie für das Leben in London. In den vier Monaten nach D-Day führte das SAS 43 Einsätze durch. Dazu gehörten „Wolsey" und „Benson" im Norden in der Nähe der Somme, „Defoe", „Titanic" und „Trueform" in der Normandie, „Samwest", „Derry", „Dinson/Grog" und „Cooney" in der Bretagne, „Gaff" und „Bunyan" bei Paris, „Haft" bei Le Mans und „Dunhill", „Dickens", „Shakespeare", „Chaucer", „Gain" sowie „Spenser" im Loire-Tal. Die Operationen im Rhône-Saône-Tal hießen „Rupert",

Eines Tages wurde ein Zaun um das Lager errichtet. Man holte die NCOs und teilte ihnen mit, dass jeder, der außerhalb erwischt würde, vor ein Kriegsgericht käme. Keiner kam raus. Nie hatte ich ein besseres Briefing erlebt; sogar einfache Soldaten waren anwesend. Es gab Modelle, Fotos von Waffen, Minenfeldern und so weiter.

Sergeant George Self
8. Bataillon Durham Leichte Infanterie, 50. britische Infanteriedivision

GENERAL DWIGHT DAVID EISENHOWER

Eisenhower, der 1890 als Bauernsohn in Texas geboren wurde, ging nach West Point und wurde Panzerausbilder. Er diente von 1933 bis 1939 unter General Douglas MacArthur auf den Philippinen. Zwischen 1941 und 1942 gehörte er General George C. Marshalls Einsatzdivisionsstab in Washington an. Im Juni 1942 wurde er Befehlshaber der alliierten „Torch"-Landungen in Nordafrika. Nur ein Jahr später wurden ihm die Expeditionsstreitkräfte des Oberkommandos (SHAEF) unterstellt. In Nordafrika hatte er Männer unterschiedlicher Nationalität und Erfahrungsniveaus in einem Hauptquartier zusammengebracht, darunter so schwierige Persönlichkeiten wie Montgomery und Patton. In Nordwesteuropa übernahm er die allgemeine Meinung von Montgomerys und Bradleys Armeegruppen, die ein methodisches Vorrücken auf breiter Front anstelle von Panzervorstößen favorisierte. Gegenüber Männern wie Montgomery und Patton blieb er empfindlich, was seinen Mangel an Kampferfahrung betraf. Am Vorabend des D-Day steckte er folgende Notiz in seine Tasche: „Da wir nach unserer Landung im Gebiet Cherbourg – Le Havre nicht sicher Fuß fassen konnten, habe ich die Truppen zurückgezogen. Meine Entscheidung, zu dieser Zeit an diesem Ort anzugreifen, beruhte auf den besten verfügbaren Informationen. Boden-, Luft- und Seestreitkräfte kämpften mutigst und ergebenst. Wenn jemanden Schuld trifft, so nur mich allein."

Nach dem Krieg kandidierte „Ike" als US-Präsident und erlebte von 1953 bis 1961 zwei Amtszeiten im Weißen Haus.

„Loyron", „Hardy", „Newton", „Barker" und „Harrod", während man die im Zentralmassiv „Haggard", „Bulbasket", „Moses", „Jockworth", „Samson", „Snelgrove" und „Marshall" nannte.

Die belgischen und französischen SAS-Trupps, die über dem europäischen Festland absprangen, hatten den Vorteil, dass sie entweder nach Hause zurückkehrten oder die Sprache beherrschten und daher gut auf das Agieren hinter den feindlichen Linien vorbereitet waren. Die Ankunft der SAS gab der SOE endlich die nötige Kraft, um jene Widerstandsgruppen, die sie betreut hatten, zu Aktionen gegen die Deutschen aufzustacheln. Viele Franzosen dachten, die Befreiung würde bloß ein paar Wochen dauern, und betrachteten das SAS fast als Aufklärungspatrouille der Alliierten.

Am frühen Morgen des D-Day war das SAS für einige Operationen in der Nähe der Normandiestrände vorgesehen.

Bei der Operation „Dingson/Grog" sprangen 160 Mann vom 4. französischen Fallschirmjägerbataillon (4. SAS) unter dem Kommando des legendären einarmigen Pierre Bourgoin mitsamt vier Jeeps im Gebiet von Vannes in der Bretagne ab. Sie errichteten einen Stützpunkt und organisierten drei Resistance-Bataillone mit einer Kompanie von Gendarmen und griffen deutsche Streitkräfte an; genau das war der Befehl, den Bourgoin von der 21. Armeegruppe erhalten hatte: dass „in der Bretagne eine große Revolte losbrechen" sollte.

Links: Der 54-jährige Oberbefehlshaber der Alliierten, Dwight D. Eisenhower, war vielleicht kein großer Taktiker, aber ein ausgezeichneter Teamführer und Diplomat, der es schaffte, dass einige schwierige oder empfindliche Persönlichkeiten für ein gemeinsames Ziel kooperierten.

Ihnen schlossen sich 54 Mann vom 4. SAS von der Operation Cooney an; diese waren „blind" in unvorbereitete Zonen zwischen St-Malô und Vannes abgesprungen. Die Einheit teilte sich in 18 dreiköpfige Teams und unterbrach mehrere Bahnlinien, bevor sie sich „Dingson" anschlossen. Am 18. Juni gingen die Deutschen mit Panzerfahrzeugen und Infanterie gegen den Stützpunkt vor. Die leicht bewaffneten und kaum ausgebildeten Widerstandskämpfer flohen. Bourgoin war ein zu kluger Kämpfer, als dass er seine Männer in der Heide aufreiben ließ, und gab Befehl, sich über Nacht zu zerstreuen.

Bevor sie jedoch entkamen, konnten die Verteidiger durch einen Zufall Kontakt zu 40 P-47-Thunderbolts aufnehmen und sie am späten Nachmittag, als sie die Deutschen zum Halten gebracht hatten, als Unterstützung anfordern. Dies war ein enormer Ansporn, nicht nur dort, sondern in der gesamten Bretagne. An die 40 SAS-Leute entkamen und errichteten bei Pontivy einen neuen Stützpunkt, genannt „Grog".

Über die Operationen in Nordwestfrankreich schrieb Eisenhower: „Die geheimen Widerstandskräfte in diesem Gebiet waren seit Juni rund um einen Kern aus SAS-Soldaten vom französischen 4. Fallschirmjägerbataillon aufgebaut worden ... Sie waren nicht unwichtig, denn sie hatten durch ihre ständigen zermürbenden Aktionen die Deutschen mit einer Atmosphäre von Gefahr und Hass umgeben; sie nagte an der Zuversicht der Führer und am Mut der Soldaten."

Der psychologische Aspekt der SAS- und Resistance-Aktionen kann nicht zu hoch eingeschätzt werden; die Angst und Unsicherheit, die französische und britische „Terroristen" verbreiteten, erklären zum Teil die deutsche Brutalität bei der Gefangennahme von SAS- oder Widerstandskämpfern.

GENERAL OMAR BRADLEY

General Omar Bradley, geboren in Clark, Missouri, war der Sohn eines Farmers. Er trat 1911 in die US Army ein und entschied sich nach seinem Abschluss in West Point für die Infanterie. Langsam stieg er in der Zeit des Friedens in der Armee auf und erhielt 1943 in Nordafrika die Rolle des „Friedensstifters" für das II. Korps nach dessen brutaler Vorgangsweise in Kasserine. Er empfahl, den Kommandanten durch Gen. Patton zu ersetzen. Bradley befehligte das II. Korps als Teil von Pattons 7. Armee bei der Invasion auf Sizilien 1943. Dann bestimmte ihn Eisenhower zum Leiter der US-Landungen als Kommandant der 1. US-Armee. In Großbritannien konzentrierte Bradley sich auf die Ausbildung seiner Soldaten. Nach den erfolgreichen Landungen auf Utah und der verlustreichen Eroberung von Omaha führte er seine Truppen zum Durchbruch aus der Normandie. Er war ein fürsorglicher Offizier, der viel für Planung und Logistik übrig hatte. Nach dem Krieg wurde Bradley zum 5-Sterne-General befördert und entwickelte als Vorsitzender der Stabschefs die Politik des Kalten Krieges zur Kontrolle der UdSSR. Im Vietnamkrieg war er einer der älteren Berater von Präsident Lyndon B. Johnson.

Die Operation Bulbasket unter Captain John Tonkin bestand aus 43 Mann der Staffel „B", 1. SAS, und zwölf von Phantom. Am D-Day sprang Tonkin mit einem zweiten Offizier im Gebiet Vienne ab, um eine passende Basis zu finden und Kontakt zur Resistance herzustellen. Bei der Landung driftete er zu einer Allee, sein Fallschirm blieb an einem Ast hängen und „meine Füße berührten knapp den Boden. Wäre ich auf einem Ei gelandet, hätte ich es vermutlich nicht zerbrochen". Sein Empfangskomitee waren ein örtlicher Bauer, dessen Sohn und ein Knecht. Am nächsten Tag traf er „Samuel", einen der besten Agenten der französischen SOE-Sektion mit dem Namen Maj. Amedee Maingard de la Villes-es-Offrans, ein 25-jähriger Mauretanier. Tonkin erinnerte sich: „Ein stiller, dunkelhaariger junger Mann mit einem Sten-Gewehr traf ein. Dann folgte einer dieser Wortwechsel, bei dem sich die Beteiligten stets etwas absurd fühlen: ‚Gibt es im Wald ein Haus?', fragte ich auf Französisch. ‚Ja, aber es ist nicht sehr gut.'" So bestätigten sie ihre Identitäten.

DIE SAS-SABOTAGE-TEAMS

Am 11. Juni landete der Haupttrupp in vier Gruppen mit der Aufgabe, Sabotageakte zu verüben, bevor sie sich Tonkin anschlossen. Sie waren recht erfolgreich und konnten unter anderem die Linie Poitiers–Tours an zwei Stellen unterbrechen und einen Zug auf dieser Strecke zum Entgleisen bringen.

Eine Gruppe machte die schreckliche Erfahrung, im Dorf Airvault zu landen. Ein Mann wurde gefangen genommen, während sich die anderen rasch zurückzogen.

Bulbasket fand bei Poitiers statt, im Gebiet der Loire-Schleife. Am 17. Juni trafen vier Jeeps ein, eine Woche später errichtete man eine Basis in den Wäldern bei Verriers. Durch eine Indiskretion der Resistance verraten, wurde sie am 3. Juli von den Deutschen angegriffen. Sie töteten drei SAS-Soldaten und nahmen 33 gefangen, die später exekutiert wurden. Derrick Harrison berichtet, dass die Deutschen einen verwundeten SAS-Offizier in ein Dorf brachten, wo man die Bevölkerung zwang, mitanzusehen, wie er mit Gewehrkolben zu Tode geprügelt wurde, als Strafe für seinen „Terrorismus". Tonkin konnte elf SAS- und fünf Phantom-Leute sammeln, doch das SAS-Brigadehauptquartier beschloss, Bulbasket zu beenden. Die Überlebenden wurden am 7. und 10. August ausgeflogen und durch Soldaten vom 3. SAS ersetzt.

Operation Samwest, durchgeführt von 116 Mann des französischen Bataillons unter Captain Le Blond, begann mit

Links: Lieutenant General Omar Bradley, der die 1. US-Armee befehligte, die auf Omaha und Utah landete. Bradley war ein umsichtiger und fürsorglicher Kommandant, freundlich und bereit, wohlüberlegte Entscheidungen zu treffen; deshalb wurde er „General der GIs" genannt.

Oben: Unteroffiziere vom britischen Fallschirmjägerregiment lauschen den Ausführungen eines Offiziers über den bevorstehenden Angriff. Für Luftlandetruppen, die über der Normandie absprangen, war es das Wichtigste, nach der Landung ihren Treffpunkt zu finden.

Absprüngen zwischen dem 6. und 9. Juni. Man wollte verhindern, dass deutsche Streitkräfte von der Bretagne in die Normandie vorrückten, also errichtete man Landezonen bei St-Brieuc. Örtliche Bevölkerung und Resistance hielten das SAS für die befreienden Alliierten und hießen es willkommen. Die Wachsamkeit ließ nach und einige französische Soldaten speisten sogar in lokalen Restaurants. Außerdem war es ein Problem, 30 Widerstandskämpfer zu rekrutieren, weil sie „zu unterschiedlichen Gruppen gehörten, die einander fast ebenso sehr hassten wie die Deutschen", berichtete später ein SOE-Offizier. Am 12. Juni starteten die Deutschen einen Großangriff auf die SAS-Basis. 32 SAS-Leute fielen, doch die Deutschen verloren 155 Mann. Die Überlebenden entkamen und schlossen sich der Dingson-Basis an.

Operation Houndsworth wurde von Staffel „A" der 1. SAS unter Maj. Bill Fraser von den bewaldeten Hügeln westlich von Dijon aus durchgeführt. Fraser war ein sehr erfahrener Soldat und einer der „Originale" der Abteilung „L". Er hatte sich beim Angriff auf das Flugfeld bei Agedabia im Dezember 1941 das Military Cross verdient. Vom 6. bis 21. Juni sprang der Rest der Staffel über Frankreich ab. Ihre Aufgabe war es, deutsche Verbindungs- und Bahnlinien zu unterbrechen und die lokale Resistance zu bewaffnen. Bis Ende Juni umfasste die Einheit 144 Mann mit neun Jeeps und zwei 57-mm-Paks.

DIE ANFÜHRER

Gen. Dwight D. Eisenhower, Oberbefehlshaber der alliierten Expeditionsstreitkräfte, wählte vier Briten und zwei Ameri-

Nachdem wir die Gesichter geschwärzt, die Messer geschärft und die Ausrüstung zum 100. Mal überprüft hatten, formierten wir uns und betraten das Flugfeld. Es war etwa 22 Uhr. Unterwegs waren wir gut aufgelegt, manche sangen, und eine kleine alte Cockney-Lady kam und sagte: „Schickt sie zur Hölle, Freunde!“ Ich hatte einen Kloß im Hals, eine Mischung aus Angst und Stolz.

Lieutenant Parker A. Alford
3. Bataillon, 501. Fallschirmjägerregiment, 101. US-Luftlandedivision

kaner in seinen engsten Stab. Von den Amerikanern sollte Gen. Omar Bradley die US Invasionsstreitkräfte leiten, Gen. Walter Bedell-Smith, der seine Karriere als Unteroffizier begonnen hatte, wurde schließlich Eisenhowers Stabschef.

1941 war Bedell-Smith Sekretär der Vereinten Stabschefs, danach Sekretär der angloamerikanisch gemischten Stabschefs; 1942 wurde er zu Eisenhowers Stabschef ernannt. Bedell-Smith hatte im Ersten Weltkrieg in Frankreich gedient und war 1918 zum Major ernannt worden. Erst seine Berufung auf einen Stabsposten durch Gen. George Marshall in Washington offenbarte sein wahres Talent. Er wurde hinter seinem Rücken „Beetle“ („Käfer“) genannt und konnte humorlos, zu Untergebenen kurz angebunden und schwierig in der Zusammenarbeit sein. Eisenhower beschrieb den 49-jährigen Bedell-Smith als „Generaldirektor des Krieges.“

Nachdem er in Nordafrika mit dem ruhigen, kompetenten Air Chief Marshal Sir Arthur Tedder zusammengearbeitet hatte, machte Eisenhower ihn zu seinem Stellvertreter. Tedder sollte die taktischen und strategischen Luftangriffe auf Nordfrankreich und die Normandie

Links: Ein GI mit voller Ausrüstung für die Landung trinkt aus seinem Aluminiumbecher. Manche GIs ertranken wegen der schweren Ausrüstung.

Rechts: M4 Sherman-Panzer, modifiziert für Wasserfahrten, werden in Portsmouth auf ein Landungsboot gepackt. Über die Schutzhauben am Hinterende der Panzertürme konnte Luft zum Motor gelangen und Abgase entweichen, ohne dass der Motor in Meerwasser „absoff“.

kombinieren. Gen. Bernard Montgomery, der ebenso erfahrene wie eigensinnige Kommandant der britischen Bodenstreitkräfte, sollte ein paar energische, jedoch wertvolle Beiträge zur Planung liefern. Er bestand darauf, dass man bei den Landungen statt drei fünf Divisionen auf breiterer Front einsetzte, unterstützt durch Luftlandungen an den Flanken.

Im Gegensatz dazu war Admiral Bertram Ramsay ein höflicher, doch sehr erfahrener Offizier der Royal Navy, der als Flaggoffizier von Dover an der Operation Dynamo – der Evakuierung von Dünkirchen 1940 – stark beteiligt war.

Als Eisenhower 1943 zum Oberbefehlshaber der alliierten Expeditionsstreitkräfte ernannt wurde, hatte er auf Stabsposten im Ersten Weltkrieg und in der Zwischenkriegszeit gedient. Im Juni 1942 wurde er zum Kommandant der US-Truppen in Europa ernannt und befehligte als Lt. Gen. die angloamerikanischen „Torch“-Landungen in Nordafrika. Er hatte seine Kritiker im Establishment des US-Militärs, die ihn für unerfahren hielten und nach der Abschlachtung des II. Korps der US Army durch das Afrikakorps bei Kasserine in Tunesien 1943 noch lauter wurden. Doch als Oberbefehlshaber zeigte er Talent für Stabsarbeit und Führungsaufgaben, was entscheidend war, wenn Briten, Amerikaner und ihre Alliierten an D-Day effektiv zusammenarbeiten sollten.

Air Chief Marshal Sir Trafford Leigh-Mallory kommandierte Jagdgeschwader 12 in der Schlacht um Großbritannien und verfolgte danach mit Gruppe 11 eine aggressive Politik gegen die deutsche Luftwaffe jenseits des Kanals. 1942 wurde er Chef des Jagdgeschwaderkommandos und ein Jahr später Kommandant der alliierten Expeditionsluftstreitkräfte.

Leigh-Mallory, Befürworter der „Big-Wing“-Taktik in der Schlacht um Großbritannien und teurer Jagdangriffe auf Nordfrankreich, war ein energischer R.-A.-F.-Offizier, der die Luftangriffe auf deutsche Streitkräfte in der Normandie koordinieren sollte. Als Oberbefehlshaber der alliierten Luftstreitkräfte bei Operation Overlord sollte sein größter Beitrag zum Transportplan in der Zerstörung von Straßen- und Bahnverbindungen bestehen, was die Normandie isolierte.

Gegen seine Versuche, schwere Bomber von USAAF und R. A. F. unter sein Kommando zu bringen, leisteten Harris und Gen. Spaatz, die Kommandeure der 8. und 15. Luftstreitkräfte, Widerstand, doch alliierte Jagdflugzeuge und Bomber genossen totale Luftüberlegenheit über der Normandie-Front und der Transportplan war sehr effektiv.

USA-3036947

HULL

Diese Männer, die das SHAEF-Hauptquartier bildeten, waren kurz davor, tausende Männer und Frauen sowie gewaltige Mengen an Material für eine Operation zu verpflichten, wie sie in dieser Größe noch nie stattgefunden hatte.

STUNDE NULL MINUS 12

Bis 3. Juni hatte Schönwetter geherrscht, dann schlug es um. Ursprünglich waren die Landungen für den 4. und 5. Juni geplant, und viele waren enttäuscht, als sie schließlich abgesagt wurden. Manche Männer waren bereits auf See, als sie Befehl erhielten, in den Hafen zurückzukehren. Durch Schlechtwetter und vor Nervosität wurden sie seekrank. Gen. Bradley sah die Auswirkungen voraus: „Die hohe Motivation dieser Soldaten würde nun stumpf werden und die Seekrankheit nach einem Tag auf dem böigen Kanal ihren Tribut fordern."

Jene, die noch nicht an Bord gegangen waren, wurden in die Zelte und in ihre Betten zurückgeschickt. Sergeant Ian Grant vom 45. königlichen Marinekommando erzählte, dass „die Absage nicht begeistert aufgenommen wurde ... die Männer waren mürrisch und kritisierten die höheren Befehlsränge".

Doch draußen auf See erinnerte sich Lt. Gregson von der Königlichen Artillerie: „Wir waren weit draußen auf dem Kanal, es war dunkel und stürmisch, als der Funkspruch ‚Rückkehr zur Basis' kam. Die Spannung löste sich und ich atmete erleichtert auf, weil die große Kraftprobe für den Moment aufgeschoben war."

In Eisenhowers Hauptquartier wurden die Wetterkarten eingehend studiert. Am 4. Juni um 21.30 Uhr sagte sein oberster meteorologischer Offizier, Group Captain J. M. Stagg, für den nächsten Tag eine kurze Besserung voraus. „Zum Glück geschah das fast Unglaubliche", sagte Stagg. „Ich sagte ihm am Sonntag, dass wir eine Pause zwischen zwei Tiefs erwarteten. Ich überzeugte ihn davon, dass die ruhigere Phase am Montag eintreffen und bis Dienstag anhalten würde."

Nach einer Besprechung mit seinen obersten Kommandanten entschied der Oberbefehlshaber, dass der Angriff am 5. und 6. Juni stattfinden sollte. Es war eine einsame Entscheidung, denn sein Stellvertreter, Air Chief Marshal Tedder, und die anderen Luftwaffenoffiziere waren nicht begeistert; sie fürchteten, dass tief hängende Wolken gezielte Luftangriffe verhindern würden. Die Marineoffiziere waren dafür und Montgomery versetzte: „Ich würde sagen, los." Bedell-Smith beobachtete Eisenhower und war ergriffen von seiner „Einsamkeit und Isolation". Nach einer langen Stille sagte der Oberbefehlshaber ruhig: „Ich bin mir ziemlich sicher, dass wir den Befehl geben müssen... Es gefällt mir nicht, aber hier ist er." Nachher sollte Eisenhower zugeben: „Ich musste so riskante Dinge tun, dass sie schon fast verrückt waren."

Links: US-Fallschirmspringer zeigen sich prahlerisch mit rasierten Köpfen und skalpierten Locken. Als die Deutschen am D-Day einige von ihnen gefangen nahmen, hielt man sie für Insassen von Sing Sing, dem berüchtigten US-Gefängnis.

Mit welchen Worten schickte er amerikanische, britische und kanadische Soldaten letztlich in diesen Großangriff? Am 5. Juni um 4.00 Uhr sagte er: „Ok, los geht's." Andere Zeugen meinten, es wäre eher „Okay, volle Pulle!" gewesen.

Als Eisenhower die Entscheidung fällte, peitschten Wind und Regen gegen die Fenster der Bibliothek in Southwick House, seinem Hauptquartier an D-Day auf den Kalkhügeln über Portsmouth. Stagg sollte Recht behalten, denn am Nachmittag konnten die alliierten Luftstreitkräfte bei ausgezeichnetem Flugwetter die deutschen Verstärkungen auf dem Weg zu den Stränden angreifen und die entscheidende Verzögerung herbeiführen, die Montgomery gefordert hatte.

DAS WETTER AUS DEUTSCHER SICHT

Major Hans von Luck, ein erfahrener Panzeroffizier von der 21. Panzerdivision, schilderte die Lage auf der anderen Seite es Kanals: „Jeden Tag arbeiteten Marinemeteorologen die Großwetterlage aus und gaben sie an uns weiter; für 5. und 6. Juni gaben sie ‚Entwarnung'. Wir erwarteten keine Landung, da schwerer Seegang, Stürme und tiefe Wolken groß angelegte Operationen zur See und zur Luft unmöglich machten."

Hätte sich Eisenhower gegen den 6. Juni entschieden, wären die nächsten Tage mit guten Bedingungen zwischen 17. und 19. Juni gelegen. Die Geschichte wäre vielleicht ganz anders verlaufen, da der Kanal am 19. Juni von den schwersten Stürmen seit Jahrzehnten heimgesucht wurde, obwohl das Wetter tags zuvor noch ideal gewesen war. Sie waren so heftig, dass sie den Mulberry-Hafen „A" bei Omaha zerstörten.

Trotz der strengen Geheimhaltung ahnte die Bevölkerung Südenglands, dass die Zweite Front bevorstand. Die Straßen, auf denen reger Militärverkehr geherrscht hatte, lagen nun still da und gewaltige Vorräte an Munition, Treibstoff, Verpflegung, Ersatzteilen, LKWs, Panzern und Geschützen füllten jede freie Stelle rund um Flugfelder und Häfen. Am nächtlichen Himmel dröhnten die Flugzeuge.

Die Art und Weise, wie Soldaten, Flieger und Seeleute die letzten Stunden auf britischem Boden verbrachten, hing von ihrem Alter und ihrem Temperament ab. Nachdem sie eingeweiht worden waren, durften sie die Lager nicht mehr verlassen; in deren Umfeld patrouillierte die Militärpolizei.

Für die Soldaten, die als Erste an Land gehen sollten, war plötzlich nur noch wenig zu tun. Es gab frisch zubereitetes

Essen und in manchen Lagern wurden Kinos improvisiert. Viele lasen, spielten Würfel oder Karten oder saßen einfach da, rauchten und hingen Tagträumen nach. Manche Männer wurden beim Kartenspielen „reich“ und stopften speziell gedruckte französische Franc, „Invasionsgeld“, in ihre Uniformen, wobei sie sich bewusst waren, dass sie diesen Reichtum nur genießen konnten, wenn sie D-Day überlebten.

Andere überprüften zum letzten Mal Montur und Ausrüstung – saß sie gut, hatte alles das richtige Gewicht, wie greifbar waren Magazine, Granaten, Munition? Viele britische Kommandos verachteten Helme und würden mit ihren typischen grünen Baretts, die ihnen nach der Operation Jubilee bei Dieppe 1942 verliehen worden waren, an Land gehen. Die Fallschirmjäger jedoch überprüften den festen Sitz ihrer Helme, damit sie sicher am Kopf klebten, wenn sie in den Windschatten des Flugzeugs absprangen.

In dem Wissen, dass es in den nächsten Stunden und vielleicht Tagen keine regulären Mahlzeiten geben würde, verstauten sie ihre Eintagesrationen sorgfältig. Die Amerikaner hatten eine „D“-Ration – drei große Schokoriegel – und eine „K“-Ration, eine Dosenmahlzeit. Briten und Kanadier führten selbsterhitzende Dosensuppe und Kakao für die Überfahrt und „24-Stunden“-Rationen für die Zeit nach der Landung in Frankreich mit.

FIELD MARSHAL SIR BERNARD LAW MONTGOMERY

Field Marshal Sir Bernard Law Montgomery hatte im Ersten Weltkrieg an der Westfront gekämpft, war schwer verwundet worden und bekam den DSO verliehen. Er kehrte 1939 nach Frankreich zurück, wo er die 3. Division kommandierte und am Rückzug aus Dünkirchen beteiligt war. Er war klein und hatte eine schrille Stimme, und als Nichtraucher und strikter Abstinenzler war er eine eher eigenartige Figur in der britischen Armee. Bekannt wurde er als Kommandant der 8. Armee, mit der er im Oktober 1942 in Nordafrika Rommels Afrika-Korps bei El Alamein besiegte. Obwohl er genaue Geheimdienstinformationen über den schlechten Zustand des Afrika-Korps hatte, zögerte er, es nach dem Sieg weiter zurückzudrängen. Unter Eisenhowers Kommando vernichteten die angloamerikanische 1. und die britische 8. Armee die Deutschen in Tunesien. Montgomery befehligte den britischen Sektor in Sizilien und führte die 8. Armee nach Italien. Im Januar 1944 wurde er zur Planung der Invasion Europas berufen.

In der Nacht der Invasion, gegen 23.00 Uhr, erhielt ich einen Anruf von einer Französin, die ich nicht kannte, und sie sagte zu mir: „Hauptmann Fromm, wir alle wünschen Ihnen in den nächsten Stunden viel Glück.“ Ich war einigermaßen perplex.

Hauptmann Curt Fromm
6. Kompanie, 100. Panzerbrigade, 22. Panzerdivision

Man studierte Karten und Luftaufnahmen, sodass man mit der Lage von feindlichen Bunkern, Hindernissen, Minenfeldern und Landmarken vertraut war. Fallschirmjäger prägten sich das Muster von Feldern und die Position von Gebäuden auf den Luftaufnahmen ein, sodass sie sich bei ihrer Landung in der Nacht orientieren konnten.

Manche Männer, die wussten, dass sie in den nächsten Tagen tot oder schwer verwundet sein konnten, hatten sorgfältig formulierte Briefe an Frauen oder Geliebte geschrieben. Als das 4. US-Kavallerieregiment über Nacht aus dem Dorf Singleton in Sussex in Richtung seiner Sammelstelle zum Einschiffen nach Frankreich ausrückte, öffnete eine Hausfrau ihre Vorhänge und sah „seltsame Pakete auf dem Fensterbrett“. Das waren die Brieftaschen von Soldaten, die Fotos ihrer Familien oder Freundinnen und andere kleine persönliche Schätze enthielten, zusammen mit der Bitte, sie möge sich um sie kümmern, bis sie sich wieder melden konnten.

ABSCHIEDSBRIEFE

Lt. Ian Hammerton, ein junger britischer Offizier, der einen Dreschflegelpanzertrupp kommandierte, erzählte, dass man hoffte, die Abschiedsbriefe nie abschicken zu müssen. Viele Briefe waren einfach gehalten, ohne Offenbarung oder Emotionen, weil man wusste, sie würden von Zensoren gelesen, drückten aber Dankbarkeit und Zuneigung aus. Ein junger Soldat schrieb seiner „nächsten Verwandten“, seiner Mutter:

Liebe Mama
… vielleicht hörst du ein oder zwei Wochen nichts von mir, denn wir sind etwas beschäftigt. Mach Dir keine Sorgen, was immer du in den Zeitungen liest. Ich mach's wieder gut mit einem langen Brief, sobald ich kann.
In Liebe,
Charlie.

Rechts: Beladen mit Waffen und Ausrüstung und ihren einfachen Schwimmhilfen rücken GIs zu einem Infanterielandungsboot (LCI) vor, das an der Mole für den D-Day bereit liegt. Außer Munition führten sie Rationen und einfache Verbandskästen mit.

PC 2

Oben: DUKWs mit britischen oder kanadischen Infanteristen auf dem Weg zu den Schiffen, die sie über den Kanal brachten. Das Foto stammt von einer Übung, denn die See ist ruhig. Am 5. Juni 1944 herrschte so schlechtes Wetter, dass die Landungen 24 Stunden verschoben wurden.

Persönliche Briefe und Dokumente, die für Geheimdienst oder Propaganda bedeutend sein konnten, wurden verbrannt. Das Wissen, dass das Training beendet war und sie nun ein gemeinsames Schicksal teilten, vereinfachte die Beziehungen zwischen Soldaten, Unteroffizieren und Offizieren. Klassenunterschiede waren unwichtig. Die Männer sollten ihr Leben für ihren Offizier riskieren, sei er ein junger Subalterner oder ein erfahrener Brigadier, und er wiederum sollte sie führen und die ihm anvertrauten Leben schützen.

Commander MOW Miller von der Royal Navy, der ein Landungsgeschwader anführen sollte, erinnert sich an den Wechsel vom Frühjahr zum Sommer 1944: „Als die Blüten fielen, wurde uns klar, dass der Albtraum bald Realität sein würde und die Apfelblüten des nächsten Jahres ein zweifelhafter Traum, den viele von uns nicht mehr sehen würden."

An einem nasskalten Sommerabend beschmierten Fallschirmjäger ihr Gesicht mit Tarncreme – in manchen Fällen eine improvisierte Mischung aus Leinöl und Kakaopulver. Manche Amerikaner ließen sich Skalps im Stil der Mohikaner schneiden und malten sich „Kriegsbemalung" ins Gesicht. Für Leutnant Martin Pöppel vom 6. deutschen Fallschirmjägerregiment waren die ersten, in den frühen Morgenstunden des 6. Juni gefangenen US-Fallschirmjäger eine Überraschung: „Man brachte mehr Gefangene herein, große, grobschlächtige Figuren. Ist das die amerikanische Elite? Sie sehen aus als wären sie aus Sing Sing [ein hartes US-Gefängnis]."

Die alliierten Fallschirmjäger, die den Kanal überqueren sollten, hatten die Aussicht, in einem überfüllten Transportflugzeug zu fliegen, voll beladen mit Waffen und Ausrüstung, und auf der anderen Seite unter Beschuss auf offene Strände abzuspringen. Für sie war es ein Sprung ins Ungewisse.

SIR ARTHUR TEDDER

Der 1890 geborene Tedder trat 1916 dem Royal Flying Corps bei und flog Bomben- und Aufklärungseinsätze an der Westfront. 1918 wechselte er zur neuen R. A. F. und wurde 1939 Generaldirektor für Forschung und Entwicklung im Luftfahrtministerium. Zwei Jahre später wurde er in den Nahen Osten versetzt, zuerst als stellvertretender Kommandant, dann als Oberbefehlshaber der alliierten Luftstreitkräfte. 1943 brachte ihn seine Ernennung zum Oberbefehlshaber der Mittelmeer-Luftstreitkräfte und deren Operationen in Tunesien, Sizilien und Italien in Kontakt mit Eisenhower, der ihn im Januar 1944 zum stellvertretenden Oberbefehlshaber der Operation Overlord machte. Wie Eisenhower erkannte auch er, dass nationale Rivalitäten die Koalition untergraben und sogar zerstören konnten; mit „Geduld, Takt, Klugheit und politischem Gespür" arbeitete er dagegen an. Eisenhower hielt ihn für einen umsichtigen Strategen und „einen der wenigen gro-ßen militärischen Führer unserer Zeit". Gemeinsam mit dem Wissenschaftler Solly Zuckerman und britischen Bahnexperten ersann Tedder den „Transportation Plan", der die deutschen Verbindungslinien zur Normandie unterbrach.

Die Männer, die vom Meer aus landen würden, machten die letzte Fahrt auf dem LKW zum Hafen, gingen an Bord der Landungsboote und begannen dann auf engstem Raum, manche zum zweiten Mal, die harte Reise über den Kanal, die nur die Mägen der hartgesottensten Seeleute vertrugen. Ein Soldat vom East-Yorks-Regiment erinnerte sich, dass die Soldaten einen tadellos gekleideten Militärpolizisten erblickten, als die Barkasse ablegte, die sie vom Kai zum Angriffsschiff brachte.

„Aus sicherer Entfernung schnaubten die Kollegen verächtlich vom Boot aus, wissend, dass er nichts tun konnte, und riefen dem Redcap gut aufgelegt Beleidigungen und Schimpfwörter zu, doch er zuckte nicht einmal mit der Wimper. Der Offizier salutierte und ich könnte schwören, dass ich ein Lächeln auf seinem Gesicht gesehen habe."

An Bord der USS *Chase* teilte der Fotograf Robert Capa die GIs in drei Gruppen ein, die Spieler, die Planer und die Schreiber von Abschiedsbriefen. Die Spieler befanden sich auf dem Oberdeck und sahen zu, wie tausende Dollars wegen zwei rollender Würfel die Besitzer wechselten.

Die Planer studierten unter Deck Gummilandkarten der Küste, an der sie landen würden. Er sagte: „Die Zugsführer suchten sich ihren Weg zwischen Gummidörfern und hielten nach Deckung hinter Gummibäumen und in Gummigräben Ausschau."

Die Gruppe der Briefschreiber, „versteckte sich in Ecken und schrieb in schönen Sätzen, dass sie ihre Lieblingswaffe dem kleinen Bruder hinterließen und ihr Geld der Familie".

Fallschirmjäger warteten bis zum Einbruch der Dunkelheit, bevor sie ihre Dakota-Transportmaschinen bestiegen.

Der nächste Tag würde den Verlauf des Krieges ändern. Alan Moorehead erklärte: „Der Geist konnte vorwärts sehen, bis zum Einschiffen und bis zur Landung. Doch dann war da eine Leere, eine Art Wand, die der Geist nicht durchdringen konnte."

Mit den Worten von Feldmarschall Erwin Rommel, der sich am 22. April 1944 mit seinem Adjutanten, Hauptmann Helmut Lang, unterhielt, war dieser Tag, von dem er wusste, dass er früher oder später kommen würde, sowohl für die Alliierten als auch für die Deutschen *„der längste Tag"*.

KAPITEL FÜNF

STUNDE NULL

Die Luftlandungen in der Normandie waren entscheidend für die Sicherung der Ausgänge von Utah Beach für die Amerikaner und der linken Flanke der Briten. Innerhalb dieser größeren taktischen Aufgabe gab es mehrere kleinere, bei denen Brücken erobert oder zerstört oder Küstenbatterien ausgeschaltet werden sollten. Doch zuvor mussten sich die verstreuten Fallschirmjäger zu Gruppen zusammenfinden – und das rasch und leise, nachts auf fremdem Gebiet.

ALS ERSTE SETZTEN SICH am D-Day die 13.400 Fallschirmjäger und Segelgleiter von der 82. und 101. US-Luftlandedivision sowie die 6255 Mann der britisch-kanadischen 6. Luftlandedivision in Bewegung. Ihr Auftrag bestand darin, die rechten und linken Flanken der Invasionsstrände zu sichern, bevor die Hauptlandungen stattfanden.

Ebenso rückte das SAS, das an mehreren Operationen in der Nähe der Normandie-Strände beteiligt war, in diesen frühen Morgenstunden aus. Eine der Operationen mit dem Decknamen „Titanic" schien ihrem unglücklichen Namen gerecht zu werden, als sieben Mann vom 1. SAS südlich von Carentan in der Normandie absprangen. Sie waren Teil eines Ablenkungsplans, der den Deutschen eine größere Luftlandung anstelle einer vom Meer her vorgaukeln sollte. Captain John Tonkin erinnerte sich, dass zwei SAS-Offiziere „weiß wie die Wand" aus Colonel Paddy Maynes Zelt in Fairford, Gloucestershire, herauskamen, nachdem sie ihre Befehle für die Operation „Titanic" erhalten hatten.

Links: Pfadfinder-Offiziere von der 22. unabhängigen Fallschirmjägerkompanie in Harwell stehen am 5. Juni vor der C-47, die sie nach Frankreich bringen wird. Von links nach rechts: Lieutenants Robert de Latour, Donald Wells, John Vischer und Captain Robert Medwood.

Oben: Britische Soldaten besteigen ein Airspeed Horsa Segelflugzeug, dessen Rumpf mit kämpferischem Graffiti verziert ist. Ein Mann hat eine Axt, falls es nach einer Bruchlandung nötig wird, sich freizuhacken. Die Gleiter bestanden zum Großteil aus Holz und Segeltuch.

Zum Ablenkungsplan gehörten 29 Stirling-and-Halifax-Bomber von den R.-A.-F.-Staffeln Nr. 90, 138, 149 und 161. Sechs davon warfen Waffenbehälter ab, die Sand, Fallschirmspringerattrappen (aus Säcken mit kleinen Fallschirmen) und Sprengvorrichtungen mit der Bezeichnung „Pintail Bombs“ enthielten. Pintail Bombs landeten vor den Attrappen und feuerten Leuchtpatronen ab, um eine Empfangsgruppe in einer Absprungzone zu simulieren. An jeder Attrappe war ein Feuerwaffensimulator befestigt, der sie nach einer gewissen Zeit explodieren ließ und etwa fünf Minuten lang das Geräusch eines MGs nachahmte.

Als sich der 19-jährige Gefreite Walter Hermes, ein Motorradkurier von der 21. deutschen Panzerdivision, im Büro des Hauptfeldwebels meldete, fragte ihn dieser: „Wollen Sie unseren ersten Gefangenen sehen? Er steht hinter der Tür.“ Hermes erzählte: „Ich drehte mich rasch um und sah eine lebensgroße Puppe aus einer Art Gummi, überall mit Feuerwerkskörpern behängt. Ich sagte: ‚Bei Gott, wenn die Alliierten die Invasion mit diesen Dingern gewinnen wollen, sind sie verrückt. Sie versuchen nur, uns Angst zu machen.‘“

Das Kriegstagebuch der 352. Division berichtete, dass ein US-Fallschirmjägeroffizier, der um 4.35 Uhr vom 916. Grenadierregiment gefangen genommen wurde, den explosiven Inhalt der Fallschirmspringerattrappen bestätigte.

ABLENKUNG DURCH DAS SAS

In der Zwischenzeit waren die SAS-Leute weit verstreut gelandet und konnten unter all den Attrappen die echten Waffencontainer nicht finden. Ohne sie konnten sie wenig ausrichten und tauchten daher unter. Am 10. Juli wurden sie von einer deutschen Patrouille entdeckt und in dem Feuergefecht wurden drei Mann verwundet. Später kehrte eine größere Gruppe deutscher Fallschirmjäger schwer bewaffnet mit leichten Maschinenpistolen, MP40-Maschinengewehren und Gewehren an die Stelle zurück. Sie hatten blasse Gesichter

EIN TORPEDO FÜR STACHELDRAHT

Der Bangalore-Torpedo, benannt nach der Munitionsfabrik in Indien, in der er im Ersten Weltkrieg entwickelt worden war, bestand aus einem Gußeisenrohr mit 40 bis 50 mm Durchmesser und 2,4 m Länge. Er enthielt zwischen 4,5 und 5,4 kg Amatol-Sprengstoff mit Zünder und Sicherheitszünder. Die Rohre konnten mit einem „männlichen“ Bolzen und einem „weiblichen“ Bajonettschlitz zusammengefügt werden. An der Spitze konnte ein spitzer Holzbug befestigt werden, damit der Torpedo nicht an Stacheldraht oder Pflanzen hängen blieb, wenn er in das Hindernis gesteckt wurde. Idealerweise sollte der Torpedo nicht am Boden, sondern mitten im Stacheldraht explodieren, da so die Explosion effektiver war. Am hinteren Ende war ein Sicherheitsauslöser eingebaut, mit Zünder, Zündkapsel und Sicherheitszünder eingebaut. Bei der Detonation zerstückelten die Splitter des Eisenmantels den Stacheldraht und schufen eine 0,76 bis 3 m breite Lücke im Hindernis, abhängig von Stärke und Entfernung der Pfosten.

und wirkten nervös. Doch Widerstand wäre zwecklos gewesen und die Gruppe war gezwungen, sich zu ergeben.

Operation Titanic mag wie ein Fehlschlag wirken, doch in Kombination mit den in der Nacht verstreut abgesprungenen Männern der 82. und 101. US-Luftlandedivision genügte „Titanic“, um General Kraiss, den befehlshabenden Kommandanten der deutschen 352. Division in Reserve hinter Omaha Beach, davon zu überzeugen, dass sich ein größerer Luftlandeangriff entwickelte. Um 3.00 Uhr rief er sein Reserveregiment ein und sie fuhren in die Dunkelheit, um die Wälder südöstlich von Isigny abzusuchen. Daher waren diese Männer nicht verfügbar für das, was der tödliche Gegenangriff auf die Amerikaner auf Omaha Beach hätte sein sollen.

Im Osten war der entscheidende Angriff auf die Batterie in Merville im Gange. Lieutenant Colonel Terence Otway, kommandierender Offizier des 9. Bataillons, 3. Fallschirmjägerbrigade, standen 35 Offiziere und 750 Mann für die Aufgabe zur Verfügung. Sie waren bestens ausgebildet und mit Panzerabwehrgeschützen, Jeeps, Sturmleitern, Bangalore-Torpedos und Sprengstoff ausgerüstet.

Sie hatten den Angriff an einer lebensgroßen Reproduktion der deutschen Stellung geübt, die Bulldozer bei West Woodbury in der Nähe von Newbury, England, geschaffen hatten. Laut Plan sollte der Großteil des Bataillons mitsamt Ausrüstung per Fallschirm und Segelflugzeug in der Nähe der Batterie landen. Ein Aufklärungstrupp sollte den Weg durch das schützende Minenfeld gesäubert und markiert haben. Die Männer sollten einen konventionellen Infanterieangriff starten, während gleichzeitig eine 60-Mann-Einheit, darunter Soldaten von der 591. Fallschirmjägerstaffel, Pioniere, in drei Segelflugzeugen auf den Kasematten landete.

Zusätzlich sollten 100 R.-A.-F.-Avro-Lancaster-Bomber zehn Minuten vor dem Angriff der Fallschirmjäger die Batterie mit 635.000 kg Bomben pulverisieren.

Doch im Morgengrauen des 6. Juni standen die Männer vor einer ganz anderen Situation. Am 5. Juni um 23.20 waren die Dakotas von der 519. Staffel, die die Männer vom 9. Fallschirmjägerbataillon befördern sollten, von Broadwell gestartet. Zur selben Zeit starteten in Down Ampney Schleppflugzeuge, die die sieben Versorgungssegelflieger schleppten.

Unten: Private Frank Gardner, Captain Brian Priday, stellvertretender Kommandant der Kompanie D, 2. Bataillon Oxfordshire and Buckinghamshire Leichte Infanterie, sowie Lance Corporal B. Lambley bei der Pegasus-Brücke am 6. Juni.

> Als ich absprang, sah ich mich um und sah andere Schirme herunterkommen. Ich schlug auf, zog meinen Schirm aus, nahm mein Sten-Gewehr und sah mich wieder um, doch ich konnte niemanden entdecken! Doch eines war in mein Gehirn gebrannt: Ich musste zum Treffpunkt. Die Befehle des Colonels lauten: ‚Keine privaten Feuergefechte. Ab zum TREFFPUNKT UND DAS WAR'S!'
>
> *Private Les Cartwright*
> *9. Bataillon, 3. Fallschirmjägerbrigade*

Drei Segelflieger mit den Sturmsoldaten an Bord starteten vom Flugplatz Brize Norton am 6. Juni um 2.30 Uhr.

Wind, schlechte Navigation und feindliche Flak verteilten Fallschirmjäger und Segler über ein großes Gebiet. Die Piloten hatten die Flüsse Orne und Dives verwechselt, und über die Hälfte des Bataillons landete fern der Landezone (DZ).

150 MANN GEGEN EINE BATTERIE

Um 2.50 Uhr bestand eine Einheit, die 635 Mann stark hätte sein sollen, aus nur 150 – jede Kompanie umfasste nur 30 Mann. Col. Otways Ausrüstung für den Angriff bestand aus einem MG und ein paar Längen Bangalore-Torpedos.

Die Männer sammelten sich in der Nähe von Gonneville, um auf die R.-A.-F.-Bomber zu warten. Diese trafen ein, warfen ihre Last ab und verfehlten die Batterie völlig. Stattdessen zerstörten sie Gonneville, was zu weiterer Irritation führte.

Zum Glück war das Aufklärungsteam gut gelandet, hatte den Stacheldraht durchschnitten, das Minenfeld von Hand geräumt und drei Wege durch das gefährliche Gelände gelegt.

Unerschrocken griff die kleine Einheit unter Otway in einem Anfall von Mut und Improvisationstalent an und neutralisierte die deutsche Stellung. Bei einem der drei Segler, die auf der Batterie landen sollten, war das Schleppseil gerissen, sodass er nach England zurückkehrte. Ein zweiter Pilot hielt das Feuer in Gonneville für sein Ziel, nahm an, dass es zerstört war, und landete in sicherem Abstand. Otways Truppe konnte dem Piloten nichts signalisieren, da die Leuchtpatro-

Unten: Eine Karte der Landezonen der britischen Luftlandetruppen am D-Day, einschließlich der Brücken über die Orne und den Caen-Kanal, letztere bekannter als Pegasus-Brücke. Die Segelflieger und Fallschirmjäger gerieten am D-Day unter schweren Beschuss.

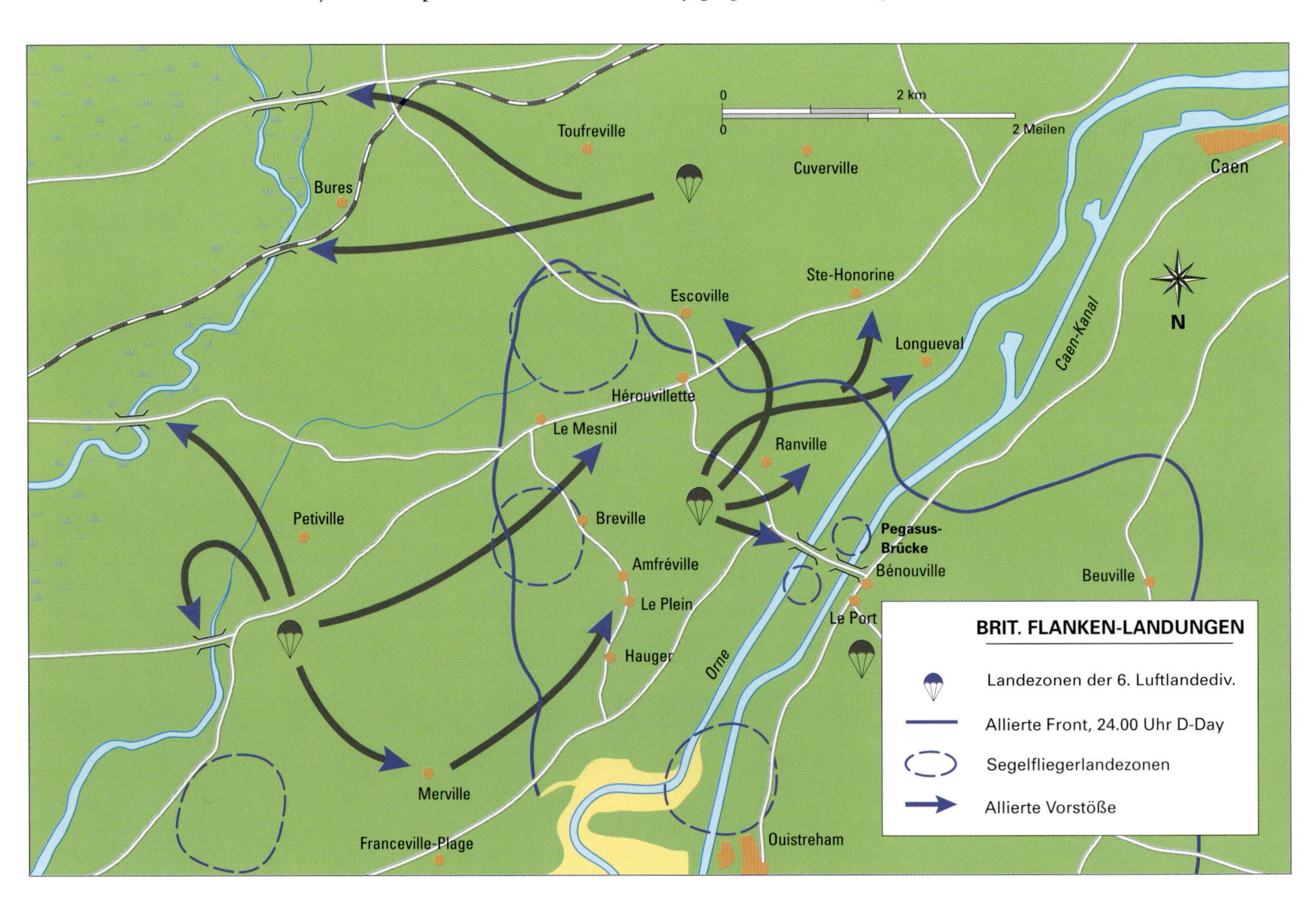

Oben: GAL Hamilcar Segelflugzeuge befördern leichte gepanzerte Fahrzeuge in die Nähe von Ranville während der zweiten Phase der britischen Luftlandungen durch die 6. Luftlandebrigade am Nachmittag des 6. Juni. Bemerkenswert ist der für Gleiter steile Anflugwinkel.

nen bei der chaotischen Fallschirmlandung verloren gegangen waren. Der dritte Segler kam tief über der Batterie herein und wurde von einer deutschen 2-cm-Flak beschossen. Er stürzte ab und die Überlebenden wurden sofort von einer Kampfpatrouille, die zur Verstärkung der Stellung anrückte, angegriffen. Doch der Absturz half den Alliierten, denn er lenkte von Otways Einheit ab, die den restlichen Stacheldraht mit ihren Bangalore-Torpedos sprengte und die Batterie von hinten angriff.

Der Kampf dauerte 30 Minuten; 65 Fallschirmjäger wurden getötet, 30 verwundet, 22 Mann wurden gefangen genommen. Doch die Briten wussten nicht, dass sich viele Angehörige der deutschen Garnison (vom 1716. Artillerieregiment unter dem Kommando von Leutnant Rudolf Steiner und Batterie-Feldwebel Buskotte zusammen mit Soldaten vom 736. Grenadierregiment) in den Kommando- und Vorratsbunkern versteckten, die auf den Luftaufnahmen bloß wie Grashügel ausgesehen hatten.

Otway stellte fest, dass die Kasematten nicht die vermutete mächtige 15-cm-Artillerie beherbergten, sondern veraltete, im Ersten Weltkrieg erbeutete Skoda-100-mm-Feldgeschütze mit der Reichweite von nur 8 km. Sie wurden zerstört und ein Erfolgssignal gefunkt. Dann zogen die Fallschirmjäger ab, da sie nicht wussten, ob die HMS *Arethusa* draußen auf See ihr Signal empfangen hatte oder die Batterie bombardieren würde. Sie hatte und eröffnete das Feuer nicht.

Nun kamen die Überlebenden der deutschen Garnison aus dem Versteck, um die Stellung wieder zu übernehmen. Ein zweiter Angriff war nötig, diesmal geführt vom 3. Kommando mit Feuerunterstützung von der HMS *Arethusa*, um die Merville-Batterie endlich zu sichern.

In kurzer Entfernung davon fand ein anderer Luftlandeangriff statt, wie auf der Salisbury Plain in England geübt. Der Unterschied für die Männer von der 2. *Oxfordshire and Buckinghamshire* Leichte Infanterie („Ox and Bucks") bestand darin, dass dieser Angriff echt war und dass in ihren Reihen der erste Mann war, der am D-Day sterben sollte.

Ein britischer Segelfliegerpilot mit rotem Barett. Anders als die US-Piloten waren die britischen voll ausgebildete Soldaten, von denen man viel erwartete.

Die Brücken über den Caen-Kanal und die Orne überspannten zwei gewaltige Wasserhindernisse und wurden von einer Garnison von 50 Mann verteidigt, die vermutlich aus besetzten Ländern stammten, aber von deutschen Unteroffizieren und Offizieren geführt wurden. In der Nähe lagen Teile des 736. Grenadierregiments der 716. Infanteriedivision. Man glaubte, dass sie über einige Panzer verfügten und die Brücken zur Zerstörung vorbereitet hatten.

Die volle, Major Howard unterstellte Streitmacht war die Kompanie D mit zwei Zügen der Kompanie B und einer Abordnung von Pionieren der 249. Luftlandefeldkompanie, deren Aufgabe es war, die Zerstörung zu verhindern. Sie wurden in sechs Horsa-Segelflugzeugen befördert, geschleppt von Halifax-Bombern von der 298. und der 644. Staffel.

Die Bomber starteten um 22.56 Uhr von Tarrant Rushton und die Gleiter wurden in 1900 m Höhe über der französischen Küste östlich von Merville ausgehängt. Die Schlepper flogen dann zur Ablenkung einen Bombenangriff auf eine Zementfabrik in Caen. Fünf der sechs Gleiterpiloten fanden die richtige Landezone. Horsa 94 landete 13 km entfernt bei zwei Brücken über den Dives, die wie das Zielgebiet aussahen. Ihre Besatzung von Kompanie D kämpfte sich zur 6. Luftlandedivision durch und verlor dabei vier Mann.

In der Zwischenzeit landete Staff Sergeant Wallwork Horsa 91 mit Maj. Howard, Lt. Den Brotheridge und Zug A an Bord bei der Caen-Kanalbrücke. Ein Stacheldrahtverhau stoppte den Gleiter um 0.16 Uhr 47 m vor der Brücke. Horsa 92, geflogen von SSgt. Boland, mit Lt. D. J. Wood und Zug B an Bord, kam eine Minute später herein und landete wenige Meter daneben. Horsa 93 mit Lt. Smith und Zug C an Bord landete in der Nähe, schlitterte jedoch in einen Teich, wo sechs Männer eingeschlossen wurden. Später meinte der sehr kritische Air Chief Marshal Leigh-Mallory, dass diese Landungen ein fliegerisches Meisterstück waren.

Auf der Bénouville-Brücke (bald bekannt als Pegasus-Brücke) dachte Gefreiter Helmut Römer, der Wachtposten auf der Drehbrücke, der Lärm stamme von einem abstürzen-

Unten: Deutsche Infanteristen marschieren an den Überresten eines alliierten Truppentransportseglers in der Normandie vorbei. Segelflieger, die auf ihrem Einfachflug nach Frankreich beschädigt wurden, ergaben tolle, wenn auch irreführende Propagandafotos für die deutsche Presse.

MIT DEM FALLSCHIRM IN DEN KRIEG

Die Briten verwendeten Fallschirme vom Typ X mit einem Durchmesser von 8,5 m und einer 55 cm großen Öffnung in der Mitte. Die ersten Modelle bestanden alle aus Seide, doch später wurden „Ramtex" genannte Baumwollschirme eingeführt. Gegen Kriegsende wurden schließlich Nylonschirme hergestellt. Es gab 28 Schnüre zu je 6,3 m Länge, aus Nylon oder Seide, mit einer Minimalbelastbarkeit von 181,4 kg. Das Geschirr hatte eine minimale Reißfestigkeit von 1361 kg. Sämtliche Metallteile waren aus Edelstahl gegossen. Männer, die mit diesen Schirmen abgesprungen waren, meinten, der Aufprall bei der Landung sei mit einem Sprung aus 4,5 m Höhe vergleichbar.

Ausrüstung wie Mörser, Funkgeräte und kleine Waffen wurden in so genannten Central-Landing-Establishment-(CLE-) Containern abgeworfen. Das waren Kisten aus Holz und Metall mit einer seitlichen Klapptür; bei einem Durchmesser von 38 cm und 1,82 m Länge konnten sie bis zu 272 kg befördern. Bei der Landung wurde der Inhalt nicht beschädigt, da im unteren Ende eine Art Stoßdämpfer eingebaut und am oberen Ende ein 3- oder 4,8-m-Schirm befestigt war. CLE-Container passten in einen Bombenschacht, und als die Bomber größer wurden, wuchsen auch die Behälter (bis zu 3,3 m). Für manche Lasten wurden Weidenkörbe verwendet, während man Motorräder in Holzkisten packte. Jeeps und Panzerabwehrkanonen befestigte man direkt im Schacht von Bombern wie dem Handley Page Hastings. Unter den Achsen wurden Stoßdämpfer zum Aufprallschutz angebracht.

Die US-Luftlandetruppen verwendeten den T-7-Fallschirm, entwickelt aus dem T-4. Er hatte ein Dreipunktgeschirr und wurde mittels Karabinerhaken und breitem Leinenband eng an den Rücken des Trägers gepresst. Wie der deutsche Fallschirm war der T-4 ein „Riesenschirm", der dem Träger beim Öffnen einen beachtlichen Ruck versetzte. Doch man konnte damit aus geringerer Höhe abspringen und musste weniger Zeit in der Luft verbringen, was die Sicherheit erhöhte.

Die Landezonen für Fallschirmjäger und Container war meistens ein offenes, 731,5 x 183 m großes Gelände am Rand eines Waldes, in dessen Deckung die Behälter geöffnet und ihr Inhalt verteilt werden konnte. Man positionierte Bauernkarren, um die Container rasch zu bergen. Auf dem Boden befanden sich ein Eureka-Zielflugradarsignal und ein Mann mit einer Signalleuchte. Die Flugzeuge waren mit einem Ortungsgerät mit dem Codenamen „Rebecca" ausgestattet, das die Entfernung sowie die Richtung nach Steuerbord oder Backbord auf einer vertikalen Skala anzeigte. Für den endgültigen Anflug zündete die Resistance als optischen Fixpunkt für den Piloten drei Leuchtfeuer im Abstand von 92 m an. Die Container wurden aus 92 bis 184 m Höhe abgeworfen.

den Flugzeug, und reagierte nicht. Die Männer vom *Ox and Bucks* brachen hervor, warfen Granaten in die Schießscharten der Bunker am rechten Ufer und stürmten die Brücke. Die Überraschung war perfekt, doch als Lt. Brotheridge über die Brücke lief, wurde er von Maschinengewehrfeuer tödlich verwundet. Sein Grab befindet sich nicht auf einem Commonwealth-Kriegsgräberfriedhof, sondern auf dem nahe gelegenen Kirchenfriedhof von Ranville, wo er sofort nach den Kämpfen beigesetzt worden war.

Die Luftlandepioniere unter Captain Neilson entfernten rasch die an der Brücke angebrachten Sprengladungen und machten sie sicher.

EINE BRÜCKE UM MITTERNACHT

An der Orne-Brücke östlich dieser Kämpfe landete Horsa 95 mit ihrem Piloten SSgt. Pearson sowie Lt. „Tod" Sweeny und Zug E 400 m vom Ziel entfernt. Horsa 96, geflogen von SSgt. Howard, landete näher an der Brücke und Lt. Fox und seine Männer vom Zug F stürmten heraus. Sie eroberten ihr Ziel ohne Verluste und stellten fest, dass es nicht zur Zerstörung vorbereitet worden war.

Das Signal für die Eroberung der Kanalbrücke war „Ham", das für die Flussbrücke „Jam". Howard begann, die knappe, aber triumphale Nachricht „Ham and Jam" zu funken. „Während ich sprach, konnte ich kaum glauben, dass wir es geschafft hatten." Die Operation hatte 10 Minuten gedauert.

Die Männer hielten die Position und schlugen Gegenangriffe sowohl auf der Straße zurück, wo ein Piat-Schütze ein deutsches leichtes Panzerfahrzeug zerstörte, als auch auf dem Fluss, wo ein kleines Patrouillenboot auftauchte. Auf der Flussbrücke zerschossen „Tod" Sweeneys Männer ein Fahrzeug. Aus dem Wrack taumelte Brückenkommandant Maj. Hans Schmidt, der verlangte, erschossen zu werden, weil er „seine Ehre verloren" hätte. Die amüsierten britischen Soldaten fanden in seinem Wagen Damenwäsche und Parfüm. Offenbar hatte der Offizier in dieser Nacht anderes im Kopf.

Um 3.00 Uhr trafen Männer vom 7. Fallschirmjägerbataillon ein, die die Verteidigung verstärkten. Gegen 13.30 Uhr

Oben: Grimmig blickende Luftlandesoldaten graben sich mit dem Pickel am Rand der Landezone Ranville ein, wo 250 Segelflugzeuge landeten und leichte Artillerie, Panzerfahrzeuge und dringend benötigte Verstärkungen für die 6. Luftlandedivision mitbrachten.

hörten sie Dudelsackpfeifen, mit dem Lord Lovats Pfeifer, Bill Millen, Lovats 1. Sonderbrigade begleitete. Die Kommandos waren auf Sword Beach gelandet und hatten sich landeinwärts vorgearbeitet.

Am linken Ufer des Kanals in Höhe der Drehbrücke hatte ein unternehmungslustiger Franzose ein Café aufgebaut – ein idealer Ort, um von passierenden Schiffen zu profitieren. Im Juni 1944 gehörte es einem Ehepaar, den Gondrées. Es wurde zum Regimentssanitätsposten (RAP) für die *Ox and Bucks*, doch es sprach sich schnell herum, dass das erleichterte Pärchen 99 von Monsieur Gondrée versteckte Flaschen Champagner entkorkte, um die Befreiung zu feiern. Howard erzählte, dass alle Männer in der Gegend plötzlich einen Grund fanden, das RAP aufzusuchen. Dort war Madame Gondrée von so vielen Luftlandesoldaten geküsst worden, dass ihr Gesicht mit brauner Tarnfarbe verschmiert war. Das Café war das erste Haus, das am D-Day befreit wurde, und ist heute ein Schrein für Luftlandeoperationen.

VIER LANDEZONEN

An der linken Flanke der D-Day-Luftlandungen hatte die 6. Luftlandedivision unter Major General „Windy" Gale, bestehend aus der 3. Fallschirmjägerbrigade unter Brigadier Poett und der 5. unter Brigadier Hill, vier Landezonen (DZs).

> Abgesehen von Feuergefechten machten die Soldaten viel Lärm, weil sie Codenamen zur Identifizierung in die Dunkelheit riefen. Es herrschte ein schreckliches Geschwätz: „Able-Able-Able", „Baker-Baker-Baker", „Charlie-Charlie-Charlie" und „Sapper-Sapper-Sapper" klang es aus allen Richtungen; neben MG-Feuer, Leuchtspurgeschossen und Granaten war die Hölle los und hätte jeden unentschlossenen feindlichen Soldaten in die Flucht geschlagen.
>
> *Major John Howard*
> *Oxfordshire and Buckinghamshire, Leichte Infanterie*

Nördlich und westlich der Pegasus-Brücke lag DZ „W“ für sieben Einheiten des 7. (Yorkshire-)Bataillons, östlich davon lag DZ „N“, wo das 7., 12. und 13. Bataillon landen sollten. Sie sollten das Gebiet für die Segelgleiter der 6. Luftlandebrigade sichern, die am Abend des D-Day folgen würden. Im Süden, in der Nähe von Escoville, sollte das 8. Fallschirmjägerbataillon in DZ „K“ landen und im Norden, bei Varaville, das kanadische 1. Fallschirmjägerbataillon und das britische 9. Bataillon in DZ „V“. Die Männer, die in DZ „W“ und „N“ landeten, sollten die Brücken, die Maj. Howard erobert hatte, sichern. Die Kanadier und die Briten von DZ „K“ und „V“ sollten die Brücken über den Fluss Dives in Troarn, Bures, Robehomme und Varaville zerstören, während das 9. Bataillon die Batterie bei Merville neutralisieren sollte.

Die DZs lagen in Ackerland mit spärlich bewaldeten Hügeln. Im Süden befand sich ein großer Wald, der Bois de Bavent. Es war wichtig, die Hügel bei Bréville im Osten einzunehmen, um die Sicherheit der britischen linken Flanke zu gewährleisten. Die Deutschen erkannten dies rasch und verteidigten sie hartnäckig, was ihnen auch bis sechs Wochen nach dem D-Day gelang. Die 346. und 711. deutsche Infanteriedivision in diesem Gebiet führten rasche Gegenangriffe und die Linien vermischten sich in Wäldern und Hecken.

Zwischen 0.10 und 0.20 Uhr waren 60 Pfadfinder von der 22. unabhängigen Fallschirmjägerkompanie abgesprungen, um die DZs mit Licht und Rebecca-Eureka-Funkortungsgeräten zu kennzeichnen. Darunter war Lt. Bob de Latour, der später in dem britischen Magazin *Picture Post* in der Ausgabe vom 22. Juli als „erster“ in Frankreich gelandeter alliierter Soldat vorgestellt wurde. Mit seinen Kollegen Don Wells, John Vischer und Bob Midwood wurde er am Abend des 5. Juni beim Uhrenvergleich fotografiert. In der Ausgabe desselben Magazins vom 9. September fand sich die Notiz, dass der junge Offizier am 20. Juni bei den schweren Kämpfen bei Ranville gefallen war.

Das schlechte Wetter und Flak zerstreute die Pfadfinder und sie landeten zu weit östlich der vorgesehenen DZs. Als die Haupteinheit eintraf, war deren Landung daher ebenfalls nicht so konzentriert wie erhofft, und viele Männer ertranken im überfluteten Tal des Flusses Dives.

Im Gebiet der 5. Brigade begann Lt. Col. Pine-Coffin, die Männer des 7. Bataillons unter Benutzung eines Jagdhorns zu sammeln. Bis 4.00 Uhr hatten sie einen weiten Umkreis um die Brücken gesichert.

Die DZ für die Segelflugzeuge war für die Landung der Gleiter, die Versorgungsgüter und Panzerabwehrwaffen an Bord hatten, ausreichend vorbereitet. Doch von 68 Horsa und vier größeren Hamilcar-Segelfliegern landeten nur 52 heil, entweder wegen Flakschäden oder wegen des Wetters.

Die Fallschirmjäger konnten 44 Jeeps, 55 Motorräder, 15 mittlere und zwei schwere Panzerabwehrgeschütze bergen. An Bord einer Hamilcar kam ein leichter Bulldozer an, der bei der Vorbereitung der DZ für die zweite, größere Landungswelle an diesem Abend unschätzbar wertvoll war.

Rechts: Das Grab von Lt. Den Brotheridge auf dem Friedhof von Ranville. Er starb an der Pegasus-Brücke – der erste britische Soldat, der am D-Day fiel. Die Widmung neben dem Grabstein ließ die Familie Gondrée anbringen.

Oben: Die „Pegasus-Bücke", die Brücke über den Caen-Kanal bei Bénouville, nach ihrer Befreiung. Die von den Briten eingenommenen Brücken über den Kanal und den Fluss Orne wären ein hervorragendes Hindernis gewesen, wenn sie in deutschen Händen geblieben wären.

Beim ersten Tageslicht starteten die Deutschen schwere Gegenangriffe auf die Luftlandetruppen. Zusätzlich zu den örtlichen Regimentern von der 716. Infanteriedivision unter Generalleutnant Wilhelm Richter und der 711. unter Generalmajor Josef Reichert wurde die 21. Panzerdivision entsandt. Diese war für die leicht bewaffneten und ausgerüsteten Fallschirmjäger, die kaum Panzerabwehrwaffen oder überhaupt schwere Waffen besaßen, eine ernste Gefahr.

Richter hatte im Ersten und im Zweiten Weltkrieg in Polen, Belgien und Flandern gekämpft. Nach dem Einmarsch in der UdSSR befehligte er das 35. Artilleriekommando beim Vorstoß auf Leningrad und später bei Kämpfen in der Nähe von Moskau. An D-Day traf seine Division das volle Gewicht des Luft- und Seebombardements und der Großteil der Angriffe der britischen 2. Armee. Trotzdem war sie noch immer in der Lage, den Weg nach Caen zu blockieren.

Am Nachmittag des D-Day begab sich Reichert in Begleitung der Generäle Hans von Salmuth und Hofmann zu einer vorgelagerten Geschützstellung bei Mont Canisoy. Von hier aus konnten sie das östliche Ende der Invasionsstrände sehen. Reichert sah die Transporter vor der Küste und die Landungsboote, die Verstärkung an den Strand brachten.

„Ich glaubte noch immer nicht, dass das die Hauptinvasion war", erzählte er später. „Ich dachte, es war ein Überfall wie in Dieppe, damit eine Situation entstand, die mehrere deutsche Einheiten in einen Strudel ziehen würde, sodass dann eine große Invasion anderswo folgen konnte."

Diese durch Fortitude South genährte Illusion, der alliierte Ablenkungsplan, funktionierte nach wie vor.

In Bénouville verlor das 7. Bataillon alle Offiziere, die entweder getötet oder verwundet wurden, als Panzer und Infanterie das Dorf angriffen. In Ranville wurde das 13. Bataillon unaufhörlich vom 125. Panzergrenadierregiment angegriffen, hielt jedoch die Stellung, bis sie am Nachmittag von Kommandos abgelöst wurden.

Das 1. kanadische Fallschirmjägerbataillon landete gut, zerstörte die vorgesehenen Brücken und errichtete Verteidigungsstellungen im Nordosten des Bois de Bavent und von Robenhomme.

Das 8. Bataillon jedoch wurde weit verstreut; nur 120 Mann sammelten sich in der DZ. Sie hatten keine Pioniere und nur genügend Sprengstoff, um zwei der drei geplanten Brücken zu zerstören. Allerdings konnten sich Luftlandepioniere zu den Brücken durchschlagen und sie bei Bures treffen. Pioniere unter Maj. „Rosie" Roseveare liehen einen Jeep von einem Sanitätsoffizier, um nach Troarn zu fahren. Unterwegs gerieten sie an einer deutschen Straßensperre unter schweren Beschuss, erreichten jedoch die Brücke und zerstörten sie, indem sie ein 6-m-Loch in das Bauwerk sprengten.

EIN FLIEGENDER PANZER: DER LEICHTE TETRACH-PANZER (A17)

Der Tetrach, von Vickers 1937 unter dem Namen „Purdah" privat entwickelt, wurde 1938 von der britischen Armee als Leichter Panzer Mk VII in Dienst gestellt. Die Produktion begann 1940, wurde aber bald eingestellt, als man erkannte, dass leichte Panzer auf modernen Schlachtfeldern immer verwundbarer wurden.

Der Tetrach hatte eine dreiköpfige Besatzung und war mit einer 40-mm-Kanone sowie einem 7,92-mm-Besa-Maschinengewehr bewaffnet. Seine Panzerung war 4 bis 14 mm stark. Er hatte eine Länge von 4,11 m, war 2,31 m breit, 2,10 m hoch und wog 7,6 Tonnen.

Der Panzer wurde von einem Meadows-12-Zylinder-Dieselmotor angetrieben, der bei 2700 U/min 165 PS entwickelte. Er erreichte maximal 64 km/h und hatte eine Reichweite von 225 km.

Anders als frühere Fahrzeuge seiner Klasse verwendete der Tetrach eine modifizierte Christie-Aufhängung, mit der man die Vorderräder lenken und die Raupen für eine Kurve leicht beugen konnte. Damit beseitigte man das Problem des Kraftverlustes, der auftrat, wenn man den Panzer mittels der Raupen steuerte. Wenn ein engeres Manöver nötig war, wurde automatisch eine Kette gebremst, damit der Panzer eine konventionelle Raupenwendung machen konnte. Die Aufhängung wurde durch pneumatische Stoßdämpfer an jedem der vier Reifen gebildet. Über eine Fußpumpe wurde der richtige Druck aufrechterhalten.

Das Hamilcar-Segelflugzeug, das den Panzer transportierte, hatte zwei Mann Besatzung, war 20,72 m lang und besaß eine Spannweite von 33,53 m. Außer dem Tetrach konnte es auch zwei Bren-Geschützträger oder zwei Scout-Fahrzeuge befördern. Von den nur von den Briten verwendeten Hamilcars wurden im Krieg 412 Stück gebaut.

JEEP-FAHRT IN DIE GEFAHR

Für den 22jährigen Sgt. Bill Irving war das eine denkwürdige Fahrt. „Je näher wir kamen, umso mehr wurden wir beschossen und umso schneller fuhr Roseveare mit dem Jeep. Ich saß vorne und feuerte mit meinem Sten-Gewehr auf alles, was sich bewegte. Ein Deutscher mit einem MG sprang auf die Straße, um uns zu erwischen, doch er überlegte es sich anders und machte, dass er fortkam. Roseveare fuhr wie ein Verrückter im Zickzack von einer Seite zur anderen."

Roseveare erzählte über das Feuergefecht in Troarn: „Das war ein Spaß, denn es sah so aus, als stünde in jedem Hauseingang ein schießwütiger Boche." Leider wurde der Bren-Schütze, der auf dem Heck des mit Sprengstoff überladenen Gefährts positioniert war, bei der Fahrt abgeworfen.

Gegen 21.00 Uhr trafen die 6. Luftlandebrigade unter Brigadier Kindersley und andere Divisionssoldaten in 256 Segelflugzeugen ein.

Jene 142, die in DZ „N" landeten, beförderten hauptsächlich das 1. Bataillon, *Royal-Ulster*-Regiment. Doch 30 große Hamilcars brachten unglaublicherweise 20 leichte Tetrach-Panzer und neun Bren-Geschützträger vom 6. Luftlandepanzeraufklärungsregiment heran.

Die in DZ „W" gelandeten 104 Horsa-Gleiter brachten den Rest des 2. *Ox and Bucks*-Bataillons sowie acht leichte 75-mm-Geschütze von der 211. Luftlandebatterie.

Gegen 9.30 Uhr wurde General Gale, der mit den Pfadfindern absprang, der erste General, der am D-Day in der Normandie landete. Mit Brig. Poett und Brig. Kindersley inspizierte er die Pegasus-Brücke und gratulierte Howard.

Gegen Ende des 6. Juni hatten die britischen und kanadischen Luftlandestreitkräfte alle ihre Aufträge durchgeführt, obwohl von den gelandeten 4800 Mann nur 3000 wie geplant gekämpft hatten. Die Orne-Brücke war eingenommen und gehalten worden, Ranville und die DZs waren sicher, es gab eine Verbindung zu den Kommandos der 1. Sonderbrigade, die Batterie bei Merville war neutralisiert und die Brücken im Osten über den Dives zerstört. Man hatte nur sieben der 260 für die Luftlandungen eingesetzten Flugzeuge verloren, doch von den 98 Segelfliegern hatten 22 ihre DZ nicht erreicht. Manche kamen nicht einmal bis Frankreich, weil ihr Schleppseil gerissen war, andere landeten am falschen Ort.

Von den 196 Männern des Segelflugregiments, die am D-Day geflogen waren, fielen 71.

An der rechten Flanke der alliierten Landungen traten die 82. US-Luftlandedivision *All American* unter dem Befehl von Maj. Gen. Matthew B. Ridgway und die 101. Luftlandedivision *Screaming Eagles* unter Maj. Gen. Maxwell Taylor vor dem Morgengrauen in Aktion. Ihre Aufgabe bestand darin, die Dämme, die von Utah Beach über das Überschwemmungsgebiet landeinwärts führten, zu sichern. Sie sollten die Übergänge über die Flüsse Merderet und Douvre unter ihre Kontrolle bringen und den deutschen Vormarsch auf der Route Nationale 13 verhindern. Die Fallschirmjäger sollten die DZs für die nachfolgenden Segler sichern.

Der 101. wurden drei DZs zugeteilt. Das 502. Fallschirmjägerinfanterieregiment (PIR) sollte westlich von St-Germain de Varreville in DZ „A" landen, das 506. PIR in DZ „C", westlich von Ste-Marie-du-Mont, und das 501. PIR in DZ „D", östlich von St-Côme-du-Mont und nördlich der Straßen- und Eisenbahnübergänge über die Flüsse Douve und Groule. DZ „C" sollte für Segelflieger vorbereitet werden. DZ „O", westlich von Ste-Mère Eglise, würde Landezone für das 505. PIR sein, während das 507. und 508. PIR westlich des Merderet in DZ „T" und „N" landen sollten. Versorgung und Verstärkung durch das 325. Regiment sollte mit Segelgleitern zu den DZ südlich von Ste-Mère Eglise gebracht werden. Insgesamt sollten 13.000 Mann in dem Gebiet landen; allein die Fallschirmtruppen würden 822 Transportflugzeuge benötigen.

Von Anfang an hatte Leigh-Mallory Einwände gegen diese Pläne; er meinte, dass die Flak in dieser Gegend, auf den gut verteidigten Kanalinseln und rund um Cherbourg zu stark war und dass weder Abwurf- noch Landezonen für Fallschirmspringer und Segelflieger geeignet waren. Er schätzte, dass die Verluste der US-Streitkräfte mindestens 75 Prozent betragen würden. Doch Montgomery bestand mit Bradleys Hilfe auf dem Plan.

Links: Ein Fallschirmjäger von der 101. Luftlandedivision Screaming Eagles, *bewaffnet mit einem M1A1-Klappkarabiner.*

Rechts: Beladen mit Ausrüstung, Fallschirm und „Bazooka", einem 60-mm-Panzerabwehrraketenwerfer M1A1, besteigt ein Soldat von der 101. Luftlandedivision eine Douglas C-47 Skytrain. Stunden später sollten hunderte solche Männer über der Normandie abspringen.

Nur zwei Wochen vor D-Day hatten die alliierten Strategen erfahren, dass die frische 91. deutsche Luftlandedivision (zu der das 6. Fallschirmjäger-Eliteregiment gehörte) unter Generalleutnant Wilhelm Falley im Gebiet der DZ für die 82. Luftlandedivision stationiert worden war. Falley hatte sich an der Ostfront ausgezeichnet, wo ihm das Ritterkreuz verliehen worden war. Nachdem er 1942 verwundet worden war, unterrichtete er an den Militärschulen in Döberitz und Posen.

GENERAL FRIEDRICH DOLLMANN

Dollmann hatte im Ersten Weltkrieg gedient, doch anders als seine Zeitgenossen war er in den vier Kriegsjahren kaum zum Einsatz gekommen. Doch er war ein geschickter „politischer Soldat" und hatte sich als Bayer bei den Führern der Nazi-Partei eingeschmeichelt, von denen viele aus Süddeutschland stammten, und das hatte seine Karriere beschleunigt. Das Leben in Frankreich war vergnüglich gewesen, und am D-Day war er 62, übergewichtig und bei schlechter Gesundheit. Außerdem hatte er sich auch bezüglich Waffen und Taktik nicht auf dem Laufenden gehalten. Er hatte keine Ahnung von der geballten Feuerkraft der Alliierten oder von Panzerkampftaktik. Als er die Panzer-Lehrdivision und die 12. SS-Panzerdivision an die Front schickte, befahl er, bei Tag vorzurücken, doch Funkstille zu wahren. Das führte zu Chaos bei den Lehr-Panzern. Alliierte Jagdflugzeuge zerstörten bei Bodenangriffen 40 Tankwagen und 84 Kettenfahrzeuge sowie fahrbare Geschütze und unzählige andere Fahrzeuge. Der wütende Divisionskommandant meinte: „Als ob Funkstille Jagdbomber und Aufklärer davon abgehalten hätte, uns auszumachen!" Als der Hafen Cherbourg am 26. Juni fiel, bezichtigte Hitler Dollmann der Fahrlässigkeit; er wurde durch den erfahrenen und hoch kompetenten SS-Obergruppenführer Paul Hausser ersetzt. Nun war der Druck für den kränkelnden Dollmann zu groß; er erlitt eine massive Herzattacke und starb am Morgen des 29. Juni. Hitler gab einen positiven Nachruf in Auftrag.

Nach seiner Rückkehr in die UdSSR befehligte er die 246. Infanteriedivision und trug dazu bei, die sowjetische Winteroffensive 1943/1944 zum Stehen zu bringen.

GESPRÄCHE MIT DEN SOLDATEN

Der US-Luftlandeplan wurde geändert, doch Leigh-Mallory blieb skeptisch. Eine Woche vor D-Day schrieb er, möglicherweise mit einem Auge auf die Historie, an Eisenhower, dass langsame Truppentransporter, Schlepper und Segelgleiter, die auf steter Höhe flogen, für die Flak leichte Ziele darstellten. Außerdem wäre überflutetes Sumpfgebiet für schwer beladene Fallschirmjäger in der Dunkelheit ein potenziell tödliches Gelände. Es wäre eine „höchst spekulative Operation". Eisenhower las den Brief und verwarf ihn.

Kay Summersby, Eisenhowers britischer Chauffeur, fuhr ihn am Abend des 5. Juni zum Zeltlager des 502. Fallschirmjägerregiments der 101. Luftlandedivision in Greenham Common, Newbury. Dort sprach Eisenhower mit Maxwell Taylor und dann, in einem der denkwürdigsten Filme der Operation, informell mit den jungen Fallschirmspringern. Die Gesichter mit Tarnfarbe beschmiert, hörten sie aufmerksam zu.

Unten: „Aufstehen. Einhängen." US-Fallschirmjäger in einer C-47 beginnen das letzte Ritual, bevor die Befehle „In der Tür stehen … Rot … Grün … Los!" sie in den Himmel über Nordfrankreich befördern würden. Sicherheitsleinen sorgten dafür, dass sich die Schirme öffneten.

Oben: Eine berühmte Aufnahme von Eisenhower, der Männer der 101. anspornt, bevor sie sich am 5. Juni 1944 nach Frankreich einschifften. Eisenhower war sehr nervös – er wusste, welches Wagnis die Alliierten mit der Invasion eingingen und was eine Niederlage bedeuten würde.

Das Gespräch war informell und sehr typisch für Ike.

„Welche Funktion haben Sie, Soldat?“

„Munitionsträger, Sir.“

„Woher sind Sie?“

„Pennsylvania, Sir.“

„Haben Sie diese Schultern im Bergwerk bekommen?“

„Ja, Sir.“

Unter den Soldaten, mit denen Eisenhower sprach, war Lt. Wallace C. Strobel, der Sprungmeister der Kompanie E. Es war der 22. Geburtstag des jungen Offiziers, doch obwohl er unter der Tarnfarbe anonym war, trug er als Sprungmeister ein Schild mit der Nummer 23. Strobel überlebte den Krieg und erinnerte sich, dass der Oberbefehlshaber einfach fragte: „Wie heißen Sie, Lieutenant?“ und „Woher sind Sie?“.

Als einer der Fallschirmjäger die Sorgenfalten auf Eisenhowers Gesicht sah, grinste er und sagte: „Nun machen Sie sich mal keine Sorgen, General, wir kümmern uns schon darum.“ Als Ike sich abwandte, standen Tränen in seinen Augen.

Später in seinem Wagen sagte er leise zu Kay Summersby, dessen Diskretion und Unterstützung unschätzbar wertvoll waren: „Ich bete zu Gott, dass ich weiß, was ich tue.“

Teilweise sollten sich Leigh-Mallorys Befürchtungen bewahrheiten. In den dichten Wolken konnten die Pfandfinderflugzeuge nicht exakt navigieren und setzten die Pfadfinder in den falschen Gebieten ab. Flak erwies sich als weniger große Bedrohung als angenommen, doch da die Piloten versuchten, ihr zu entgehen, flogen sie entweder zu schnell oder

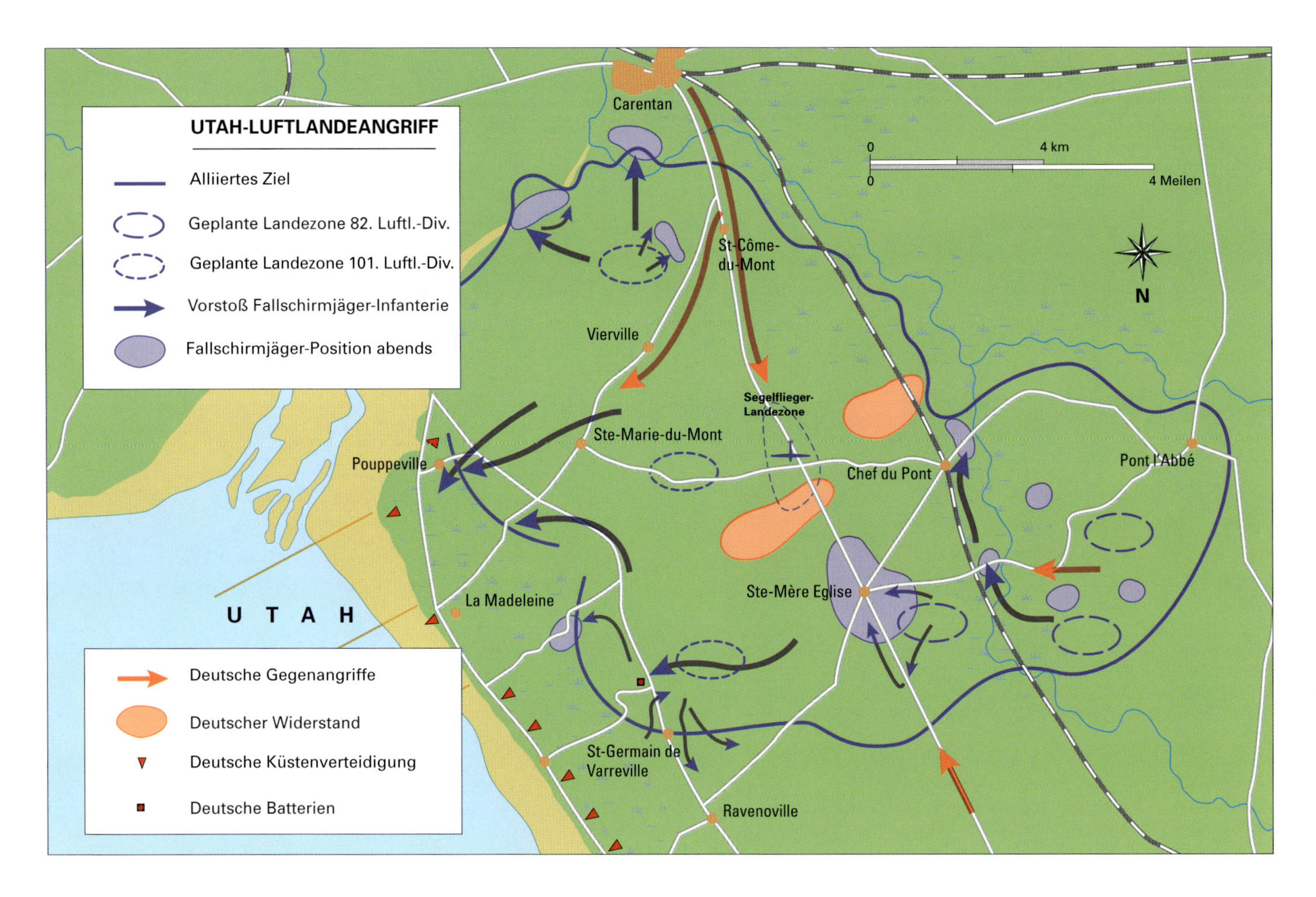

Oben: Die US-Luftlandungen sicherten die westlichen Flanken des alliierten Brückenkopfes, bevor die Strandlandungen begannen. Ein wichtiger Faktor für die amerikanischen Fallschirmjäger waren die riesigen Überschwemmungsgebiete, in denen viele Soldaten ertranken.

in der falschen Höhe für einen sicheren Absprung. Entscheidend war, dass die Männer über ein weites Gebiet verstreut landeten und daher keine Gruppen formieren konnten. Für die Fallschirmjäger am Boden war es schrecklich, zu hören, wie Dakotas zu tief flogen; sie wussten, die Schirme ihrer Kameraden würden sich nicht mehr korrekt öffnen.

Ein Anblick, den ich nie vergessen habe ... eine Bildergeschichte vom Tod eines Luftlandesoldaten der 82. Er hatte ein deutsches Schützenloch besetzt und machte es zu seinem persönlichen Alamo. Im Halbkreis um das Loch lagen neun tote deutsche Soldaten. Der dem Loch am nächsten lag, war nur 1 m entfernt, die Granate noch in seiner Faust. Die anderen lagen so, wie sie gefallen waren, Zeugen des heftigen Gefechts. Er hatte noch die Munitionsbänder um die Schultern, leer ... Überall leere Magazine. Sein Gewehrkolben war zerbrochen. Er hatte allein gekämpft und war, wie viele in dieser Nacht, allein gestorben.

Private John E. Fitzgerald
502. PIR, 101. Luftlandedivision

GEGENANGRIFF AUF UTAH

Das Gebiet der US-Fallschirmspringer wurde von der 243. und 709. statischen Infanteriedivision verteidigt, die zwar zum Großteil aus zweitklassigen Soldaten bestanden, aber über Panzer, selbstfahrende Geschütze und gewöhnliche Artillerie verfügten. Sie wurden verstärkt durch die 91. Division mit einer Batterie von zwölf 8,8-cm-Pak/Flak-Geschützen. Es ist Ironie des Schicksals, dass unter den ersten deutschen Gefallenen des D-Day auch Gen. Falley war, der von einer Besprechung in Rennes zu seinem Hauptquartier zurückeilte.

Die Kommandanten und höheren Offiziere der 91., 77., 709., 352. und 716. Division hatten dem Studientag in Rennes beigewohnt; Thema war „die Verteidigung gegen eine luft- und seegestützte Invasion auf der Halbinsel Cotentin“. Viele der höheren Offiziere, die nicht am Studientag teilnahmen, den Gen. Dollmann, Kommandant der 7. Armee, angesetzt und Gen. Meindl vom II. Fallschirmkorps organisiert

> Als ich mich in den Graben duckte, brach die Hölle los. Wir waren in einen Hinterhalt geraten. Der Deutsche hinter der Hecke hatte seine Waffe auf vollautomatisch gestellt und überzog alles mit einem Kugelhagel. Sofort kamen auch Schüsse aus den Häusern und aus den Büschen … Die Deutschen waren in der Überzahl, gut positioniert und fest entschlossen, St-Côme-du-Mont zu verteidigen. Da waren wir also, 180 m nördlich von St-Côme-du-Mont, vor einer Einheit mit überlegener Feuerkraft. Wir hatten keine automatischen Waffen, keine Funkgeräte, nur unsere halbautomatischen Gewehre und ein paar Pistolen. Wir kannten einander kaum, aber das änderte sich schnell und wir arbeiteten gut zusammen.
>
> *Captain Sam Gibbons*
> *501. PIR, 101. US Luftlandedivision*

hatte, waren nicht in ihrem Hauptquartier. Die Abwesenheit so vieler höherer Offiziere am D-Day veranlasste den paranoiden Hitler, eine Untersuchung anzuordnen, die prüfen sollte, ob dies ein Werk des britischen Geheimdienstes war.

Bei einer Befragung nach dem Krieg war Generalleutnant Karl von Schlieben, der die 709. Division befehligte, überzeugt, dass General Falley, hätte er überlebt, einen ausgewogenen Gegenangriff mit Unterstützung von Artillerie, Flak und Panzern gegen Utah Beach geführt hätte.

Von den beiden US-Luftlandedivisionen kam die 82. mit geringeren Verlusten davon. Sie landete westlich von Ste-Mère Eglise und beiderseits des Merderet. Das 505. PIR landete in der geplanten DZ; 1./505. marschierte westwärts, um Straßen- und Bahnbrücken zu sichern, 2./505. deckte die nördlichen Zugänge zu Ste-Mère Eglise. 3./505. unter Lt. Col. Edward „Cannonball" Krause näherte sich Ste-Mère Eglise und der Colonel beschloss, die Stadt anzugreifen. Die Verteidiger, Österreicher von einer Flak-Transporteinheit, konnten durch das Überraschungsmoment vertrieben werden. Die Bürger erinnerten sich an sie als freundliche Besatzer mit wenig Freude am Krieg.

Um 4.00 Uhr wurde die Stadt eingenommen und jene Fahne, die das 3./505. über dem befreiten Neapel gehisst hatte, wurde am Rathaus aufgezogen. Die deutsche 91. Division unternahm mehrere aggressive Gegenangriffe, doch obwohl die Amerikaner 5:1 unterlegen waren, hielten sie die Stadt, wenngleich bei Tagesende nur noch 16 von 42 am Leben waren. Die Männer, die sich den Weg in die Stadt erkämpften, fanden ihre toten Kameraden des 2./505., die direkt auf den Dächern und Bäumen gelandet waren. Der Gefreite John Steele war mit seinem Fallschirm am Kirchturm hängen geblieben und hatte sich in seinem Geschirr tot gestellt – die Deutschen ignorierten ihn während des Gefechts und nahmen in später gefangen.

Die anderen beiden Regimenter der Division waren westlich des Merderet verstreut auf Sumpfgelände gelandet, das auf Luftaufnahmen wie Weideland ausgesehen hatte. Viele Soldaten ertranken in der Dunkelheit, als sie sich mit Fallschirm und Ausrüstung in dem überschwemmten Flusstal abmühten. Unter den Überlebenden war Deputy Divisional Commander Maj. Gen. James „Jumpin' Jim" Gavin. Er sammelte eine Einheit von 100 Mann und hielt das kleine Dorf La

Unten: Die Kirche Ste-Mère Eglise heute: Eine Puppe stellt Private John Steele dar. Steele gab vor, tot zu sein, während er am Turm festhing, sich nicht bewegen konnte und die Kämpfe unter ihm beobachtete. Er wurde später gefangen genommen.

Oben: Kriegsbeute. US Fallschirmjäger halten eine Hakenkreuzfahne, die vorher benutzt worden war, um deutschen Unterstützungsflugzeugen deutsche Stellungen am Boden zu signalisieren. Diese Jäger hatten Glück – sie schlossen sich am 7. Juni 1944 den Strandlandungen an.

Fière, das westlicher Außenposten für Ste-Mère Eglise wurde. Die Division war durch Fluss und Sumpf getrennt, wodurch die Brücken in Chef du Pont und La Fière entscheidend für Verbindung und Kommunikation wurden. Am D-Day war Gavin mit 37 Jahren Brigadegeneral. Er hatte in Nordafrika, Sizilien und Salerno gekämpft und war höherer Luftlanderatgeber des COSSAC. Im August 1944 erhielt er das Kommando über die 82. Luftlandedivision, als jüngster Mann in dieser Position in der US-Armee im Zweiten Weltkrieg.

Ein Großteil der von den Segelflugzeugen abgeworfenen Ausrüstung ging verloren, weil die Fallschirmjäger keine Zeit hatten, die DZs vorzubereiten oder zu markieren. Von der Ausrüstung des 456. Artillerie- und des 80. Panzerabwehrbataillons gingen an die 60 Prozent verloren. Manches endete als unerwartetes Geschenk an das 6. deutsche Fallschirmjägerregiment, das den Inhalt der verstreuten Container rasch inspizierte und die wunderbaren US-Rationen entdeckte – Schokolade, Tabak, Kondensmilch und Instantkaffee.

Die 101. Luftlandedivision war über ein fast 650 km² großes Gebiet zwischen Ste-Mère Eglise und Carentan verstreut. Die Piloten vom IX. Truppentransportkommando (TCC) unter Maj. Gen. Paul Williams hatten eine komplexe gekrümmte Flugroute und da sie mit der Flak nicht vertraut waren, hatten sie durch Manöver die Verbindung zueinander verloren. Nebel und Wolken trugen zur Verwirrung bei. Am D-Day flog das IX. TCC 1606 Einsätze, schleppte 512 Segler und verlor 41 Flugzeuge sowie neun Gleiter.

Im Morgengrauen hatten sich von den 6600 Mann der 101. Luftlandedivision nur 1100 am richtigen Treffpunkt gemeldet und bis zum Abend nur weitere 1400 gesammelt. Manche waren über 40 km von der geplanten DZ abgesprungen. Am Boden stellten die Männer fest, wie schwierig es war, sich nachts in kleinen, von dichten Hecken begrenzten Feldern zu orientieren. Doch die Zerstreuung hatte einen Vorteil: Sie verwirrte die Deutschen, die kein Muster in den Landungen erkennen und daher keinen Gegenangriff planen konnten.

General Maxwell Taylor landete südlich von Ste-Marie-du-Mont. Die Divisionsgeschichte besagt, dass der „Kommandant von 14.000 Mann sich ohne einen einzigen davon in Sicht- oder Hörweite auf einem Schlachtfeld wiederfand; jeder Befehl, den er gegeben hätte, hätte nur ein paar neugierige normannische Kühe erreicht."

Im Vergleich zu Gavin war Taylor mit seinen 43 Jahren alt. Er hatte an Einsätzen in Nordafrika und Sizilien teilgenommen und war im September 1943 hinter den deutschen Linien in Italien eingedrungen, um die Fähigkeit der Italiener einzuschätzen, eine US-Luftlandung bei Rom zu unterstützen. Er meinte, es würde eine Katastrophe werden und Eisenhower sagte sie ab. Über Taylors Auftrag schrieb Eisenhower: „Das Risiko, das er einging, war größer als alles andere, worum ich einen Agenten oder Boten im Krieg gebeten habe."

Taylor hatte das Kommando über die 101. Luftlandedivision in England erhalten, nachdem sein Vorgänger, Gen. Bill

Lee, „der Vater der amerikanischen Luftlandeoperationen", einen Herzanfall erlitten hatte. Lee hatte die Division aufgebaut und seine Männer bei seiner Eröffnungsrede in den USA mit den Worten angespornt: „Die 101. hat keine Geschichte, aber ein Rendezvous mit dem Schicksal."

Die Verluste an Männern und Ausrüstung aufgrund der Überflutungen an der Küste waren schwer. Das 456. Fallschirmartillerieregiment verlor elf von seinen zwölf 75-mm-Geschützen, setzte jedoch das verbliebene gut ein.

Nachdem sie Selbstvertrauen gewannen und Landmarken ausmachten, gingen die Männer der 101. auf ihre Ziele los.

DIE 101. IN AKTION

Maxwell Taylor sammelte eine kleine Einheit vom 501. PIR und marschierte nach Ste-Marie-du-Mont. Col. Sink vom 506. PIR hatte nur 50 Mann, um Pouppeville einzunehmen. Lt. Col. Strayer vom 2./506. PIR bildete aus Teilen seines Bataillons, des 3./506. PIR und vereinzelten Angehörigen des 508. PIR der 82. Division eine improvisierte Einheit. Es war eine kleine Truppe, da nur zehn von 84 Transportflugzeugen das 2./506. PIR in der korrekten DZ abgesetzt hatten. Dann sicherten sie im Osten Ausgang 2 von Utah, was entscheidend war für den späteren Durchbruch von den Stränden.

Col. Ewell, der das 3./501. befehligte, sammelte etwa 100 Mann, um Ausgang 1 auf den Deichen hinter Utah zu sichern. Da seine Gruppe mehr Offiziere als Soldaten umfasste, grinste er: „Nie wurden so wenige von so vielen kommandiert."

Das 3./501., das in DZ „D" landete, war wahrscheinlich am schlimmsten dran. Der örtliche deutsche Kommandant hatte erkannt, dass das Gelände eine potenzielle Absprungzone war, und es mit Maschinengewehren und Mörsern decken lassen. Der stellvertretende Kommandant des 3./501 fiel als einer der Ersten, und bis das Gebiet gesichert war, lebten von den 1000 Mann nur noch fünf Offiziere und 29 Mann.

LUFTLANDEARTILLERIE

Die 75-mm-Pack-Haubitze M1A1 auf (Luftlande-)Fahrwerk M8 war ein US-Entwurf. Für den Abwurf konnte die Haubitze in neun Teile zerlegt werden. Sie hatte eine Mündungsgeschwidingkeit von 381 m/s und eine maximale Reichweite von 8930 m bei einem 6,25-kg-M41A1-Geschoss. Ursprünglich wog sie 588 kg, doch mit Gummirädern erhöhte sich ihr Gewicht auf 608 kg. Bis Kriegsende wurden um die 4939 75-mm-M1A1-Pack-Haubitzen gebaut.

HITLERS TAGESABLAUF AM D-DAY

05:00 Die ersten Berichte über die Landungen erreichen Hitlers Sommerquartier in Berchtesgaden. Er hat eine Schlaftablette genommen, also weckt ihn niemand auf.

09:00 Hitler ist wach und beruft sofort eine Planungskonferenz ein.

12:00 Hitler leitet eine optimistische Konferenz auf dem Kehlstein. Es herrscht der Eindruck vor, dass man durch die Landungen den Alliierten endlich zu Leibe rücken könne. Man hält die Landungen in der Normandie nach wie vor für ein Ablenkungsmanöver.

16:55 Hitler sendet einen Befehl an Feldmarschall von Rundstedt, dass „der feindliche Strandkopf bis zum Abend beseitigt sein muss".

23:00 In einem abschließenden Bericht zur Lage meint Hitler, die Landungen dienten der Ablenkung.

Trotz der schweren Verluste brach das Bataillon zu seinem primären Ziel auf: den Holzbrücken über den Douve, die sie einnahmen und gegen heftige Angriffe hielten. Das 1./501. setzte sich zu den Straßen- und Bahnbrücken über den Douve in Marsch, traf jedoch beim Weiler Les Droueries in der Nähe von St-Côme-du-Mont auf das deutsche 3./1058.

Elemente des deutschen 1058. Regiments hielten auch die Schleuse bei la Barquette, das Ziel des 2./501. unter Lt. Col. Johnson. Auf dem Anflug war er nur knapp dem Tod oder schwerer Verwundung entgangen, als er in seiner C-47 Skytrain grünes Licht für den Sprung bekam und sich im selben Moment ein Versorgungscontainer löste und den Ausgang blockierte und den Absprung verzögerte, bis sich das Flugzeug nördlich von La Barquette befand.

Die Männer landeten sicher und nahmen die Schleuse ein. Als sie unter Beschuss von deutschen Batterien von östlich von Carentan und Saint-Côme-du-Mont gerieten, konnten sie Feuerunterstützung vom Kreuzer USS *Quincy* anfordern.

Obwohl weit verstreut, hatten die Landungen der 82. und der 101. Luftlandedivision die Deutschen abgelenkt und die Ausgänge entlang der Dämme hinter Utah Beach waren gesichert. Die Briten im Osten hatten mehr Erfolg gehabt und bei der Pegasus-Brücke einen Coup gelandet, den man noch nach dem Krieg als Ehre für das Fallschirmjägerregiment und die *Royal Green Jackets* feierte.

Jetzt brach der Morgen von D-Day an. Der Weg für die amphibischen Landungen war vorbereitet.

KAPITEL SECHS

UTAH BEACH

Die Landung am Utah Beach kostete von allen alliierten Landemanövern am D-Day die wenigsten Menschenleben. Das lag zum Teil an der Initiative von Brigadier General Theodore Roosevelt. Er war ein erfahrener Mann von 57 Jahren und einer der höchsten Offiziere bei der Landung. Als er bei Utah an Land kam, merkte er bald, dass es der „falsche" Strand war, weil die Landungsfahrzeuge auf ihrem Weg an die Küste nach Süden abgetrieben worden waren. Doch war dieser Strand wesentlich weniger stark befestigt und Roosevelt befahl die Fortsetzung der Landemanöver.

Beim ursprünglichen Plan für den D-Day war keine Landung an der Ostküste der Halbinsel Cotentin vorgesehen. Als die alliierten Planer Anfang 1944 die Landungsstreitmacht von drei auf fünf Divisionen vergrößerten, wurde ein offener sandiger Küstenabschnitt, der von begrasten Dünen und einer Betonbarriere im Meer gedeckt war, die Dunes de Varreville, zu Utah Beach. Etwa 6,4 km südlich lagen die Mündungen der Flüsse Douve und Vire, die Utah von den anderen Invasionsbuchten trennten. Bei Ebbe erstreckte sich der Sand einen Kilometer breit und hier sollte das 8. Regiment unter Colonel James A. Van Fleet landen.

Bei der deutschen Einschätzung möglicher alliierter Landeplätze hatte die 7. Armee an die Normandieküste und auch die Halbinsel Cotentin gedacht. Die Deutschen sahen sogar die Punkte der Luftlandungen, die den amphibischen Angriff unterstützen würden, voraus. Doch hatten sie auch erwogen, dass es amphibische Landungen mit Fallschirmjägerunterstützung in der Bretagne geben könnte, um Brest zu nehmen.

Links: Eine Geschützposition in einem Widerstandsnest, das Utah Beach verteidigt. Diese Stellungen waren so postiert, dass sich ihr Feuerbereich entlang des Strandes überlappte. Sie waren selbstständige Forts mit weit reichenden Waffen und Waffen zur Nahverteidigung.

Das 8., 12. und 22. Regiment der US Army bestand aus dem Infanterieteil der 4. US-Infanteriedivision unter dem Befehl Major General Raymond O. Bartons. Die Regimenter wurden wegen ihres Divisionsabzeichens *Ivy Leaves* (Efeublätter) genannt. General Bradley hatte die Division in England besucht und als „vorzüglich ausgebildet“ bezeichnet. Sie sollte die erste amerikanische Einheit sein, die Paris betrat, und 1945 schrieb General Patton an Barton, dass „keine amerikanische Division die großartige Leistung der 4. Infanteriedivision übertraf, die sich fast ständig im Kampf befand, seit sie am 6. des vergangenen Juni an Land ging.“ Nachdem die 4. Division den Strand gesichert hatte, würden am 6. Juni die 90., 9. und 79. Infanteriedivision nachrücken.

DER PLAN

Gemäß dem amerikanischen Plan würden nach dem Bombardement aus der Luft und vom Meer her zunächst Duplex-Drive-(DD-)Sherman-Amphibienpanzer landen. Ihnen sollte das 2. Bataillon des 8. Regiments in 20 Landungsbooten für Fahrzeuge und Mannschaften (LCVPs), nach dem Bootsbauer, der sie konstruiert hatte, auch Higgins-Boote genannt, folgen. Jedes Boot würde einen Zug von 31 Mann tragen.

Die zweite Welle von 32 LCVPs mit dem 1. Bataillon des 8. Regiments sowie Kampfpionieren und Marine-Sprengtrupps würde fünf Minuten später landen.

15 Minuten darauf würde die dritte Welle in acht Panzerlandungsbooten (LCTs) mit Bulldozer-Tanks und konventionellen M4 Shermans eintreffen.

Zuletzt würde die vierte Welle mit den Männern des 237. und des 229. Pionier-Kampfbataillons ans Ufer gelangen.

Auf dem Plan wurde Utah in die Nordbucht GREEN und die Südbucht RED unterteilt, wobei die Seezugänge mit dem Kennwort TARE (Wicke) für „T“ und UNCLE für „U“ benannt waren, sodass die verschiedenen Strände als TARE GREEN (wickengrün) und der südliche als UNCLE RED bezeichnet wurden.

Ihnen gegenüber, an der Basis der Halbinsel Cotentin standen die deutsche 709. Infanteriedivision unter Generalleutnant Karl W. von Schlieben sowie Teile der 352. Infanteriedivision unter Generalleutnant Dietrich Kraiss. Die Deutschen hattten das tief liegende Ackerland hinter den Buchten geflutet und so für Fahrzeuge unpassierbar gemacht. Am Strand gab es zwischen dem tiefen und dem seichten Wasser drei Reihen von Hindernissen, hauptsächlich Stahlspitzen und Holzpfosten mit Zündgranaten oder Teller-Panzerminen sowie Tetraeder- und tschechische Drahtigel-Panzersperren. An Land und entlang der Küste hatten die Deutschen eine Gruppe von Widerstandsnestern mit Besatzungen in Zugstärke von der 709. aufgebaut, die die fünf Straßen von der Bucht weg durch das überflutete Ackerland abschirmten.

Das Durchschnittsalter der Verteidiger betrug 36 Jahre, das der alliierten Invasionstruppe um zehn Jahre weniger. 1944 war das Durchschnittsalter im deutschen Heer 31 Jahre, 1917 war es in der deutschen Armee noch 27 Jahre gewesen.

Laut einer Analyse von Generalleutnant Max Pemsel von der 7. Armee waren die deutsche 709. und 716. Infanteriedivision, obwohl „statische“ Formationen, „mit ihren Abschnitten seit Jahren wohl vertraut und für die Verteidigung gut ausgebildet, hatten aber nicht viel Kampferfahrung. Viele Männer der Division hatten Magenleiden und waren in speziellen „Magen-“ oder „Weißbrotbataillonen“ zusammengefasst, wo man ihre Ernährung zentral betreuen konnte.

Andere Einheiten wie das 795. georgische Ostbataillon bestanden aus früheren Kriegsgefangenen der Ostfront. Die

Rechts: Ein mittlerer Bomber (USAAF B-26 Marauder) mit den charakteristischen D-Day-Streifen in den Stunden, als das Wetter am Nachmittag des 6. Juni aufklarte, über der Invasionsflotte. Nur zwei deutsche Jagdflugzeuge erschienen am D-Day über den Landebuchten.

georgischen Soldaten wurden von deutschen oder baltischen Offizieren und Unteroffizieren befehligt und sollten die auf Deutsch erteilten Befehle und Weisungen verstehen.

Generalleutnant Karl von Schlieben, ein Veteran der Kämpfe auf diesem Schauplatz, meinte trübselig: „Wir verlangen viel, wenn wir erwarten, dass Russen in Frankreich gegen die Amerikaner für Deutschland kämpfen." Viele nutzten dann die Gelegenheit und kapitulierten oder flohen.

Hielten aber die Männer des 1. Bataillons des 919. Grenadierregiments der 709. Infanteriedivision in den Widerstandsnestern an der Südküste der Halbinsel Cotentin lang genug stand, so würde die Invasionstruppe auf den langen, flachen Sandstränden gefangen und vernichtet werden.

Von Süden nach Norden gab es entlang der Strände vier bis zehn Widerstandsnester. Sie deckten die Ausgänge durch das geflutete Land hinter der Küste. Die Nester waren selbstständige Befestigungen, die entlang der Küste für Seitenfeuer sorgen konnten. Eines von ihnen, WN5, sollte bei den Utah-Landungen eine besondere Rolle spielen, da es Exit 2 deckte.

Oben: In Higgins-Boote oder LCVPs geproptte US-Soldaten, die von einem Truppentransporter losfahren. Für die erste Landungswelle war die Fahrt auf den flachkieligen Booten eine harte Reise, bei der Angst und Seekrankheit viele erbrechen ließen.

Außerdem gab es an der Küste WN7, eine Furcht erregende Stellung mit drei 3,7-cm-Panzertürmen, Kasematten mit einer 7,5-cm-Kanone, die nach Norden zielte, und zwei mit einer 5-cm-KwK und einer 4,7-cm-K36(t), die die Zugänge vom Süden bewachten. Zusätzlich besaß die Stellung zwei 5-cm-Granatwerfer und wurde durch sieben eingegrabene Flammenwerfer und vier MG-Stellungen geschützt.

Um 4.30 Uhr landeten 132 Mann der 2. und 4. US Cavalry unter Lieutenant Colonel Dunn an den Inseln von Saint Marcouf, die die Zugänge zu Utah beherrschten. Im Mai hatte man feindliche Aktivität auf den Inseln beobachtet und dachte, es gäbe dort einen Beobachtungsposten oder Minenfeld-Kontrollpunkt. Doch die Deutschen hatten keine Truppen auf den Inseln stationiert, sondern sie stark vermint, und

Carentan
St-Côme-
du-Mont
Carquebut
Chef du Pont
Taute
Blosville
Les Forges
Fouville
Ste-Mére-
Eglise
Vierville
Ecoqueneauville
Exit 1 2/8
Exit 2 3/8
Turqueville
Ste-Marie-
du-Mont
12.
Regiment
1./8.
Saint-Martin
de-Varreville
Saint-Germain
de-Varreville
Ravenoville
Exit 3
Exit 4
1,2/22
Les Dunes
de Varreville
3/22
Grand Hameau
des Dunes
Hamel de Crutes
RED
GREEN
2/8
1/8
3/8
3/22
8. RCT
12. RCT, 22. RCT
317. GIR 101. Div.
359. RCT (90.Div.)
1. Eng. Sp.-Brig., 6. Pz.-Gr.
4. Div.-Gr.
90. Div. GRP
357. RCT, 358. RCT
VII. Corps
Mj. Gen J. L. Collins
Befehlshab. Offizier
1. US Army
Lt. Gen. O. N. Bradley
N
0
2 km
0
2 Meilen
UTAH BEACH
Infanterievorstöße
Infanteriestellung am Abend
Deutscher. Widerstand bis Abend
Bunker
Pak-Stellung
Landminen
Drahtverhau
Drahtigel, Tetraeder oder
andere Strandhindernisse
Geflutetes Gebiet

Oben: Landungsboote fahren zu und von Utah Beach. Am Strand sieht man gelandete Boote und Fahrzeugwracks inmitten von Hindernisssen und Infanterie. Oben rechts auf dem Foto sieht man die Dämme durch das geflutete Land hinter dem Strand.

durch Minen und durch Artilleriefeuer wurden am D-Day zwei US-Soldaten getötet und 17 verwundet.

Um 3 Uhr begannen Truppen des 8. Regiments 21 km vor der Küste von den Truppentransportern der Task Force „U“ in die LCVPs zu wechseln und sich für die dreistündige Fahrt zum Strand fertig zu machen. Bei rauem Wetter wurden einige verletzt oder ertranken auf dem Weg zu den Booten, und während der Fahrt zur Küste wurden viele durch den hohen Wellengang und auch die Anspannung seekrank.

Mit entsetzlichem Getöse begann um 5.50 Uhr die Küstenbombardierungstruppe A unter Konteradmiral Moon den

Links: Karte der Landung auf Utah Beach. Sie zeigt deutlich, wie die Flussmündung den Strand von den anderen Landegebieten des D-Day trennt, und die großflächige Überflutung des Gebiets hinter dem Strand. Bewegung war auf die erhöhten, exponierten Dammstraßen beschränkt.

Wir waren als erstes Boot da und das feindliche Feuer war leicht, bis sie merkten, was da geschah. Wir erreichten den Strand mit Brigadier General Theodore Roosevelt Jr., und er befahl uns, dort nicht Halt zu machen, sondern weiter vorzugehen. Wir waren noch nie unter Feuer gewesen und er ging von Mann zu Mann und befahl uns vorzugehen. Wir griffen einige Bunker an und ich versorgte 55 Tage lang die Verwundeten. Dann wurde ich selbst getroffen und nach England zurückgebracht.

Soldat Calvin Grose
22. Infanterieregiment, 4. US-Infanteriedivision

Beschuss der Küste. Ihre ersten Ziele waren die bekannten größeren Geschützbatterien. Dann kamen die Kreuzer heran, um Bunker und Verteidigunganlagen zu beschießen.

Um 6.00 Uhr verstärkte ein Angriff von 270 Martin Marauders (mittlere Bomber) des USAAF IX. Bomberkommandos das Zerstörungswerk. Sie warfen 4404 110-kg-Bomben ab. 67 Maschinen der Streitmacht konnten wegen schlechter Sicht ihre Bomben nicht absetzen. Einige Bomben trafen Ackerland landeinwärts der Strände, da die Mannschaften den Befehl hatten, den Abwurf einige Sekunden zu verzögern, um nicht die küstennahe Invasionstruppe zu treffen. Das war ein Fehler, der bei Omaha vermieden werden würde. Man hatte Bomben kleineren Kalibers gewählt, damit die Krater die Bewegung nicht behinderten.

Als der Sturm in die Landungsboote begann, fuhr eines der beiden amphischen Kommandoschiffe (LCC) vor Uncle Red auf eine Mine und bei dem anderen blockierte 5 km vor der Küste die Schraube.

Kurz ehe die Landungsboote auf Sand liefen, richteten Zerstörer und 33 Kanonenlandungsboote (LCT-G) und Raketenlandungsboote (LCT-R) ihr Feuer auf die Küste. Die LCT-R schossen 1000 0,9-kg-Raketen in drei Salven ab.

Die Strömung trieb die Invasionsschiffe südwärts entlang der Küste, ehe die LCVPs endlich den Strand erreichten. Die

Jene gingen als Erste landeinwärts und plötzlich traten sie auf Minen, S-Minen und „Bouncing Betties“. Diese Minen schnellten hoch und explodierten. Diese Männer begannen zu schreien und blutüberströmt zum Strand zurückzulaufen. Und dann kamen die Panzer heran.

Sergeant Vincent Powell
237. US-Pionier-Kampfbataillon

Oben: Nach der Sicherung von Utah Beach fährt eine geordnete Linie von umgebauten M4 Shermans an Land, während bereits gelandete White-Halbkettenfahrzeuge sich zum Zug durch den Ausgang in den Sanddünen formieren. Infanterie watet zur Unterstützung an Land.

Männer vom 2. Bataillon des 8. Regiments landeten um 6.30 Uhr als erste an Uncle Red.

Laut Plan sollten sie sich gegenüber von Exit Nr. 3 befinden, während das einige Minuten später landende 1. Bataillon vor der deutschen Stellung bei St-Martin-de-Varreville stehen sollte. Tatsächlich aber landeten sie 1,6 km südlich gegenüber von Exit Nr. 2.

Wären sie an der vorgesehenen Stelle gelandet, so wären sie in einen Sperrgürtel an der Küste geraten und hätten sich dann ihren Weg durch das WN6, eine starke Verteidigungsstellung unter Befehl Leutnant Schöns, kämpfen müssen.

Brigadier General Theodore Roosevelt jr., der 57-jährige stellvertretende Divisionskommandeur, was er als „Reserve-Brigadier" bezeichnete, landete mit der ersten Welle und erkannte, dass ein Fehler passiert war, aber auch, dass die deutsche Gegnerschaft hier schwach war. Zuvor hatte er die vorbereitenden Luftangriffe von seinem Landungsboot aus beobachtet: „Eine Maschine nach der anderen warf ihre Bomben auf die deutschen Geschützstellungen. Es gab ein Krachen, Lichtblitze und Staubwolken, und die Flugzeuge passierten uns auf ihrem Rückweg. Eines stürzte brennend wie ein Meteor in meiner Nähe ab."

An Land entdeckte Roosevelt eine Windmühle, die ihm half, seinen Landeplatz zu identifizieren. Als er merkte, dass die Gegenwehr bescheiden war, befahl er seinen Truppen, landeinwärts vorzustoßen und signalisierte den Schiffen vor der Küste, dass weitere Landungsboote den neuen Strand anlaufen sollten. Sein Funkgerät streikte drei Stunden lang und er meinte nachher: „Wir erledigten das meiste zu Fuß. Als die nachfolgenden Wellen landeten, trieb ich sie landeinwärts und lenkte sie um, wenn sie fehlgingen."

Der Sohn des früheren Präsidenten Teddy Roosevelt hatte gedrängt, einer Einheit, die am D-Day landete, zugeteilt zu werden. Er kam mit der ersten Welle an Utah Beach und führte seine Truppen über die Seesperre und landeinwärts, wo sie sichere Stellungen einnahmen. Dann kehrte er zum Strand zurück und führte weitere Gruppen über die Seesperre in sichere Positionen. Er erhielt dafür die höchste Tapferkeitsauszeichnung der USA, die *Medal of Honor*.

„WIR BEGINNEN DEN KRIEG GENAU HIER"

General Eisenhower erkannte Roosevelts Talent, eine Kampfeinheit zu begeistern, und übertrug ihm ab 12. Juli 1944 den Befehl über die 90. Infanteriedivision *Tough Ombres*. Roosevelt trat sein neues Kommando jedoch nicht mehr an, da er am Abend des 11. Juli 1944 in seinem Jeep an einem Herzinfarkt starb. Er wurde am 14. Juli 1944 auf dem amerikanischen Friedhof in der Normandie begraben.

General Patton, der selten jemand lobte, meinte in seinem Tagebuch, dass Roosevelt „einer der tapfersten Männer war, die ich je kannte". Bei Utah hatte er das taktische Wissen und die Klasse, den Navigationsfehler auszunützen, und er tat dies mit den Worten: „Wir beginnen den Krieg genau hier.“

Sergeant William Clayton von der 4. Infanteriedivision hatte ein seltsames Gefühl der Unwirklichkeit. „Wissen Sie, es war wie ein großes Spiel, bis sie zu schießen begannen – ein paar Granaten kamen und du hast gemerkt, dass es kein Spiel war. Doch abgesehen davon war es schön.“

Die ersten acht DD-Tanks des 70. Panzerbataillons, die in Panzerlandungsbooten zur Küste gebracht wurden, erreichten den Strand um 6.45 Uhr. Die Tanks waren anstatt der geplanten 6,4 km bloß 3,2 km vor der Küste abgesetzt worden und so schafften es von den 32 DD-Tanks in acht LCTs insgesamt 28 zum Strand, um direkten Feuerschutz zu geben. Ihnen folgten Bulldozer-Tanks und andere Gefährte.

Die Pioniere des 4. Pionier-Kampfbataillons begannen, Minenfelder und Sperrgürtel zu räumen.

Auf Tare Green, dem nördlichen Strand, ging das 1. Bataillon an Land, schwenkte nach rechts und nahm das WN5, den Stützpunkt nahe des Dorfes La Madeleine am Exit Nr. 2, der nach Ste-Marie-du-Mont führte.

WN5 wurde vom 1. Zug der 3. Kompanie des 919. Grenadierregiments unter dem 23-jährigen Brillenträger Leutnant Arthur Jahnke gehalten. Der junge Offizier war nach einer Verwundung an der Ostfront, wo ihm seine gute Führung das Ritterkreuz eingebracht hatte, nach Frankreich versetzt worden. Er war ein ernst zu nehmender Soldat und die Männer seines Zuges nannten ihn wegen seines Dienstes in Russland „Ruski“. Er hatte hart an der Vorbereitung der Verteidigungsanlagen seiner Stellung gearbeitet.

Ihre Bewaffnung bestand aus zwei 5-cm-Kanonen, einem in einem Bunker einbetonierten ehemaligen Renault-R67-

Unten: Sanitäter der USArmy versorgen einen zu Beginn der Landung verwundeten GI. Die Sanitäter versuchten die Opfer zu stabilisieren, damit diese an Bord umgebauter Landungsschiffe nach England gebracht und in den vorbereiteten Lazaretten behandelt werden konnten.

Panzerturm mit 3,7-cm-Kanone, Maschinengewehren, die den Strand und die Zugänge landeinwärts abdeckten, sowie Stacheldraht und Minenfeldern. An den Flanken seiner Stellung standen vier ferngelenkte Sprengpanzer, so genannte Goliaths. Deren erste Version hatten die Hansa-Lloyd-Goliath-Werke Carl F. W. Borgward entworfen und gebaut. Sie wurde von zwei abgewandelten elektrischen Anlassmotoren angetrieben. Sie führten 60 kg TNT und wurden über Kabel von ihrem Operator zu ihrem Ziel gelenkt. Ihre Reichweite betrug 1,5 km, ihre Höchstgeschwindigkeit 10 km/h.

Bomben und Marinegeschützfeuer sollten viele dieser Verteidigungsanlagen, Einrichtungen und die Kabel der Goliaths zerstören, ehe das US-Bataillon seine Attacke startete. Später forderte ein Sprengpanzer Opfer, als ein US-Soldat, der seine Funktion nicht kannte, eine Handgranate in eine Einstiegluke steckte. Die 60 kg schwere Sprengladung detonierte und tötete oder verwundete 15 bis 20 Männer, die in der Nähe waren. Auf Sword Beach konnten britische Pioniere erbeutete Goliaths entschärfen und als Schlepper einsetzen.

Bis zum mittleren Nachmittag hatte sich der Strand aus einer Ansammlung von Hindernissen in eine kleine Stadt verwandelt. Offenbar hatten wir NCD-Einheiten unseren Job gut gemacht, denn so weit ich sehen konnte, war eine Seite des Strands gänzlich offen, und es gab nichts, das die Landungsboote aufgehalten hätte. Wir hatten den Tag gut genützt, obwohl keiner wusste, wer wir waren … Die Bootsführer mochten uns nicht, weil wir immer so viel Sprengstoff mitführten. Als wir landeinwärts gingen, fragten die Armeeoffiziere: „Was macht denn die Navy hier?“

Sergeant Orval Wakefield
US Navy, Bau-/Sprengbataillon

Unten: Eine Infanteriestaffel wartet später am Tag auf Utah in Schützenlöchern auf Befehle. Der Strand füllt sich bereits mit Jeeps, Lastern und Panzern, während der starke Zustrom an Versorgung, den die Armeen zur Fortsetzung des Kampfes brauchen, in Fluss kommt.

Am Morgen des 6. Juni hatte sich eine Kampfpatrouille der kleinen Garnison Jahnkes hinausgewagt und 19 Männer des 2. Bataillons des 506. Fallschirmjägerregiments der 101. Luftlandedivision gefangen genommen. Nun wurden deren Wächter nahe der zerstörten Überreste ihres Stützpunkts von am Strand gelandeten US-Truppen festgenagelt. Landeinwärts eröffnete die deutsche 10. Batterie vom 1261. Heeres-Küstenartillerieregiment unter Oberst Triepel das Feuer aus ihren 17-cm-Kanonen. Granaten fielen zwischen die Männer und Fahrzeuge, und Jahnke, der das massive US-Bombardement überlebt hatte, wurde durch „friendly fire" verwundet.

SÄUBERUNG DES STRANDS

Das 1. Bataillon stieß weiter zum Exit Nr. 3 und hatte am Abend Turqueville gegenüber einer starken deutschen Konzentration bei Ecoqueneauville erreicht.

Bis 8 Uhr waren vier Bataillone an Land und zwei Stunden später war die Zahl auf sechs gewachsen. Der Landekopf war 4 km lang und 6,4 km tief.

Das 2. Bataillon stieß vom Strand weg und wandte sich nach links, um die gefluteten Gebiete zu umgehen. Es schaltete WN2, eine Verteidigungsstellung südlich von Exit Nr. 2 unter Leutnant Ritter, aus. Dann rückte das Bataillon durch Pouppeville und Ste-Marie-du-Mont vor und errreichte schließlich bei Les Forges eine Stellung an der Route National 17.

Das 3. Bataillon war auf Uncle Red gelandet, war dann durch das Dorf Houdienville den Exit Nr. 2 entlanggezogen und hatte sich am Ende des Tages bei Les Forges mit dem 2. Bataillon verbunden.

Gegen Mittag stellten Patrouillen der 4. Division den Kontakt zu Männern des 3. Bataillons der 301. Luftlandedivision her und erreichten am Nachmittag Ste-Mère-Eglise.

Von den folgenden auf Tare Green landenden Wellen stieß das 12. Regiment über 10 km durch das geflutete Gebiet vor und nahm am Ende des Tages eine Stellung an der Nordwestflanke des Landekopfes ein.

Auch das 1. und 2. Bataillon des 22. Regiments landete auf Tare Green, ging an La Madeleine vorbei nach rechts, querte den gefluteten Bereich und stand am Abend rechts vom 12. Regiment, das die Straße bei St-Germain-de-Varreville besetzte.

Das 3. Bataillon des 22. Regiments war nach der Landung scharf rechts geschwenkt und rollte nördlich von Utah vier Widerstandsnester auf. Bei Einbruch der Nacht erreichte es das Dorf Hamel de Cruttes etwa 10 km hinter dem Strand.

Oben: Grinsen aus einem US-Ranger mit einer Panzeranwehrwaffe, die oft „Bazooka", korrekt aber 60-mm- Rocket-Launcher-M1A1 genannt wurde. Diese Waffe konnte auch gegen Bunker und Befestigungsanlagen ein gesetzt werden.

Am Ende des 6. Juni hatte die 4. Division fast alle ihre Ziele erreicht. 23.250 Mann und 1700 Fahrzeuge waren gelandet worden und die Chausseen waren offen. Die Division verzeichnete 197 Verluste, 60 davon auf See. Viele der übrigen waren durch Minen verletzt worden.

In St-Côme-du-Mont bestieg Oberstleutnant Friedrich Freiherr von der Heydte, der deutsche Fallschirmjägeroffizier-Veteran und Kommandeur des 6. Fallschirmjägerregiments, den Kirchturm. „Dem Kommandeur bot sich ein überwältigendes Bild … Vor ihm lagen die Küste und die See. Am Horizont tummelten sich hunderte Schiffe und zahllose Landungsboote fuhren zwischen den Schiffen und dem Strand hin und her und landeten Truppen und Panzer. Ein fast friedliches Bild; im Kampfbericht, den ich der Fallschirmarmee sandte, schrieb ich, es erinnerte mich an einen schönen Sommertag am Wannsee. Man hörte den Kampflärm nicht, und vom Kirchturm aus ... war kein Zeichen deutscher Verteidigungsaktivitäten zu sehen. Nur gelegentlich gab es einen Schuss, wenn die deutschen Posten auf alliierte Fallschirmjäger trafen."

Helmut Berndt, ein Korrespondent der *Kriegsmarine*, berichtete: „Die meisten größeren Schiffe liegen vor Anker. Im Dunst ähneln sie einer imaginären Stadt mit ihren Türmen – *Die Goldene Stadt* nennen sie die Truppen.

Landeinwärts beobachteten die deutschen Marinetruppen der Crisbecq-Batterie (auch St-Marcouf-Batterie genannt), die zum 1261. Heeres-Küstenartillerieregiment gehörte, die *Goldene Stadt*. Sie würden eine heroische Verteidigung gegen ihre schreckliche Feuerkraft führen. Die Batterie bestand aus drei Offizieren, sieben Unteroffizieren und 287 Mann unter Leutnant zur See Walter Ohmsen.

Die Befestigungsarbeit für die Batterie von sechs 15-cm-Kanonen hatte 1941 begonnen. Am D-Day waren fünf der Kanonen nach Fontenay-sur-Mer geschafft, und die Batterie hatte drei stärkere tschechische Skoda-K52-21-cm-Kanonen erhalten. Sie hatten eine Reichweite von 33 km und aus ihren Typ-683-Kasematten konnten sie einen Bogen von 120 Grad bestreichen. Doch waren sie langsam, da sie zum Nachladen eine Neigung von acht Grad brauchten und dann neu justiert werden mussten. Am D-Day waren nur zwei dieser Geschütze einsatzbereit. Wiederholte Luftangriffe hatten den Bau der restlichen drei Kasematten verzögert, die die anderen Kanonen aufnehmen sollten, und die Panzerschutzplatten für die Schießscharten waren nicht geliefert worden.

Gegen Luftangriffe wurde die Batterie durch sechs 7,5-cm- und drei 2-cm-Fliegerabwehrkanonen geschützt, die auch gegen Bodenangriffe eingesetzt werden konnten. Der Perimeter war von doppeltem Stacheldraht und einem Minenfeld mit 17 MGs umgeben.

Die Batterie hatte einen Beobachtungs- und Feuerleitposten, der auch für eine Batterie bei Azeville etwa 2 km südwestlich die Daten lieferte.

In der Nacht des 5. Juni warfen alliierte Flugzeuge 610 Tonnen Bomben auf die Stellung, zerstörten die Flak-Geschütze und töteten viele Männer außer Dienst in ihren angrenzenden Quartieren. Während Ohmsen im Staub und Chaos des Angriffs die Ordnung wiederherzustellen suchte, bemühten sich einzelne Gruppen des 501. und 502. Fallschirmjägerregiments der 101. Luftlandedivision, die Batterie

Oben: US-Ranger üben beim Training in England mit ihrer Feuerwehr-Ausziehleiter. Bei der Pointe du Hoc kamen sie nicht nah genug an die Klippe heran, doch die tapferen Ranger kämpften von den Spitzen der Leitern aus mit leichten MGs gegen die deutschen Verteidiger.

zu erstürmen. Sie wurden zurückgeschlagen, 20 von ihnen gefangen. Ihr Auftrag war der Angriff auf die 1./1261. Batterie bei St. Martin des Varreville etwa 6,4 km westlich, doch waren sie in einiger Entfernung vom Ziel gelandet. Ohmsen war verblüfft, dass einige Fallschirmjäger Karten hatten, auf denen die Stellung seiner MG-Posten genauer als auf seinen eigenen eingezeichnet war.

Als es dämmerte, sahen die Marine-Kanoniere die Schiffsmassen vor Utah. Oberfeldwebel Baumgarten erinnerte sich an den ruhigen Bericht Ohmsens an Admiral Hennecke, den Marinekommandanten in Cherbourg.

„Etliche hundert Schiffe in der Bucht der Seine gesichtet. Frage: Irgendwelche deutschen Schiffe auf See?"

„Nein. Keines unserer Schiffe auf See. Jedes gesichtete Fahrzeug ein feindliches. Erlaubnis, das Feuer zu eröffnen. Munition sparsam einsetzen.

Ende der Nachrichten. Ende.“

Die Batterie eröffnete das Feuer und versenkte den Zerstörer USS *Corry*, traf einen Kreuzer und beschädigte weitere Schiffe. (Die *Corry* soll auch auf eine Mine gefahren sein, nachdem sie von Granaten getroffen wurde.) Die *Retribution* kam rasch heran, und das Feuer aus den 304-mm- und 355-mm-Kanonen der Schlachtschiffe USS *Nevada*, *Arkansas* und *Texas* schaltete um 8 Uhr eines der Geschütze durch einen Frontaltreffer auf die Kasematte sowie ein zweites um 9 Uhr durch einen direkten Treffer aus.

SONDIEREN DER VERTEIDIGUNG

Am 7. und 8. Juni griff die auf Utah gelandete 4. US-Division die Verteidigungsstellung an, wurde aber zurückgeschlagen. Am 8. Juni war ein Geschütz repariert und wieder im Einsatz, wurde aber erneut durch Marinegeschützfeuer ausgeschaltet. Das 6./919. Regiment unter Leutnant Geissler verstärkte die Batterie. Ohmsen konnte Leutnant Kattnig mit dessen 10-cm-Schneider-Geschützbatterie bei Azeville kontaktieren und um Feuerunterstützung bitten. In der Nacht des 11. Juni erhielt Ohmsen Befehl, die Batterie zu evakuieren und Stellungen näher an Cherbourg einzunehmen. 21 Verwundete blieben zurück, doch 78 Mann setzten sich in der Dunkelheit ab. Am 12. Juni nahm das 2./39. Infanterieregiment der 9. Infanteriedivision die Batterie ein.

Die Batterie bei Azeville hielt bis zum 9. Juni durch. Dann überrannte nach schwerem Vorbereitungsfeuer des 44. Feldartillerieregiments, das 1500 Granaten abschoss, das 3./2. Infanterieregiment die Stellung. Die Amerikaner setzten dabei Panzer, gestreckte Ladungen und Flammenwerfer ein. Als die Batterie fiel, hatte sie all ihre Munition verbraucht.

Im Osten Utahs wurde auf der 30 Meter hohen Pointe du Hoc in der Stellung, die die deutsche 2. Batterie, 1260. Heeres-Küstenregiment bemannte, eine weitere Schlacht ausgetragen. Das Gebiet zwischen Grandchamp Maisy und Vierville-sur-Mer verteidigte die 716. Infanteriedivision, bei der eine große Zahl Nicht-Deutscher diente.

Die Deutschen hatten den Ort als günstig für eine defensive Küstenbatterie erkannt und sechs erbeutete französische 155-mm-Kanonen (15-cm-GPF K418(f)) in offenen Schützenlöchern eingegraben. Sie hatten eine Reichweite von 19,5 km, konnten also Omaha und Utah sowie die Zugänge zu den kleinen Häfen von Isigny and Carentan erreichen.

Wegen der wachsenden Bedrohung durch alliierte Bomber errichtete man für die Geschütze Betonkasematten. Zwei davon waren am 6. Juni noch in Bau, doch gab es acht Mannschaftsbunker, Munitionsdepots und 2-cm-Flakstellungen. Zum Land hin wurde die Position durch Stacheldraht, Minenfelder und MG-Stellungen geschützt. An der Spitze der Landzunge befand sich ein Beobachtungs- und Feuerleitposten vom Typ R636, der mit der Radarstation an der Pointe de la Percée, 5 km östlich, verbunden war.

Wegen ihrer markanten Position war die Batterie leicht aus der Luft zu lokalisieren. Am 15. April, 22. Mai und 4. und 5. Juni wurde sie angegriffen. Am Morgen des 6. Juni regnete es 700 Tonnen Bomben auf sie, und die 355-mm-Kanonen des Schlachtschiffs USS *Texas* feuerten Granaten.

Für den Landungsangriff war General Gerows V. Corps zuständig und so löste sich mit der 1. Infanteriedivision und der rechten Flanken-Sturmformation das 116. Infanterieregiment von der 29. Division. Die richtigen Männer für die Aufgabe, die Klippen zu erklimmen und die Batterie anzugreifen, waren die Ranger.

Diese Truppe war 1942 nach dem Vorbild der britischen Commandos gebildet worden. Der historische Name erinnerte an die Streitmacht der amerikanischen Kolonisten, die im 18. Jahrhundert unter dem Namen *His Majesty's Independent Company of American Rangers* gebildet worden war. Fünfzig von ihnen hatten die britischen und kanadischen Truppen beim Angriff auf Dieppe im August 1942 unterstützt. Die Ranger hatten also die Ehre, die ersten US-Soldaten zu sein, die im Zweiten Weltkrieg in Europa an Land kämpften. Dadurch bedingt waren unter ihnen allerdings auch die Ersten, die getötet wurden.

Zwei Jahre später waren sie eine gut ausgebildete Einheit. Die mit der Aufgabe betrauten Männer kamen von drei Kompanien im 2. US Ranger Battaillon unter Lieutenant Colonel James Rudder, insgesamt 225 Mann.

Sie sollten um 6.30 Uhr landen. Bei Empfang des Erfolgssignals würde der Rest des 2. Bataillons und das ganze 5. Rangerbataillon um 7 Uhr landen und das Gebiet sichern, bis sie von Truppen, die auf Dog Green von Omaha landeten, entsetzt würden. Misslang der Plan, so sollte eine Verstärkungstruppe am Westende Omahas landen, die Landspitze umgehen und die Batterie vom Land her angreifen. Der Plan war gut durchdacht und ließ viel Platz für Fehler durch die „Unwägbarkeiten des Kriegs“ – was am D-Day entscheidend war. Trotzdem hatte Admiral Halls Nachrichtenoffizier finster prophezeit: „Das ist unmöglich. Drei alte Weiber mit Besen könnten die Ranger am Erklettern dieser Klippe hindern.“

Im Zwielicht der Dämmerung führten eine starke Strömung und Navigationsfehler das Leitboot der Royal Navy, ML 304, zu weit ostwärts in Richtung der Pointe de la Percée, die wie die Pointe du Hoc aussah. Colonel Rudder alarmierte den Royal-Navy-Offizier, indem er aus der Formation ausbrach, und dieser dachte, die Ranger wollten den Einsatz

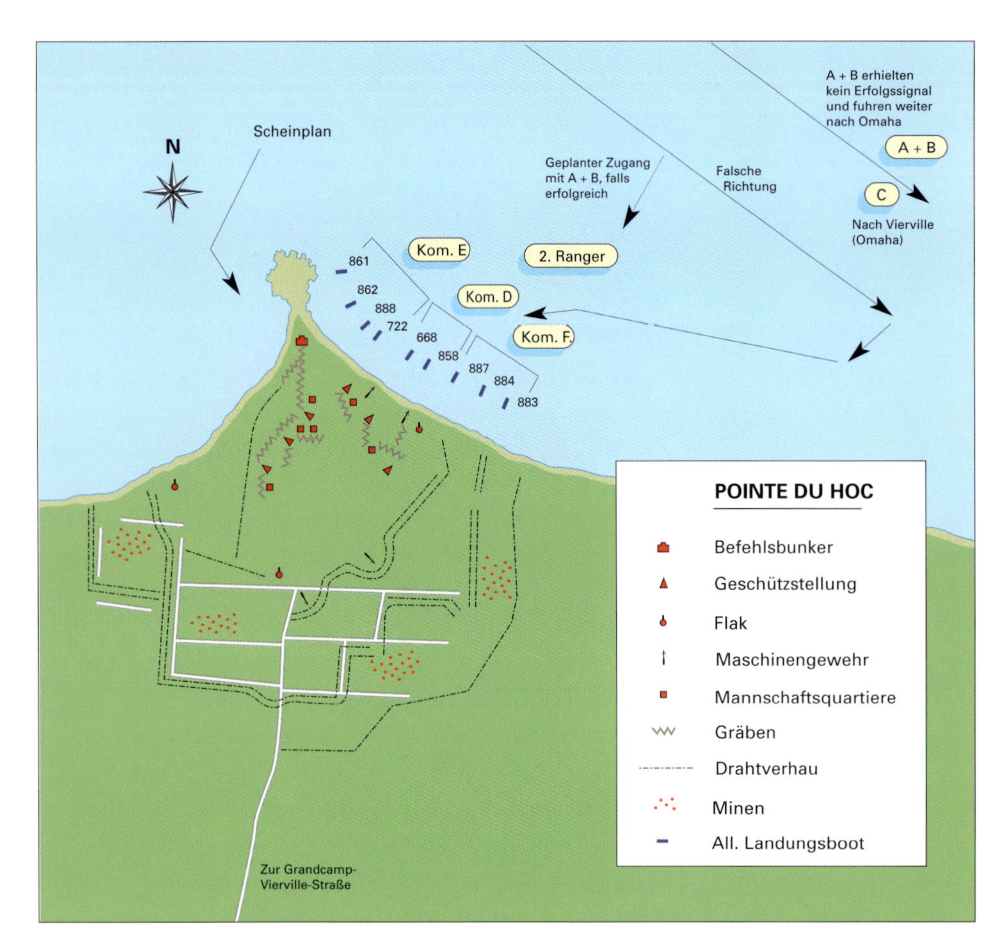

Links: Der Angriff der US Ranger auf die Pointe du Hoc mit den Positionen der Landungsschiffe und Verteidiger. Was die Planer nicht wussten: Die Kanonen waren nicht an ihrem Platz.

abbrechen. Als der Fehler klar wurde, wendete das Landungsboot um 180 Grad, verlor aber in der Dünung durch 2-cm-Flak und LCA-91-MGs einen DUKW. Als das Landungsboot unter Beschuss kam, erwiderte sein Kapitän Lieutenant N. E. Fraser das Feuer mit dem Vickers-Maschinengewehr des Bootes.

KAMPF AN DEN STRÄNDEN

Die Ranger, nur noch 180 Mann, erreichten ihr Ziel 40 Minuten verspätet. Da sie kein Erfolgssignal erhalten hatte, entfernte sich die Verstärkungsgruppe von der Küste, um auf Omaha zu landen.

Die Kanoniere der Batterie waren wachsam, eröffneten das Feuer, töteten am schmalen Kiesstrand 15 Mann und warfen dann Granaten und sogar Felsbrocken auf die kleine Gruppe. Die DUKWs konnten auf dem zerfurchten Strand nicht nah genug an die Klippe heran fahren, um die Leitern aufzustellen, doch um 7.08 Uhr erklommen die Ranger sie und gaben Feuerschutz. Die raketengetriebenen Greifhaken funktionierten nicht, weil die Seile durchnässt waren.

Ein Angriff von 18 Bombern und Feuer der Zerstörer HMS *Talybont* und USS *Satterlee* zwang die Verteidiger in Deckung. Die Crew der Fairmile ML 304 näherte sich dem Strand und bekämpfte die Deutschen mit MG-Feuer. In diesen entscheidenden Minuten kletterten die Ranger zur Spitze der Klippe. Mit Hilfe eines 12-m-Kraters an der Klippe und von 5-m-Ausziehleitern erreichten sie den Gipfel. Den folgenden heftigen Kampf in den Gräben und Kratern der Batterie nannte der offizielle amerikanische Bericht eine „wilde, wahnsinnige Szene". Als Corporal Kenneth Bargmann die Spitze der Klippe erreichte, „sah sie wie der Mond aus. Es gab nichts als Krater. Man lief wie ein Hase von Loch zu Loch". Als sie endlich die Kasematten erreichten, stellten die Ranger ungläubig fest, dass diese leer waren.

Sie richteten nun einen Defensiv-Perimeter ein und sandten Patrouillen aus. Eine davon fand in einem Obstgarten etwa 1 km südwestwärts nahe Criqueville-en-Bessin die vermissten Kanonen. Die Deutschen hatten sie nach dem Luftangriff vom 15. April weggeschafft und getarnt gelagert. Die Zwei-Mann-Patrouille unter Sergeant Len Lommell setzten Thermit-Granaten gegen den Höhen- und Schwenkmechanismus ein. Die gewaltige Hitze der Granaten schmolz den Mechanismus. Als ihm die Granaten ausgingen, zerschlug Lommell die Visiereinrichtungen mit seinem Gewehr. Dann kam eine zweite Patrouille und half mit ihren Thermit-Granaten bei der Zerstörung.

Die Ranger sollten bei ihrer Belagerung bloß eine Verstärkung erhalten. Sergeant Leonard Goodgal vom 506. Fallschirmjägerregiment, 101. Luftlandedivision, war in der Nacht nahe der Pointe du Hoc gelandet. Als er den Geschütz-

Rechts: Der heutige Blick von den damaligen deutschen Stellungen an der Pointe du Hoc auf den Strand unter dem Scheitel der Klippe. Solch ein Ausblick zeigt klar den riesigen Vorteil der Verteidiger gegenüber den angreifenden Rangern, die sich die Klippe hochkämpfen mussten.

lärm hörte, „marschierte er zum Klang der Kanonen“ und schloss sich Rudders bedrängter Truppe an.

Vierzig Mann des deutschen 1./914. Regiments der 352. Infanteriedivision starteten am 6. Juni um 23.30 Uhr einen schweren Gegenangriff gegen die Ranger, ebenso am 7. Juni um 1.00 Uhr und um 3.00 Uhr. Die Amerikaner wurden in einen 200 m tiefen Kessel am Rand der Klippe zurückgedrängt. Von Omaha versuchte das 116. US-Infanterieregiment mit dem 5. Rangerbataillon zur isolierten Gruppe durchzubrechen, wurde aber 900 m vor ihr gestoppt. Auf der Pointe du Hoc mussten die Ranger nicht nur die Angriffe der deutschen Infanterie, sondern auch versehentliches Bombardement durch alliierte Flugzeuge und Schiffe aushalten.

In der Nacht des 7. Juni befahl General Kraiss der 352. Division, sich in Stellungen am Fluss Aure zurückzuziehen, und US-Truppen brachen zu den Rangern durch. Colonel Rudders Truppe von 225 Mann am D-Day war inzwischen auf 135 reduziert, eine Verlustrate von 60 Prozent.

Rudder, der im Kampf verwundet wurde, sollte für seinen Einsatz an der Pointe du Hoc das *Distinguished Service Cross* erhalten und vom 8. Dezember 1944 bis zum Kriegsende das Kommando über das 109. Infanterieregiment zugewiesen bekommen. Er führte das Regiment durch die Ardennenschlacht in Luxemburg. Unter seiner Führung brachte es den deutschen Stoß an der Südflanke zum Halten und verhinderte jedes signifikante Vorrücken. Dafür erhielt das Regiment eine lobende Erwähnung des Präsidenten.

Ich ging etwa 40, 50 Fuß hinauf. Das Seil war nass und irgendwie schlammig. Meine Hände fanden einfach keinen Halt, sie waren wie schmierig und ich kam ins Rutschen. Als ich hinunterglitt, schlang ich das Seil um meinen Fuß und bremste mich so gut es ging ab, trotzdem verbrannte ich mir die Hände. Wäre das Tau nicht so nass gewesen, hätte ich gar nicht so lang durchhalten können.

Ich landete rechts von Sweeney, und der sagt: „Was ist los, Sundby – Kindchen? Lass mich mal – ich zeig dir, wie man klettert.“ Er kletterte also voran, ich gerade hinter ihm, und als ich oben ankam, sagte Sweeney: „Hey, Sundby, vergiss nicht, dich zick-zack zu bewegen.“

Soldat Sigurd Sundby
2. US-Rangerbataillon

KAPITEL SIEBEN

OMAHA BEACH

Omaha Beach war kein idealer Landungsplatz, doch die Planer von Overlord erkannten, dass die Landung auf Utah isoliert und abgeschnitten werden konnte, falls keine Truppen bei Vierville-sur-Mer an Land gingen. Den mit der Aufgabe betrauten Männern versicherte man, sie würden durch massives Bombardement aus der Luft und vom Meer her unterstützt und dass die deutschen Truppen dort Land nicht hochklassig seien. In beiden Punkten wurden sie bitter enttäuscht.

Die Deutschen hatten den langen, offenen Strand zwischen Vierville-sur-Mer und Colleville-sur-Mer als mögliche Landestelle eines alliierten amphibischen Angriffs erkannt, als sie ihre Küstenverteidigungsanlagen planten.

Wie auf Utah legten sie Widerstandsnester (WN) entlang des 10 km langen Strandes an, konzentrierten diese aber um fünf Wasserläufe, die das Steilufer oberhalb des Strandes durchschnitten. Durch die leicht konkave Krümmung der Küste hatten das WN 70, WN 71, WN 72 und WN 73 am Westende und das WN 60, WN 61 und WN 62 am Ostende ausgezeichnete Feuerbereiche über den ganzen Strand. Ebenso wie diese lagen auch WN 63, WN 67 und WN 69 tief hinter den Felsen.

Häuser an der Küstenstraße hatte man abgetragen, um den Feuerbereich zu vergrößern. Ihr Material diente zum Bau von Befestigungsanlagen. Zwischen den Widerstands-

Links: Männer einer nachrückenden Welle vor der Omaha Küste mit den Felsen nahe der Küste. Am Strand sieht man zerstörte Fahrzeuge, die Reste früherer Angriffswellen. Pioniere arbeiten bereits an der Räumung des Strandes von Hindernissen und Minen.

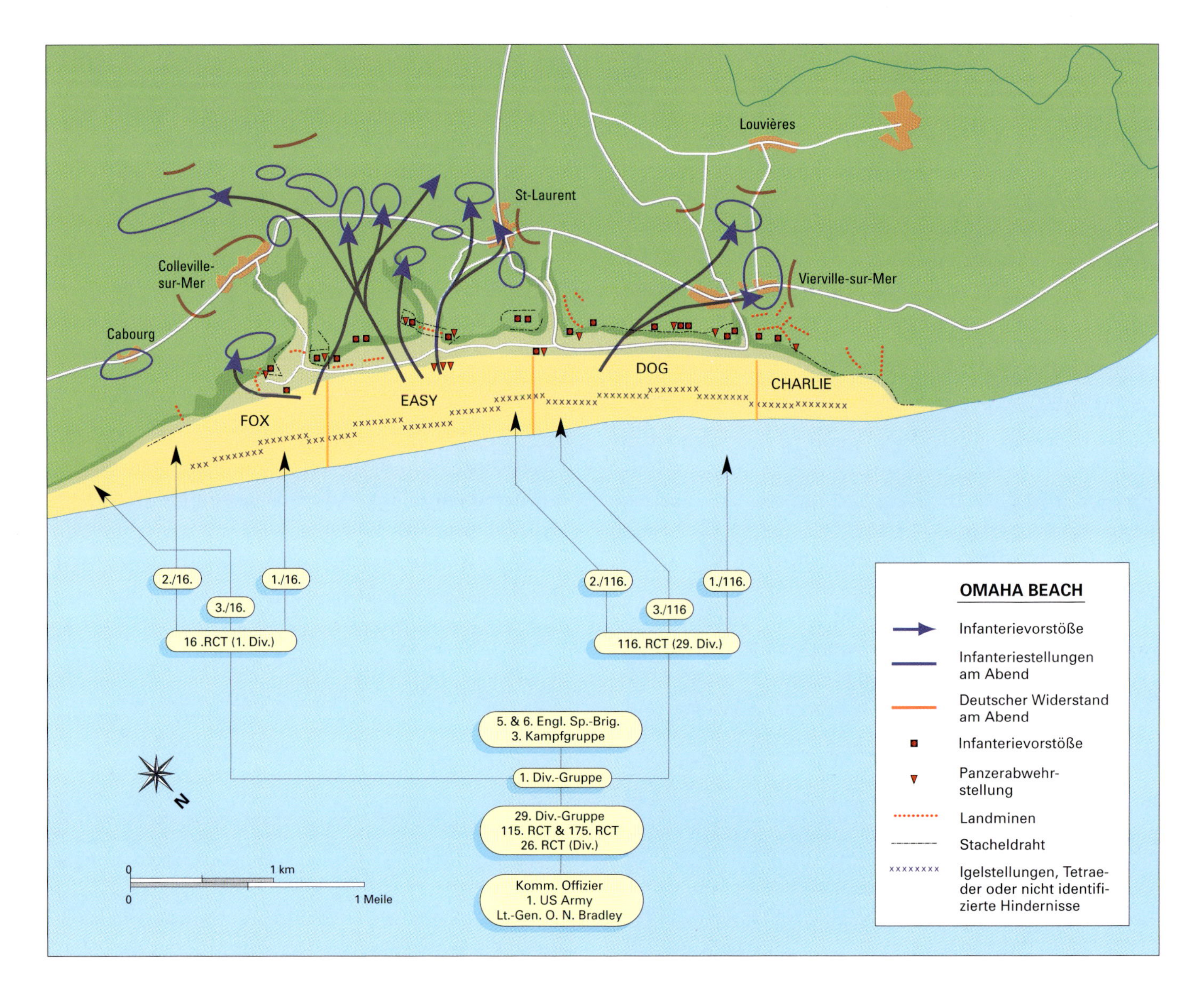

Oben: Omaha Beach mit den Stellungen, die die Sturmtruppen bei Tagesende erreicht hatten. Es war ein sehr harter Kampf gewesen und der Ausbruch war verlustreich, doch die Amerikaner hatten das Felsufer, das den Strand beherrschte, gesäubert.

nestern und in den Wasserläufen legte man Minenfelder und zum Schutz der toten Winkel grub man ferngesteuerte Flammenwerfer ein. Alles war perfekt angelegt, doch die alliierten Planer wussten, dass eine Landung auf Omaha nötig war, damit Utah nicht an der von den anglokanadischen Stränden entfernten Flanke ungeschützt blieb.

Im Nachhinein meinten Kritiker, die amerikanischen Planer hätten nichts aus der Lektion von Dieppe zwei Jahre vorher gelernt und auf einen Frontalangriff gesetzt. Sie setzten für die Landungen einen strikten Zeitplan fest, der stetig Männer und Fahrzeuge auf einen Strand bringen würde, der noch unter Beschuss lag, wenn die Flut einsetzte.

Der wohl übelste Vorschlag war, dass ein blutiger Sieg im Jahr der Präsidentenwahl nicht nur Roosevelt nützen, sondern auch die Zweifelnden unter den Alliierten davon überzeugen würde, dass sich die USA der Strategie „Deutschland zuerst“ verschrieben hatten und Nazi-Deutschland vor dem Kaiserreich Japan niederwerfen wollten.

Die beste Route weg vom Strand war die Schotterstraße westwärts zum Dorf Vierville. Diese war durch einen Panzerabwehrwall blockiert, und die Deutschen hatten auf dem Felsufer das WN 70 mit Infanteriewaffen und das WN 71 mit zwei 7,5-cm-Kanonen, eine in einer offenen Werfergrube, eine in einer Kasematte, sowie zwei Granatwerfern und einer 2-cm-Flak errichtet. Das WN 72 beim Zugang zur Abflussrinne war eine wahre Festung mit zwei 8,8-cm-Kanonen, die den Strand bestrichten, einer 5-cm-Kanone und fünf 5-cm-

Granatwerfern. Doch waren WN 71 und WN 73 unterbesetzt. Männer von Baubrigaden mussten sie ergänzen.

Der erdige Weg hinauf zum St-Laurent-Exit wurde von vier Widerstandsnestern geschützt. Das WN 64 hatte zwei 7,5-cm-Kanonen, fünf 5-cm-Granatwerfer und eine 2-cm-Flak. WN 65 besaß eine 8,8-cm-Kanone und einen 5-cm-Granatwerfer in einer Kasematte. WN 68 hatte nur Infanteriewaffen, doch WN 66 war Furcht einflößend. Geschützt von einem Panzergraben hatte es zwei 7,5-cm-Kanonen, drei in Bunkern einbetonierte Renault-Panzertürme und sechs 5-cm-Granatwerfer.

TIEFE STELLUNGEN

In der Tiefe befanden sich WN 67 und WN 69, letzteres mit einer Raketenbatterie. Das deutsche 1. Bataillon des Artillerieregiments der 352. Division unter Oberst Ocker stand mit seinen Beobachterposten um Houtteville in WN 59, WN 61 und WN 62, von wo aus der Artilleriebeobachter Leutnant Frerking das Feuer justieren konnte.

Der Colleville-Exit, bloß ein Pfad, wurde von drei Widerstandsnestern geschützt. WN 60 hatte zwei 7,5-cm-Kanonen, einen Bunker mit einem Renault-Panzerturm, vier 5-cm-Granatwerfer und eine 2-cm-Flak. WN 61 war mit einer 8,8-cm- und einer 5,5-cm-Kanone und Renault-Panzerturm-Bunkern sowie einem 5-cm-Granatwerfer bestückt. Ein Panzergraben lag vor dem WN 62, dem Gefechtsstand Leutnant Frerkings. Die Bewaffnung bestand aus zwei 7,5-cm-Kanonen in Kasematten, zwei 5-cm-Kanonen und einem 5-cm-Granatwerfer. Der Panzergraben sollte sich als wirksames Hindernis erweisen. Noch um 11.40 Uhr am D-Day suchten die US-Panzerfahrer eine Stelle, um ihn zu queren. Landeinwärts auf der Straße nach Colleville lag WN 63 mit einer 7,5-cm-Kanone. In diesem Gebiet würde sich die 2./916. konzentrieren.

Alle Widerstandsnester waren von Stacheldraht umgeben, und die alliierten Planer wussten, dass am Strand und landeinwärts ein dichtes Netz von Minenfeldern lag. Zwischen dem tiefen und dem seichten Wasser war die Bucht mit Hindernissen übersät, darunter das 2,75 m breite Element C an der Front mit Rampen und Pfählen nahe beim Strand und Tetraedern und Drahtigeln bei der Flutmarke. Die insgesamt 50 m dicken Sperrgürtel waren wohl ausgeklügelt und unterschiedlich hoch, die niedrigsten näher am Strand. Bei Flut wurden die etwa 15 m voneinander entfernten Gürtel bedeckt sein und ein tödliches Hindernis darstellen. Die Panzergräben, die man ausgehoben hatte, um die östlichen Ausgänge von der Bucht zu schützen, konnte man mit Wasser fluten, und am westlichen Ende hatten die deutschen Verteidiger einen Panzerabwehrwall, eine so genannte Panzermauer, errichtet, um die Straße zu blockieren.

Grenadier Robert Vogt vom 1./726. Regiment erinnerte sich an den Bau: „Wir errichteten all dies bei Ebbe, als das Meer ein paar Kilometer zurückging. Wir rammten einen Holzpfahl hinein und etwa vier oder fünf Meter entfernt den nächsten. Auf ihnen befestigten wir mit Klammern einen dritten, alles mit der Hand, gesichert durch weitere Klammern. An der Spitze der Pfosten oder Balken wurden Tellerminen so angebracht, dass sie bei Flut gerade unter der Wasseroberfläche waren. So würde auch ein flaches Boot sie berühren und zerstört werden."

Die Bautrupps trieben einfach mit Presslufttüllen Löcher in den nassen Sand und brachten dann die Pfosten an. Dabei überraschte eine Aufklärungs-Spitfire der R. A. F., die über den Strand flog, die deutschen Soldaten. Die Kameras der Maschine fingen die Männer ein, als sie hinter den Hindernissen Deckung suchten.

Der alliierte Nachrichtendienst glaubte, die Stellungen seien vom 1. und 3. Grenadierregiment unter Oberst Korfes bemannt, einem Teil der 716. Infanteriedivision unter General Richter. Man hielt sie mit nur 7771 Mann oder 35 Prozent des Stammpersonals der Division für unterbesetzt. Viele der Männer, so glaubte man, seien nicht deutsche Truppen, entweder Polen oder Slawen. Abgefangene Funkmeldungen wiesen zwar auf Truppenbewegungen in dem Gebiet hin, doch ließ sich die Einheit und ihre Größe nicht feststellen. Tatsächlich handelte es

Rechts: In der Angriffs-Grunduniform inklusive Gasmaske, Wasserflasche und Verpflegungsbüchse späht ein mit einem Karabiner 98K bewaffneter deutscher Soldat auf Omaha aus der Deckung.

Oben: Während US-Soldaten an Land waten, hängt Rauch über den deutschen Stellungen an der Basis des Steilufers bei Omaha. Es war entsetzlich: Der Strand war mit Leichen und Körperteilen sowie Waffen und Gerät übersät und das Wasser rot von Blut.

sich um die 352. Infanteriedivision, die im Gebiet von St-Lô stationiert worden war. Sie besaß volle Stärke, hatte kampferprobte Truppen und zwei ihrer Regimenter, das 914. unter Oberstleutnant Heyna und das 916. unter Oberst Goth, die das westliche Ende von Omaha Beach deckten, sollten sich für die Invasionstruppen als harte Gegner erweisen. Das 726. war noch am Ostende der Küste und es mag sein, das der Funkverkehr der 914. und 916. Regiments durch den des 726. getarnt wurde.

In Kenntnis der potenziellen Stärke dieser Stellung schlugen die alliierten Planer ein intensives Bombardment vor der Landung vor. Um 5.55 Uhr sollten 329 B-24 Liberators auf die Strände losschlagen. Dann sollte Marinefeuer durch die Schlachtschiffe USS *Texas* (das Flaggschiff) und *Arkansas*, die französischen Kreuzer FFS *Montcalm* und FFS *Georges Leygues* und die HMS *Glasgow* folgen. Zusätzlich würden elf Zerstörer Nahunterstützung geben. Das Kommandoschiff, die USS *Ancon*, sollte um 2.50 Uhr eine Stellung etwa 21 km vor der Küste einnehmen.

Der Strand wurde in Sektoren geteilt, die von West nach Ost „Charlie“, „Dog“, „Easy“ und „Fox“ hießen. Dog war vom Meer zum Land in „Green“, „White“ und „Red“, Easy in „Green“ und „Red“ und Fox in „Green“ eingeteilt.

ZUKUNFTSVORAUSSAGE

Nach den Übungen der Generalprobe zum Aufbau der Landung, die mit scharfer Munition an den Slapton Sands in Devon stattfand, teilte Brigadier General Norman Cota, der stellvertretende Kommandeur der 29. Division, den Stäben mit, was bei Omaha wahrscheinlich geschehen würde – und er behielt bitter Recht.

„Dies unterscheidet sich von jeder Übung, die ihr bisher hattet. Die kleinen Unstimmigkeiten, die wir an Slapton Sands zu korrigieren suchten, werden sich vergrößern und zu Ereignissen führen, die ihr zunächst als chaotisch erleben werdet. Luft- und Marinebombardement werden funktionieren. Doch ihr werdet auf Konfusion treffen. Die Landungsboote werden den Zeitplan nicht einhalten und die Leute werden an der falschen Stelle landen. Manche werden gar nicht landen. Der Feind wird, mit einigem Erfolg, zu verhindern suchen, dass wir uns festsetzen. Aber wir müssen improvisieren, weitermachen, nicht den Kopf verlieren. Wir dürfen die Konfusion nicht vergrößern.“

Cota gefiel der Plan für Omaha nicht. Er bevorzugte wie Lord Lovat und Commando Nr. 4 zwei Jahre zuvor bei Dieppe eine Landung vor dem ersten Tageslicht.

VERGEUDETE BOMBEN

Bei Omaha fürchteten wie bei Utah die Mannschaften der B-24 Liberator, die Invasionsflotte auf dem Weg an die Küste zu treffen, falls sie die Bomben zu früh abwürfen. Um das zu verhindern, zögerten sie einige entscheidende Sekunden, ehe sie ihre Fracht über den 13 angegebenen Zielen abwarfen. So explodierten 1310 Tonnen Bomben mehr als drei Kilometer landeinwärts nutzlos auf Ackerland.

Während Utah Beach durch die Küste der Halbinsel Cotentin geschützt war, lag Omaha exponierter und Schlechtwetter sowie der Anstieg des Geländes machten einen genauen Beschuss schwierig. Der Großteil des Sperrfeuers der 3000 Schuss der „Force C" ging über seine Ziele hinaus oder war zu kurz, um wirkungsvoll zu sein. Als die Raketen-Landungsboote der Royal Navy herankamen, um das finale Sperrfeuer von 127-mm-Raketen zu eröffnen, feuerten sie zu früh. Viele Raketen fielen harmlos ins Meer.

Staff Sergeant William Lewis erschien der Beschuss in seinem Amphibienlaster eindrucksvoll: „Ich erinnere mich, wie das Schlachtschiff *Texas* Breitseiten auf die Küste abfeuerte, während wir nahe dabei waren. Es gab Furcht erregende Explosionen, als sie schossen. Der Rauchring zog an uns vorbei, er sah wie der Trichter eines Tornados aus, wurde größer und größer und verschwand schließlich. Dann kam der nächste Schuss."

Die Männer der ersten Sturmwelle drängten sich in ihren Landungsbooten, die nun ihre Fahrt zum Strand aufnahmen. Sie waren durchnässt und seekrank. Das grimmige Geschick, das vor ihnen lag, war ihnen nicht bewusst.

Jedes LCA oder LCVP fasste 31 Mann, die in der ersten Welle aus gemischten Teams bestanden und Hindernisse beseitigen sowie feindliche Stellungen neutralisieren konnten. Unter Führung eines Offiziers sahen die Teams so aus:

Unten: Soldaten decken sich hinter einem M4 Sherman, während andere sich hinter den tschechischen Stahligel-Panzersperren zu verbergen suchen. Alle befinden sich im direkten oder indirekten Feuerbereich der deutschen Verteidiger in deren Widerstandsnestern.

> Ich nahm mein Artilleriebinokular und sah überrascht, dass der Horizont voll mit Schiffen aller Art war. Ich konnte es kaum glauben. Es schien mir unmöglich, dass sich diese riesige Flotte hatte sammeln können, ohne dass es irgendjemand bemerkt hatte. Ich gab das Binocular dem Mann, der neben mir stand. Er rief: „Mein Gott! Das ist die Invasion!"
>
> *Major Werner Pluskat*
> *352. Artillerieregiment, 352. Division*

- Ein Unteroffizier und fünf Schützen am Bug
- Ein Drahtschneide-Team von vier Mann
- Zwei Browning-Automatic-Rifle-Teams von zwei Mann
- Zwei Bazooka-Teams von zwei Mann
- Eine 60-mm-Mörser-Crew von vier Mann
- Ein Flammenwerfer-Team
- Ein Sprengtrupp mit fertigen TNT-Ladungen
- Ein Sanitäts- und Zugsführer im Heck
- Der Steuermann

Die US-Angriffswellen wurden von der 1., 2. und 3./116. Regimentskampfgruppe (RCT), einem Teil der 29. Infanteriedivision, der *Blue and Gray Division* unter Major General Charles „Uncle Charlie" H. Gerhardt, dem am linken Flügel Dog zugeteilt war, angeführt. In Voraussicht der Verluste hatte man die 116. RCT mit zusätzlichen 500 Mann verstärkt. Die 1., 2. und 3./16. RCT, Teil der 18. RCT, würden Easy, Red und Fox angreifen. Die 16. und die 18. gehörten zur 1. Infanteriedivision, die wegen ihrer Schulterstücke auch *The Big Red One* genannt wurde. Die Division wurde von Major General Clarence R. Huebner befehligt.

Im August 1943 hatte Huebner Major General Terry de la Mesa Allen abgelöst, der die Division in Nordafrika und Sizilien kommandiert hatte. Anfangs war es schwer, eine Division von einem beliebten Kommandeur, der die Einheit in den Krieg geführt hatte, zu übernehmen. Zudem war auch der beliebte Stellvertreter, Brigadier General Theodore Roosevelt jr., abgelöst und auf einen Bürojob in London versetzt worden. Huebner brauchte Zeit, der *Big Red One* seinen Stempel aufzudrücken, doch seine Mischung aus strenger Disziplin und Fairness brachte ihm den Spitznamen „Der Coach". Beim Training mussten sich die Bataillonskommandeure mit den Abschnitten der anderen vertraut machen, damit Änderungen in letzter Minute die Landungen nicht gefährdeten. Dies sollte sich später auszahlen.

General Bradley hatte für Omaha die 1. Division gewählt, da sie zu diesem Zeitpunkt die erfahrenste, kampferprobteste Division der US-Army war. Trotzdem fanden es viele Männer hart, dass sie nach zwei überlebten Landungen eine weitere in der Normandie vielleicht nicht überstehen würden.

Die 29. Division, die ebenfalls auf Omaha landen würde, war seit Oktober 1942 in England. Dort hatte sie wegen ihrer langen Stationierung in Britannien den höhnischen Spitznamen „England's Own" erhalten. Nach Bradleys Worten hatte sie „Siedlungsansprüche auf Omaha Beach erworben". Als die Veteranen der 1. Division vom Kampfruf der National Guard 29 erfuhren, den Gerhardt für sie geprägt hatte, nämlich „Twenty-Nine – Let's Go!", witzelten sie: „Go ahead Twenty-Nine – we'll be right behind you." („Geht vor, 29. – wir sind direkt hinter euch.")

Die 29. Division hatte ihren kommandierenden Offizier im Juli 1943 erhalten. Er sollte sie für Landeoperationen vorbereiten und „um die Stellung vieler Männer der 29. Division im Wachlokal zu korrigieren". Gerhardt führte strenge Disziplin ein und beharrte darauf, dass „dieser Krieg auf Bataillonsebene gewonnen werden wird". Das schärfte er bei einem Treffen seinen Bataillonskommandeuren ein. „Heute in einem Jahr wird von Ihnen einer von dreien tot sein, und der

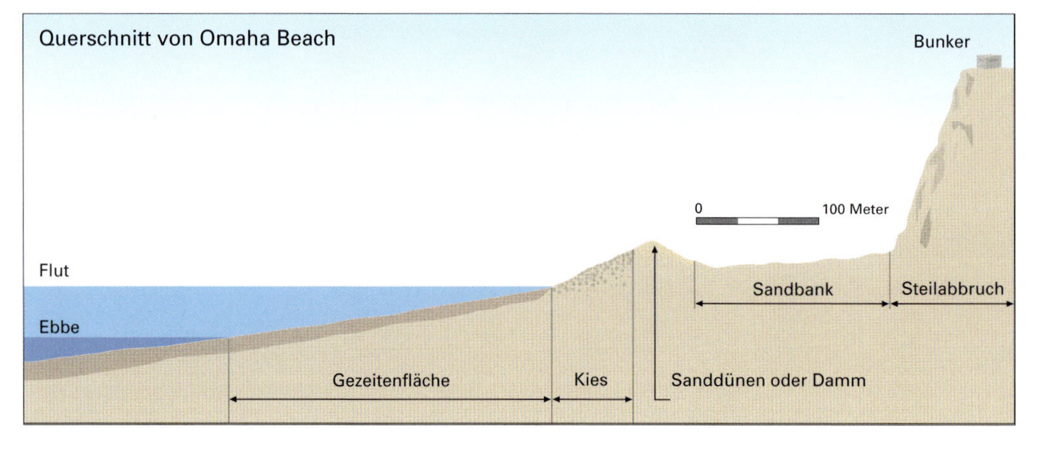

Links: Querschnitt von Omaha Beach. Die Männer, die gelandet und es bis in die Deckung des Deichs geschafft hatten, mussten übermenschlichen Mut aufbringen, um die Sandbank zu überqueren und die Deutschen anzugreifen. Doch mit Unterstützung der Schiffe, die möglichst nah herangekommen waren, konnten die Amerikaner schließlich vom Strand wegkommen.

Oben: Die schrecklich exponierte Fläche von Omaha Beach bei Ebbe, etwa einen Tag nach den Landungen. Man sieht eine Reihe beim ersten Angriff ausgeschalteter Fahrzeuge, darunter einen Sherman-Tank. Die Deutschen hatten keinen Angriffsversuch bei Flut erwartet.

Blutzoll wird noch höher sein, wenn die Kommandeure ihre Sache nicht beherrschen und sich nicht anstrengen!"

SCHLECHTE MORAL

Die 29. begann sich zu sorgen, wie hart der Kampf sein würde. Es gab Gerüchte, dass Zugs- und Kompaniekommandeure nicht lang überleben würden. Bradley wurde hinterbracht, dass die Einheit „mit einer verzweifelten Angst vor den Verlusten infiziert sei, die ihr für den Angriff vorausgesagt würden. Manche sprachen von 90 Prozent".

> Wo Kanal und Küste aufeinander trafen, gab es eine wogende Linie dunkler Objekte. Manche der größeren, als Panzer und Landungsboote erkennbar, tauchten aus schwarzem Rauch auf. Weiter oben am Strand war eine weitere Linie kleinerer Formen, gerade wie mit dem Lineal gezogen, da sie entlang einer Kiesbank ausgerichtet waren. Einzelne schwarze Formen lösten sich von der Brandung und bewegten sich auf die Linie zu.
>
> *Captain Charles Cawthon*
> *Kommandierender Offizier der Stabskompanie, 2. Bataillon, 116. Infanterie*

Er beschloss, die 29. zu besuchen um ihre Moral zu heben, indem er auf die Verlustraten im Mittelmeerraum verwies. „Dieses Gerede von riesigen Verlusten ist Quatsch. Einige von euch werden nicht zurückkehren – aber sehr wenige."

Vor dem Einschiffen hielt der Regimentskommandeur vor den Männer des 116. Regiments *The Stonewall Brigade* eine Anfeuerungsrede.

„Es gibt einen sicheren Weg, den Feind auszuschalten – ihn zu töten. Krieg ist kein Kinderspiel und erfordert Hass gegen den Feind. Wir empfinden ihn noch nicht. Ich hoffe, ihr werdet ihn haben, wenn ihr eure Freunde verwundet und getötet seht. Passt von Anfang an auf euch auf. Bedenkt, dass der Hunne ein geschickter, intelligenter Kämpfer ist und keine Gnade haben wird. Habt auch keine mit ihm."

Trotz dieser optimistischen Worte und Ermutigungen würden das Regiment und die Division als Ganzes binnen Stunden nach der Landung die schwersten Verluste aller an den Landungen des D-Day beteiligten Einheiten erleiden.

Für ein 14-jähriges, inTavistock (Devon) lebendes Mädchen blieb die veränderte Atmosphäre um die 29. Division, die in der Gegend stationiert war, eine quälende Erinnerung. „Einige Monat vor dem D-Day verlief alles gedämpft und es gab eine Stimmung von Heimlichkeit und Ernst, wo zuvor Spaß und Leichtfertigkeit geherrscht hatten. Jeder, den ich kannte, schien zu verschwinden, und ich fühlte, dass ein Abschnitt meines Lebens vorbei war."

Zu den ersten Landewellen auf Omaha würden zwei Bataillone von acht DD-Panzern des 741. und 743. Panzerbataillons gehören. Auch Pionier-Sprengtrupps sollten mit dieser Welle landen. Sie sollten Hindernisse und Minenfelder räumen, damit Männer und Fahrzeuge auf das Plateau hinter dem Strand vorrücken konnten. Major Kenneth Lord, Assistant G3 (Operationsoffizier) bei der 1. Infanteriedivision, erinnerte sich, dass Aufklärungsflugzeuge schon Tage vor dem D-Day zeigten, dass noch mehr Hindernisse entlang der Küste errichtet worden waren. Zusätzliche Pioniereinheiten in der ersten Welle sollten diese zerstören.

„Wir mussten unseren gesamten Ladeplan abändern. Wir gingen ins unterirdische Hauptquartier in Plymouth und arbeiteten drei Tage lang ununterbrochen. Dann waren wir fertig. Es war wohl ein großer Schock für diese Pioniere, dass sie nun zur ersten Welle gehörten."

Zur Stunde X sollten zur Unterstützung der Infanterie 32 Panzer mit 16 gepanzerten Bulldozern gelandet werden und die Sperren beseite schieben. Gemäß Plan wäre die Anhöhe um 7.30 Uhr, eine Stunde nach der Landung, eingenommen. Die 116. sollte hierauf das Gebiet am Fluss Aure unterhalb der Route Nationale 13 westwärts bis Isigny säubern. Die 16. würde sich an der rechten Seite beim Port-en-Bessin mit den Briten verbinden. Bei Tagesende sollte der Landekopf 26 km breit und 8 km tief sein.

„ESELSOHREN"

Im WN 62 beobachtete Leutnant Frerking durch sein starkes stereoskopisches Artillerie-Binokular, so genannte „Esels-

Unten: Omaha und das Steilufer. Die Hindernisse gegen die Invasion sind noch an ihren Plätzen, Panzer und Fahrzeuge am Küstenvorland. Pioniere würden die Sperren räumen und beginnen, den Bereich für die Errichtung eines „Mulberry-Hafens" herzurichten.

MG 42 „SPANDAU"

Das MG 34, bei den Alliierten einfach „Spandau" genannt, war die Waffe, mit der die Deutschen in den Krieg zogen. Das MG 42 ersetzte das kompliziertere MG 34 während des Kriegs. Zur Beschleunigung der Produktion benützte man Pressstücke und Punktschweißungen. Als die Alliierten 1943 in Tunesien Exemplare davon erbeuteten, glaubten sie, dass diese relativ grobe Fertigung die Folge von Produktionsproblemen in der deutschen Handfeuerwaffenindustie sei. Die Waffe hatte Kaliber 7,92 mm und war mit einer 533-mm-Trommel 122 cm lang. In der leichten Version wog sie 11,6 kg, mit dem Dreifuß für Dauerfeuer kamen 19,2 kg hinzu. Bei einer Mündungsgeschwindigkeit von 756 m/s besaß sie eine Reichweite von 2000 m sowie eine Feuergeschwindigkeit von 1550 Schuss pro Minute. Aufgrund dieser hohen Geschwindigkeit machte sie ein ganz charakteristisches Geräusch – die GIs verglichen es mit dem Reißen von Kattun.

ohren", mit wachsender Ungläubigkeit die sich nähernden Schiffe. Eine derart gewaltige Ansammlung von Wasserfahrzeugen in einem so kleinen Gebiet schien einfach unmöglich. Das Kriegstagebuch der 352. Division hielt fest: „Die Wahl des Landeplatzes, die Stärke und das ständige Marinegeschützfeuer sowie die immer wieder gemeldeten großen Zahlen von sich nähernden Landungsbooten erweckte im Befehlsstand die Vorstellung, dass wir es hier mit einer systematischen Landung einer großen Streitmacht zu tun hatten. Die Invasion hatte tatsächlich begonnen!"

Zwar erwarteten die deutschen Verteidiger nach den Fallschirmabsprüngen einen Angriff vom Meer her, doch rechneten sie damit erst nach 8.00 Uhr bei Gezeitenwechsel.

Um 6.30 Uhr waren die ersten Wellen von US-Landungsbooten etwa 0,5 km vor dem Strand, der verdächtig ruhig schien, als sie die ganze Feuerkraft der Geschützstellungen der Widerstandsnester traf. Kompanie A von der 116. verlor 96 Prozent ihrer Kampfstärke, ehe sie noch einen Schuss abgefeuert hatte. Das Landungsboot mit dem Stab des 743. Panzerbataillons wurde kurz vor dem Strand getroffen. Alle Offiziere bis auf einen wurden getötet. Das Boot mit den Pionieren wurde erwischt. Etwa die Hälfte wurde getötet, der Großteil der Ausrüstung ging verloren. Von den 16 gepanzerten Bulldozern erreichten nur zwei den Strand. Die Infanterie benutzte sie schnell als Deckung. Als MG-Feuer das Boot, das Sergeant Golas und Männer des 2. Rangerbataillons in Richtung Charlie führte, beharkte, meinte er mit spöttischer Überraschung: „Hoppla, die schießen ja zurück!"

Das Wetter schien auf Seiten der Verteidiger, da die Dünung und der bedeckte Himmel die Landeordnung zerstörte und Boote dadurch ihre Truppen an den falschen Buchten absetzten. Die DD-Tanks des 741. Panzerbataillons wurden losgelassen und machten sich auf den Weg zum Strand. Auf den Karten der Panzerkommandanten und Landungsboote war das Küstenvorland auf Meereshöhe mit Referenzpunkten eingezeichnet. Sie waren mittels Luftaufnahmen auf dem Stand vom 22. Mai. Doch die DD-Crews fuhren nicht geradewegs mit den Brechern von hinten zum Ufer, sondern begannen ihr zerbrechliches Fahrzeug nach dem Kirchturm von Vierville auszurichten. Da schlugen die Wellen von der Seite gegen die Leinwandschürzen. Bald waren die Tanks überflutet und sanken. Ein Marineleutnant sah das Verhängnis der 741. und beschloss, seine Panzerlandungsboote in die Bucht zu fahren, um der 743. eine bessere Chance zu geben. Doch das LCT des Bataillonskommandeurs sank vor dem Strand und alle Offiziere außer einem Leutnant wurden getötet oder verwundet. Die Tanks landeten gegenüber der Wasserrinne von Vierville und kamen dort unter deutsches Feuer.

Die Männer an Land hatten also keine direkte Feuerunterstützung. Diszipliniert hatten die Verteidiger gewartet, bis die Landungsboote in Reichweite und die Rampen herunten waren. Und von hinten feuerten 10,5-cm-Haubitzen.

Die 29. Division war eine Einheit der Nationalgarde. Im 1. Bataillon waren die Kompanien A, B und D aus den Städten Bedford, Lynchburg und Roanoke in Virginia rekrutiert worden. Einer der Überlebenden, Sergeant Robert J. Slaughter erzählte: „Wir landeten kompanieweise. Kompanie A gegen 6.30 Uhr, Kompanie B zehn bis 15 Minuten später und Kompanie D gegen 7.10 Uhr, alle wahrscheinlich verspätet. Wir gerieten ins Zentrum des Sturms. Das Bataillon wurde dezimiert. Verdammt, danach waren nicht mehr genug von uns übrig, um einer Katze Angst einzujagen."

Am Morgen des 6. Juni verlor die Stadt Bedford 23 Männer von ihren insgesamt 3000 Einwohnern. Alle dienten in der Kompanie A und unter den Toten waren Brüder aus drei Familien.

Für einen jungen deutschen Soldaten der 352. Infanteriedivision war es die erste Kampferfahrung. Als er nach der Invasion gefangen genommen und verhört wurde, erzählte er: „Es war das erste Mal, dass ich auf lebende Menschen schoss. Ich weiß nicht mehr genau, wie es war. Ich erinnere mich nur, dass ich zu meinem Maschinengewehr ging, und schoss, schoss, schoss."

Es war nun klar, dass wir in einer der sorgfältig registrierten Todeszonen der deutschen Maschinengewehre und Granatwerfer an Land kamen. Die von ihnen angerichtete Verheerung endete in einem unglaublichen Chaos rings umher – Körper, Waffen, Sprengstoffbehälter, Flammenwerfer, Trommeln mit Telefondraht und persönliche Ausrüstung von Socken bis zu Rasierzeug. Hunderte braune Rettungsgürtel trieben herum. Die Wellen brachen sich an ausgeschalteten Panzern, Bulldozern und Landungsbooten … Da war ein breiter Sandstreifen, der durch die Flut schmäler wurde, dann eine scharf ansteigende Kiesbank von glatten Steinen, die am Damm endete. Am Damm waren Soldaten des ersten Sturmtrupps. Einige hoben Schutzräume aus, etliche lagen in der lockeren Haltung von Verwundeten, andere zeigten die endgültige Starrheit des Todes. Die meisten aber saßen mit dem Rücken gegen den Damm gelehnt.

Captain Charles Cawthon
Kommandierender Offizier der Stabskompanie, 2. Bataillon, 116. Infanterie

Für 6.30 Uhr vermerkte der Kampfbericht der USS *McCook* nüchtern: „Erste Landeboote mit Männern und Material landen am Strand. Heftiges feindliches Feuer von unbekannten Punkten."

Im Osten, wo Dog in Easy überging, landeten zwei Bataillone der 116. am nach Les Moulins führenden Wasserlauf. Rauch von brennenden Gebäuden und Gestrüpp gab etwas Deckung. Auf Easy, Red, aber erlitt die 2./16. dasselbe Geschick wie die gegenüber von WN 62 landende 1./116. Feindliches Feuer verursachte schwere Verluste und Minenfelder zwangen die Infanterie auf enge Pfade hintereinander.

AUF DEM SCHIESSSTAND

Die Amerikaner hatten sich dafür entschieden, die britischen Spezial-Panzerfahrzeuge (die „Funnies") nicht zu benutzen, die sich schnell einen Weg durch diese Hindernisse hätten bahnen können. Zwar lag eine Logik darin, Churchills und Shermans nicht zu vermischen – Ersatzteile und Wartung wären ein Problem gewesen –, doch hätten sie ihnen Zeit und Leben erspart. Mit ARK-Brückenlegern etwa hätten die Tanks den Panzergraben bei WN 62 überqueren können.

Links: Die Omaha-Anlagen waren gut gebaut und stehen noch heute, stille Zeugen des Muts der Männer, die sie einnahmen. Viele dienten als Fundamente für Gedenkstätten für die Einheiten, die auf dem „Blutigen Omaha“ landeten. Diese hier deckt die Lücke im Hang bei Vierville.

Als die Flut stieg, ertranken Verwundete, und Soldaten an Land wurden auf einem engen Streifen, der praktisch zum Schießstand für die deutschen Verteidiger geworden war, zusammengezwängt. Der Obergefreite Gilbert Murdock vom 116. Regiment erinnerte sich, dass

„... viele verloren waren, ehe sie noch den Feind gesehen hatten. Manche wurden im Wasser verwundet und ertranken. Andere schleppten sich verwundet an Land, legten sich im Sand hin und gaben sich [Morphium-]Spritzen, nur um dann von der steigenden Flut erwischt und binnen Minuten ertränkt zu werden.“

Manche der bei Omaha Verwundeten verdankten ihr Leben dem 25-jährigen Soldaten Carlton Barrett vom Aufklärungszug der Stabskompanie der 18./1. Infanterie. Am D-Day watete er durch bis zum Hals reichende Wellen an Land und kehrte dann unter Feuer um, um Kameraden, die am Ertrinken waren, zu retten. An Land diente er als Führer, als Laufbursche, und half den Verwundeten und denen, die nicht für sich selbst sorgen konnten. Für seinen Mut und seinen Einsatz erhielt er die *Medal of Honor*.

Um 8.30 Uhr setzte der Strandkommandant als der Offizier, der die Landungsboote vom Land aus lenkte, die Landungen aus, da kein Platz mehr für Männer und Fahrzeuge war. Ein deutscher Offizier in Vierville telefonierte General Kraiss im Hauptquartier der 352. an und meldete, die Landungen bei Omaha seien gestoppt und er erwarte, die US-Truppen würden versuchen sich zurückzuziehen.

Er behauptete: „An der Wasserlinie bei Ebbe nahe St-Laurent und Vierville sucht der Feind hinter den Hindernissen im Küstenbereich Deckung. Eine große Zahl von Motorfahrzeugen – darunter zehn Panzer – stehen brennend am Strand. Die Sprengtrupps haben ihre Aktivität eingestellt. Die Ausschiffung aus Landungsbooten hat aufgehört. Die Boote bleiben weiter seewärts. Das Feuer unserer Kampfstellungen und Artillerie war wohlpatziert und hat dem Feind erhebliche Verluste zugefügt. Am Strand liegen sehr viele Verwundete und Tote.“

Vom Meer her konnte Sergeant Alan Anderson von der 116. Kampfgruppe, 467. AAA-Bataillon „Maschinengewehre auf die Rampen der weitere Männer ausladenden größeren Boo te losballern sehen, und die Männer taumelten und fielen tot ins Wasser, genau wie Maiskolben von einem Förderband“.

Als wir uns dem Strand näherten, wurde die Rampe heruntergelassen. Mörser- und Artilleriegranaten explodierten an Land und im Wasser. In den Felsen verborgene Scharfschützen schossen herunter, doch die größte Verheerung richteten automatische Waffen an. Das Wasser wurde rot vom Blut. ... Tote trieben im Wasser und Lebende wurden von der Flut mitgerissen. Ich kauerte mich bis zum Kinn ins Wasser, als Mörsergranaten an der Wasserlinie einzuschlagen begannen. Der Sand spritzte vom Feuer aus Handfeuerwaffen von den Felsen her hoch ... Hinter einem der Holzpfähle halb im Wasser liegend bemerkte ich einen GI, der von rechts nach links lief... Ein Feind schoss nach ihm und er taumelte in Deckung. Er schrie nach einem Sanitäter. Es lief ihm einer zu Hilfe und wurde ebenfalls niedergeschossen. Nie werde ich den neben dem verwundeten GI liegenden Sanitäter vergessen. Beide schrieen und starben binnen Minuten.

Sergeant Robert J. Slaughter
1. Bataillon, 116. Infanterieregiment, 29. US-Infanteriedivision

Aufgrund des optimistischen deutschen Berichts und wegen der Zerstreuung der Luftlandetruppen, die sich im Hinterland befanden, schickte Kraiss keine Verstärkungen nach Utah und Omaha. An letzterem Strand hätten die Deutschen vielleicht eine blutige Schlacht in eine tragische Niederlage umwandeln können.

Vor der Küste erhielt General Bradley vom V. Corps pessimistische Schätzungen von 3000 Opfern. Näher an den Stränden war Colonel Benjamin Talley, stellvertretender Stabschef des V. Corps an Bord eines DUKW und sah den Strand verstopft mit Schützen, die immer noch unter Feuer lagen. Er meldete dies um 9.30 Uhr. Besonders besorgt war er, dass die LCTs ziellos vor der Küste herumirrten. Bradley erwog eine Umleitung seiner nachfolgenden Einheiten nach Utah.

SUCHE NACH EINER ZIGARETTE

Lieutenant William Jones hatte den Strand erreicht, doch das gepanzerte Halbkettenfahrzeug mit dem 12,7-mm-Browning-Fliegerabwehrmaschinengewehr, auf dem er hätte in den Kampf fahren sollen, war versunken, als es vom Landeboot fuhr. Heil an Land hatte er nur ein Verlangen: „Alles, was ich wollte, war eine Zigarette, und ich fragte den Sanitäter, der gerade an mir vorbeilief: ‚Hast du eine trockene Zigarette?‘ Und er gab mir eine Zigarette und wurde im gleichen Augenblick von etwas getroffen. Ich weiß nicht, was es war, doch sein ganzer Körper, die Eingeweide und alles, fiel auf

Oben: Truppen waten in hüfttiefem Wasser bei Omaha an Land. Wie von den alliierten Meteorologen vorhergesagt, besserte sich das Wetter am Nachmittag, und USAAF und R. A. F. beherrschten das Schlachtfeld und hinderten die Deutschen an der Verstärkung ihrer Verteidigung.

mich. Es muss ein Granatwerfer gewesen sein, der ihn traf, anders kann ich es mir nicht vorstellen."

Auf Omaha begannen sich die betäubten und demoralisierten US-Truppen in Kampfgruppen zu organisieren. Die Zerstörer der US Navy waren bis auf 800 m an die Küste herangekommen, um den Männern am Strand direkte Feuerunterstützung zu geben. Einige liefen dabei sogar auf Grund.

Lieutenant John Carroll von der 116. Infanterie erinnerte sich an das Feuer der Kriegsschiffe: „Sie waren 500 m vor der Küste und schossen 200- bis 304-mm-Granaten flach auf die deutschen Geschützstellungen oberhalb von uns. Die Stellungen wurden total zerstört und bis zu einem Quadratfuß große Zementbrocken fielen überall um uns herum und auf uns. Die Granaten flogen nur 30 m über unseren Köpfen. Sie schlugen ein und sprengten diese Klippe in die Luft."

Am Strand sorgten erfahrene Soldaten, Unteroffiziere und Offiziere wie Oberst George Taylor, der die 16. Regimentskampfgruppe kommandierte, für die Führung. Er fasste die Lage brutal zusammen: „An diesem Strand gibt es zwei Arten von Leuten, die Toten und solche, die es bald sein werden. Und verdammt, jetzt machen wir, dass wir von hier fortkommen!"

Carroll führte auf eine Weise, die auf keiner Offiziersanwärterschule geschweige denn in West Point gelehrt wurde: „Ich weiß noch genau, dass ich mein Feldmesser nahm und es den Leuten in den Rücken drückte, um zu sehen, ob sie noch lebten. Drehten sie sich um, so trat ich sie und sagte: ‚Vorwärts!' Später merkte ich, dass einige noch lebten, sich aber nicht umdrehen konnten – der reine Terror!"

Der 26-jährige Sergeant Joe Pilck vom 16. Regiment der 1. Infanteriedivision hörte die Ermahnungen der Offiziere, gestand aber: „Ich weiß nicht, ob ich in Panik war. Ich dachte vor allem an Gefangenschaft, weil es aussah, als ob die Invasion scheitern würde."

Den Strand entlanggehend forderte Brigadier General Norman Cota die Männer zur Bewegung auf: „Sterbt nicht an den Stränden, sondern wenn, schon dann auf den Felsen. Weg von den Stränden, da sterbt ihr auf jeden Fall."

Dann sah er um 8 Uhr an der rechten Flanke Männer des 5. Rangerbataillons, die auf Dog gelandet waren. Cota fand den Bataillonskommandeur Colonel Schneider auf seinem Kommandoposten. Unter Beschuss besprachen sich die beiden. Bei diesem Gespräch gab der General der Elitetruppe ihr Motto, als er zum Oberst sagte: „Wir zählen auf Ihre Ranger, dass sie vorangehen." Daraus wurde dann das markante „Die Ranger gehen voran".

Cota ließ mit einer gestreckten Ladung eine Lücke in den Stacheldraht sprengen und führte dann 40 Mann die Wasserrinne nach Vierville hinauf. Bis 10.00 Uhr waren ihnen etwa weitere 200 Männer gefolgt und befanden sich nun in einer Position, von der aus sie einen deutschen Gegenangriff zurückschlagen konnten.

Unten: Die Mannschaft eines Browning-30-Maschinengewehrs von der 1. US-Infanteriedivision verlässt vorbei an traurigen menschlichen Überresten früherer Angriffswellen den Strand. Am Ende der Gruppe folgt ein Munitionsboxen tragender Soldat dem Schützen.

Oben: Einem durchnässten US-Verwundeten wird von einem Schlauchboot, das Vorräte an den Strand gebracht hat, an Land geholfen. Es gab viele Verluste durch Ertrinken. Die schwere Ausrüstung der GIs für die Landung zog die Unvorsichtigen oder Bewusstlosen unter Wasser.

Rechts: Übersicht über den Zeitplan für die Landung von Truppen und Material an Omaha Beach. Die meisten DD-Shermans, die die erste Welle sichern helfen sollten, waren verloren, ehe sie das Ufer erreichten, da die raue See über ihre Schwimmschürzen schwappte und sie sanken.

Anderswo beobachtete der 22-jährige Soldat Carl Weast die Führung. „Captain Whittington war einer der Ersten, die über den verfluchten Deich kamen. Die Offiziere gingen als Erste. Später hörte ich unseren Adjutanten Captain Whittington kritisieren, weil er sich unnötig dem Feuer ausgesetzt habe. Whittington sagte: ‚Sie sahen, von hinten am verdammten Strand. Wenn Sie wissen, wie zum Teufel man Männer von hinten führt, dann sagen Sie es mir. Es funktioniert einfach nicht.'"

> Läuft man über Bewusstlose oder Männer, die auf dem Bauch liegen, ist es schwer, das Gleichgewicht zu halten. Es gibt keinen Platz. Du gehst ins Wasser, doch das Wasser treibt Körper hin und her. Überall sind Körperteile – ein Hoden hier, ein Kopf da, ein Arsch hier, Scheiße überall. Eingeweide, Eingeweide, Eingeweide. Das war Omaha Beach.
>
> *Corporal Samuel Fuller*
> *16. Regiment, 1. US-Infanteriedivision*

Sergeant Victor Fast vom 5. Rangerbataillon erzählte, als er und seine Männer sich die Wasserrinne nach Vierville hinaufkämpften, waren sie von beiden Seiten her unter Beschuss und mussten durch ein S-Minenfeld gehen. Als sie vom Kirchturm von Vierville aus von einem Scharfschützen unter Feuer genommen wurden, ersuchte Colonel Schneider um Marinegeschützfeuer und die Kirche wurde mitsamt dem Scharfschützen prompt zerschossen.

BRIGADIER COTAS ANGRIFF

Der Respekt einflößende Cota hatte kurz nach 8.30 Uhr seinen Befehlsstand eingerichtet und begann mit der Neuformierung der desorganisierten Einheiten. Nur selten im Zwei-

LANDUNGSDIAGRAMM, OMAHA BEACH
(ABSCHNITT DER 116. RANGER-KAMPFGRUPPE)

	EASY GREEN	DOG RED	DOG WHITE	DOG GREEN
X – 5			Kompanie C (DD) 743. Pz.-Batt.	Kompanie B (DD) 743. Pz.-Batt.
STUNDE X	Kompanie (K.) A 743. Pz.-Batt.	Kompanie A 743. Pz.-Batt.		
X + 01	Kompanie E 116. Inf.	Kompanie F 116. Inf.	Kompanie G 116. Inf.	Kompanie A 116. Inf.
X + 03	146. Pion.-K.-Tr.	146. Pion.-K.-Tr. Spreng-Komm.-Boot	146. Pion.-Tr.	146. Pion. K.-Tr. K. C 2. Ranger-Batt.
X + 30	AAAW-Batt. K. H Stabs-K. E K. H 116. Inf. AAAW-Batt.	Stab Stab Stabs-K. 2. Batt. K. H K. F K. H 2. Batt. 116. Inf. AAAW-Batt.	AAAW-Batt. K. H Stabs-K. G K. H 116. Inf. AAAW-Batt.	K. B Stabs-K. A K. B 116 Inf AAAW-Batt.
X + 40	112. Pion.-Batt.	K. D, 81. Cml W-Batt. 112. Pion 149. Pion.-Strand-Batt.	149. Pion.-Strand-Batt. 121. Pion.-Batt.	HQ 1. Batt. 116. Inf. 149. Batt. 121. Pion. K. D, 116. Inf.
X + 50	Kompanie L, 116. Inf.	Kompanie I, 116. Inf.	Kompanie K, 116. Inf.	121. Pion.-Batt. Kompanie C, 116. Inf.
X + 57		Stabs-K. 3. Batt. K. M, 116. Inf.		K. B, 81. Cml W-Batt.
X + 60		112. Pion.-Batt.	Stab & Stabs-K., 116. Inf.	121. Pion.-Batt. K. A & B 2. Ranger-Batt.
X + 65				5. Ranger-Batt.
X + 70	149. Pion.-Batt.	112. Pion.-Batt.	Alt Stab & Stabs-Kom. 116. Inf.	121. Pion-Batt. 5. Ranger-Batt.
X + 90			58. Gep. FA-Batt.	
X + 100			6. Pion.-Sp.-Brig.	
X + 110	149. Pion.-Batt.	Pak-Zug 2. Batt. Pak-Zug 3. Batt. 29. Nachr.-Batt.		Pak-Zug 1. Batt. Gn-Kompanie, 116. Inf.
X + 120	467. AAAW-Batt. Pak-Kompanie, 116. Inf. 467. AAAW-Batt.	Pak-K., 116. Inf. 467 AAAW-Batt. 149. Pion.-Batt.	467. AAAW-Batt.	467. AAAW-Batt.
X + 150			Stabs-Kompanie, 116. Inf. 104. San.-Batt.	
X + 180 bis X + 180		DD-Tanks 461. Amph.-Trk.-Kompanie	Marinebergung	
X + 225	461. Amph.-Trk.- Kompanie			

LEGENDE: LCT LCVP LCM LCA LCI DUKW DD-TANK

ten Weltkrieg hatte ein General einen Infanterieangriff angeführt und gezeigt, dass er immer noch etwas von Infanterietaktik auf Gruppenebene verstand.

Weiter östlich hatten sich zwei Bataillone der 116. RCT ihren Weg hügelaufwärts gebahnt und zogen gegen St-Laurent. Auf Fox war ein Zug durch die Verteidigungsstellungen gebrochen und hatte eine Bresche geschlagen, durch die 300 Mann gegen Colleville vorstießen. Ermöglicht hatte dies unter anderem Oberleutnant Jimmie Monteith jr. von der I. Kompanie, 3./16. Infanterie, 1. Division. Als seine Männer landeten, sah er, dass die einzige Deckung der Rand der Anhöhe war, und stürmte über den Strand. Unter Beschuss kehrte er zurück, brachte zwei Panzer durch ein Minenfeld nach vorn, richtete ihr Feuer gegen die feindlichen Stellungen und zerstörte diese. Wieder bei seiner Kompanie, führte er sie in den Angriff die Rinne hinauf. Am Ende des Tages fiel Monteith, nachdem er die Stellung gefestigt hatte. Er erhielt posthum die *Medal of Honor*.

Unten: Das Gesicht von Schwellungen gedunsen, wird ein junger GI von einem Sanitäter versorgt. Viele Männer mit kleineren Verletzungen setzten den Kampf fort, als die Truppen landeinwärts vorstießen, anstatt auf einem Landungsschiff nach England zurückzukehren.

Um 7.45 Uhr meldeten die deutschen Soldaten im WN 70, dass drei Panzer den Hügel hinauffuhren, drei Tanks WN 66 durchstoßen hatten und die oberen Kasematten von WN 62 durch einen Volltreffer zerstört waren. Um 9.15 Uhr vermerkte das Kriegstagebuch der 352. Division, dass WN 65 bis WN 68 und WN 70 eingenommen worden waren.

Die Deutschen fingen um 9.35 Uhr einen US-Funkspruch ab, der lautete: „An alle Kommandeure der Einheiten. Alles läuft o.k., bloß mit ein wenig Verspätung."

Dank der Tapferkeit von Männern wie dem 23-jährigen John Pinder von der Stabskompanie, 16. Regiment, 1. Infanteriedivision, funktionierten nun die Funkverbindungen. Er wurde verwundet, als er mit einem schweren Funkgerät an Land ging, konnte aber seinen Auftrag zu Ende führen. Er lehnte medizinische Versorgung ab und und kehrte zum

DIE BAZOOKA – EIN TÖDLICHER SCHERZ

Der 60-mm-Raketenwerfer M1A1 oder der spätere zweiteilige M9 beruhte auf dem Vorkriegsentwurf einer von der Schulter abgefeuerten rückstoßfreien US-Waffe. Der Abzug erzeugte einen elektrischen Impuls, der eine von Finnen stabilisierte 1,5-kg-Rakete abfeuerte. Die Entwicklung der Sprengköpfe machte den Raketenwerfer zu einer starken Panzerabwehrwaffe der Infanterie. Er war 1,5 m lang, hatte eine Effektivreichweite von etwa 140 m und der Sprengkopf konnte bei 90 Grad eine bis zu 203 mm dicke Panzerung durchschlagen. Der Werfer konnte auch Hochexplosiv- und Phosphorraketen abfeuern. Seine Mündungsgeschwindigkeit betrug 83 m/s. Die US-Truppen nannten ihn allgemein „Bazooka", nach dem Blasinstrument von Bob Burns, einem US-Komiker in den 1940ern. Im Zweiten Weltkrieg wurden 476.628 „Bazookas" und 15,603.000 Raketen produziert.

Meer zurück, um weitere dringend benötigte Funkausrüstung zu bergen. Bei seinem letzten Gang erwischte ihn MG-Feuer an den Beinen, trotzdem konnte er noch sein Gerät in Gang bringen. Dann tötete ihnein dritter Feuerstoß. Auch er erhielt posthum die *Medal of Honor.*

Um 13.00 Uhr meldeten Funksprüche vom Strand Bradley, dass Männer die Spitze der Felsen erreicht hatten und es nunmehr unzweifelhaft war, dass der Strand gehalten wurde. Bis Tagesende waren die Amerikaner 1,5 km landeinwärts gestoßen und hatten Vierville und Colleville genommen. 34.000 Mann befanden sich im Gebiet des Landekopfes. Allerdings hatte man von den geplanten 240 Tonnen Versorgung nur 100 Tonnen an Land gebracht.

Um 17.00 Uhr verließ General Clarence Huebner die USS *Ancon* und landete auf Easy Red, wobei er sich unter Beschuss durch Handfeuerwaffen durch die Brandung kämpfte. Im Divisionsbefehlsstand traf er Brigadier Willard Wyman von der 1. Infanteriedivision und drängte darauf, dass die Division den Strand verließ und landeinwärts zog.

Landeinwärts beschrieb Oberstleutnant Fritz Ziegelmann von der deutschen 352. Infanteriedivision die gefangen genommenen alliierten Soldaten wie folgt:

„Gutes Menschenmaterial (jeder Soldat mit reichlich Tabak versehen).

Gute Handfeuerwaffen und reichlich Munition.

Praktische Kleidung und Ausrüstung (ausgezeichnete Landkarten, darunter Panoramakarten vom Gesichtsfeld des Angreifers aus – Front gegen den Süden – Karten auf Taschentüchern und so weiter).

Gutes standardisiertes Motorfahrzeugzubehör."

Am Ende des Tages waren WN 74 bis WN 91 immer noch in deutscher Hand und leisteten Widerstand. Doch der Landekopf auf Omaha war gesichert, wenn auch um den Preis von mehr als 4000 amerikanischen Verlusten.

Unter den Männern, die den Verwundeten und Sterbenden geistlichen Trost spendeten, war ein Kaplan der R. A. F., Geoffrey Harding. Er war mit einer R.-A.-F.-Radarabteilung gelandet. Ihre Ausrüstung wurde am Strand zerstört, und so verbrachte Harding die nächsten 36 Stunden bei den verwundeten Amerikanern. Er erhielt dafür das *Military Cross.*

Die 29. Division verzeichnete 2440 Verluste, die 1. 1744. Die beiden Divisionen hatten 2500 Gefangene gemacht. Omaha war gesichert, doch um einen entsetzlichen Preis.

Rechts: Als der Kampf vorbei und der Strand sicher ist, betrachtet ein GI in den deutschen Befestigungen, die um die Widerstandsnester herum errichtet worden waren, den Leichnam eines der Verteidiger. Der Preis für die Sicherung von Omaha war um etliches höher als bei Utah.

KAPITEL ACHT

GOLD BEACH

Am Westende der anglokanadischen Strände lag das Ziel des XXX. Korps, Gold Beach. Die Deutschen hatten den Strand wegen des steilen Felsabbruchs und der von Felsen übersäten Küste nicht als potenzielle Stelle für eine größere Landung in Erwägung gezogen. Sobald die britischen Truppen an Land waren, sollten sie nach rechts schwenken, um sich auf Omaha mit dem V. US-Korps zu verbinden. Auch landeinwärts würden sie stoßen und noch vor dem Ende des D-Day die Stadt Bayeux sichern.

Im September 1943 wurde eine beeindruckende deutsche Küstenbatterie auf den Klippen bei Les Longues zwischen Omaha und Gold stationiert. Sie war von der Kriegsmarine bemannt und besaß vier 15-cm-Torpedobootskanonen C/36 von außer Dienst gestellten Zerstörern. Die Geschütze kamen aus dem Rüstungswerk Skoda in Pilsen und hatten eine Reichweite von 19,5 km. Sie deckten die Zugänge der künftigen Strände Omaha, Gold und Juno.

Die Kanonen befanden sich in Kasematten vom Typ M272 mit einer Neigung von minus vier bis plus 40 Grad und einem Feuerwinkel von 130 Grad. Dies wurde durch Erweiterungen an den Seiten der Schießscharten ermöglicht. Die Struktur der Kasematten wurde zu Tarnungs- und Sicherungszwecken der Landschaft angepasst. Sie waren etwa 300 m von den Klippen entfernt und lagen in einem konvexen Bogen, damit die Geschütze einen weiteren Bereich abdeckten. Die Munition wurde in Magazinen innerhalb der Kasematten aufbewahrt.

Links: Der zweistöckige Feuerleit- und Beobachtungsposten der Les-Longues-Batterie, der bis heute steht. Man sieht die Narben durch das alliierte Bombardement. Die Batterie wurde erst am 7. Juni eingenommen, doch schon vorher von Marinegeschützfeuer ausgeschaltet.

Am Rand der Klippe hatte man einen zweistöckigen Typ-M262-Beobachtungs- und Feuerleitbunker errichtet. Er enthielt die optische Ausrüstung für Weiten- und Richtungseinstellung, einen Kartenraum und Quartiere. Vom Bunker zu den Kanonen verliefen in zwei Meter Tiefe Telefonkabel.

Die Batterie war mit 184 Matrosen bemannt und hatte sechs Mannschaftsbunker mit Tobruks. Hinter der Kasematte von Kanone Nr. 2 lag eine Granatwerfergrube. Eine 2-cm-Flak sollte die Klippen auch gegen Flugzeuge decken. Die ganze Stellung war durch Stacheldraht und Minenfelder geschützt. Am 28. Mai und am 3. Juni wurde die Batterie mit 150 Tonnen Bomben eingedeckt – ohne ernsten Schaden.

DEUTSCHE KANONEN IN AKTION

Am Morgen des 6. Juni traten die deutschen Kanonen gegen die Invasionsflotte in Aktion. Sie bekämpften die USS *Arkansas* und richteten sich dann gegen Gold Beach, wo sie das Kommandoschiff des XXX. Korps, HMS *Bulolo* eingabelten. Der Kreuzer HMS *Ajax* feuerte aus 12 km 114 Granaten aus seinen 152-mm-Kanonen. Zwei Volltreffer schalteten die Kanonen Nr. 3 und Nr. 4 aus, zwei weitere wurden beschädigt. Nach nur 20 Minuten verstummte die Batterie.

Im Laufe des Tages reparierte die Mannschaft die Kanone Nr. 1. Am Nachmittag schoss sie wieder. Der französische Kreuzer FFS *George Leygues* startete mit ihr ein Duell, das bis 18.00 Uhr dauerte. Dann war die Batterie endgültig zum Schweigen gebracht. Sie war ein Ziel der 231. Brigade der britischen 50. *Northumbrian* Division für den D-Day, wurde jedoch erst am nächsten Tag eingenommen.

Die Effektivität des Marinegeschützfeuers gegen die Küstenbatterien hier und auf der Halbinsel Cotentin wirft die Frage auf, warum bei Merville und der Pointe du Hoc Luftlande- und amphibische Angriffe nötig waren.

Die deutschen Verteidigungsstellungen auf Gold bei Le Hamel und La Rivière wurden von zwei Bataillonen des

Unten: Soldaten machen vor der Landung auf Gold Nr.-36-Granaten scharf. Diese wurden oft mit Schmierfett bedeckt und mussten gesäubert werden, ehe Federn und Mechanismen geprüft wurden. Dann wurden die Zündvorrichtungen angebracht und die Granaten scharf gemacht.

726. Regiments der 716. Infanteriedivision mit Hauptquartier in Trévières gehalten. Ein weiteres Bataillon wurde in der Tiefe für einen Gegenangriff oder als Verstärkung gehalten. Unter Kontrolle durch 270 deutsche Offiziere und Unteroffiziere hielt eine Einheit von 1000 Osttruppen im 441. Bataillon die Küste zwischen Ver und Asnelles. Drei Kompanien des 200. Panzerjägerbataillons in St-Croix, Grand-Tonne, Fresne-Camilly und Putot waren voll mobil.

DAS ZENTRUM DES WIDERSTANDS

Die Hauptgebiete des deutschen Widerstands landeinwärts waren die beiden Batterien um das Dorf Ver-sur-Mer, unmittelbar hinter La Rivière. Das 1260. Artillerieregiment bemannte eine Batterie aus vier erbeuteten russischen K390(r)-12-cm-Kanonen nahe des Amtshauses von Mont Fleury. Zwei Kanonen waren in Kasematten, weitere zwei in Bau. Weiter landeinwärts, bei La Mare Fontaine, verfügte das 1716. Artillerieregiment mit seinem Hauptquartier bei Crepon über vier FH-18-10,5-cm-Haubitzen in Kasematten. Allerdings wurden beide Batterien vor dem D-Day schwer angegriffen und am D-Day selbst von den Kreuzern HMS *Orion* und *Belfast* durch Beschuss neutralisiert.

Am Westende des Gebiets, bei St-Côme-de-Fresné, hatte man auf den Klippen oberhalb von Arromanches eine 560-MHz-Würzburg-Riese-Radarstation errichtet. Sie hatte eine 7-Meter-Parabolschüssel auf einer achteckigen Betonbasis

Oben: Die HMS Bulolo, *das Kommandoschiff des XXX. Korps, im Hafen von Malta. Es ankerte um 5.56 Uhr vor der Normandie, musste aber seine Stellung wechseln, als es um 6.25 Uhr unter Feuer der Batterie bei Les Longues kam. Am D-Day benützte man an Bord 3219 Signale.*

und eine Reichweite von 30 km. Man benützte sie zur Feuerleitung und Tiefflugkoordination von Jagdflugzeugen. Doch nach dem Luftlandeangriff auf die Würzburg-Radarstation bei Bruneval im Februar 1942 hatten britische Spezialisten für elektronische Kriegsführung Techniken gefunden, ihre Signale zu stören. Die Station bei Arromanches sowie andere in Europa wurden bei den Luftangriffen vor dem D-Day zerstört, behielten aber immer noch ihre Befestigungen.

Die britischen Planer hatten die Bucht in vier Zonen geteilt: „I", „J", „K" und „L" stand für „Item", „Jig", „King" und „Love". Diese waren wieder in „Red" und „Green" geteilt.

Item im Westen war wegen Felsen vor der Küste und Steilhängen kein guter Landebereich. Zwischen Arromanches und La Rivière aber brach sich die See an sanft ansteigendem Sand und Lehm, dem Sable de Heurtot. Um Landungen an diesen Stränden zu verhindern, hatten die deutschen Verteidiger einen komplexen Gürtel von über 2500 verminten Hindernissen errichtet.

Auf Jig Green, dem Westende von Gold Beach, gab es zwei Widerstandsnester, eines bei Aisnelles sur Mer, das den Strand unter Flankenfeuer nahm, und eines mit sechs Ma-

Cristot
Audrieu
Subles
Ducy-Sainte-Marguerite
Loucelles
Nonant-le-Pin
Saint-Léger
Sainte-Croix-Grand-Tonne
Bayeux
Coulombs
Rucqueville
Sully
Esquay-sur-Seulles
Brécy
Saint-Sulpice
Vaux-sur-Aure
Saint-Gabriel
Sommervieu
Pouliguy
Vilners-le-Sec
Maguy-en-Bessin
Creully
Bazenville
La Rosière
Tierceville
Port-en-Bessin
Longues
Crépon
Buhot
Tracy-sur-Mer
Sainte-Croix-sur-Mer
Meuvaines
Arromanches-les-Bains
Asnelles-sur-Mer
Mont-Fleury
ITEM
La Rivière
JIG
KING
0
2 km
0
2 Meilen
1. Dorset
1. R. Hamps
RN- & RE-Strandgrp.
6. Green Howards
Panzer & AVRE
69. Brig.-Grp., 86. Feld-Art.
7. Green Howards, Panzer & AVRE RA &RE,
Strandgruppe, SE Yorks
231. Inf.-Brig.-Grp., 90. & 147. Feld-Art.,
4. RM Cdo., 2. Devons
151. Inf.-Brig.-Grp.
56. Inf.-Brig.-Grp.
50. Division
33. Panzer-Brigade
49. West-Riding-Division
7. Panzerdivision
XXX. Korps
GOLD BEACH
Infanterievorstöße
Infanteriestellungen
Deutscher Widerstand
Bunker
Pak-Stellung
Landminen
Drahtverhau
Igel, Tetraeder oder nicht identifizierte Hindernisse
Zum Fluten geeignet

schinengewehren entlang der Küstenstraße nach Osten. Beide Stellungen waren durch Minenfelder und Stacheldraht geschützt. Vor ihnen begannen die Hindernisse mit Elementen C in tiefem Wasser etwa 230 m vor der Küste mit 2,5 bis 3 Meter hohen Rampen und mit Minen und Granaten bestückten Pfählen etwa 22 m näher hin zum Strand. Zuletzt standen näher an der Höchstwasserstandsmarke Betontetraeder und Stahl-Panzersperren. Diese bestanden aus drei oder mehr in der Mitte verschraubten Stahlträgern. Sie standen etwa 1,7 m hoch.

Auf Jig Red gab es Tetraederreihen mit einem Widerstandsnest an der Grenze zu King Green. Diese Position hatte drei offene Geschützstellungen und wurde durch ein sechs Reihen tiefes Minenfeld, das sich über ganz King Green und die Hälfte von Jig Red erstreckte, geschützt. Davor war die Küste von zwei Reihen Tetraedern blockiert. Und auf King Red hatte man die Häuser von La Rivière in Stützpunkte verwandelt. Die Batterie bei Mont Fleury gab Unterstützung.

Die AVREs am Strand schienen alle erledigt zu sein. Wir fanden nicht die Lücken, die wir erwartet hatten. Der Strand wurde mit Flankenfeuer beharkt, und es gab eine Pak in einer Stahlbetonstellung in Le Hamel. Es gab kaum Anzeichen dafür, dass die Deutschen aufgeben würden. Ich sah ein, dass wir uns unsere Bresche mit den gestreckten Ladungen, die wir bei uns hatten, selbst schlagen mussten. Die Verluste nahmen zu. Während wir uns vom Strand fort kämpften, sah ich den kommandierenden Offizier stark hinken. Er war von Granatsplittern getroffen worden, als er sein LCA verließ. Er übergab mir Bataillon. Die Kompanie A, die nahe Le Hamel landen, den Damm erklimmen und die Gegenwehr hätte ausschalten sollen, war fast ausgelöscht.

Major Warren
1. Bataillon, Hampshire Regiment, britische 50. Infanteriedivision

MÄNNER AUS NORTHUMBERLAND

Für den Angriff auf Gold Beach hatte das XXX. Korps die 50. Northumbrische Division unter General Graham gewählt. Ihre Spitzenformationen würden die 231. Brigade, die auf Jig landen sollte, und die 69. K-Brigade sein, die King attackieren würde. Die 8. Panzerbrigade sollte mit DD-Tanks landen und das 6. Bataillon *The Green Howards* und das 5. Bataillon *East Yorkshire Regiment* auf King sowie das 1. Bataillon *Dorset Regiment* und das 1. Bataillon *Royal Hampshire Regiment* auf Jig zu unterstützen.

Das XXX. Korps unter Lieutenant General G. C. Bucknall würde am D-Day und in den folgenden Wochen schwere Kämpfe bestehen müssen. Man hatte ihm für den D-Day unrealistische Ziele gesetzt. Es musste sich mit einer Panzertruppe ohne Infanterie, die Panzerabwehrstellungen umgehen konnte, über hügeliges Waldterrain kämpfen, das für Antipanzeraktionen ideale Deckung bot. Als Montgomery Bucknall durch den energischen Lieutenant General Brian Horrocks ersetzte, kam das XXX. Korps besser voran. Dies hing aber teilweise auch mit dem völligen Zusammenbruch des deutschen Widerstands in Nordfrankreich zusammen.

Sieben Stunden vor der Invasion begannen die Bomber der R. A. F. ihre Angriffe auf die deutschen Verteidigungsstellungen, vor allem auf die Küstenbatterien im Gebiet. 70 Minuten vor der Stunde X stoppten die R.-A.-F.-Angriffe und fünf Minuten später traf die USAAF über dem Landekopf ein, um den Küstenbeschuss zu unterstützen.

Dieser begann durch die Force „K" und wurde von den Kreuzern HMS *Orion, Ajax, Argonaut* und *Emerald*, dem holländischen Kanonenboot HMNS *Flores* und 13 Zerstörern, darunter die polnische ORP *Krakowiak*, ausgeführt. Das Feuer startete um 5.10 Uhr und endete um 7.25 Uhr. Der Beschuss dauerte an den britischen und kanadischen Küsten 20 Minuten länger als an den amerikanischen, da die Gezeitenmitte, für die die Landungen geplant waren, im Osten später einsetzte.

SCHWERES MARINEGESCHÜTZFEUER

General Bernard Montgomery war entschlossen, die feindlichen Stellungen durch Luftangriffe und Marinegeschützfeuer zu neutralisieren und den Verlust an Männern möglichst gering zu halten.

15 Minuten vor der Stunde X eröffneten die Raketenlandungsboote mit Salven von 127-mm-Raketen den Beschuss auf die Strände. 87,6-mm-Sexton-Selbstfahrlafetten in Landungsbooten trugen ihr Feuer bei. Fünf Minuten vor der Stunde X sollten die DD-Tanks ins Wasser gelassen werden.

Die Stunde X war um 7.30 Uhr, doch wegen des 15 Knoten (28 km/h) starken Windes, bis zu 1,2 m hohen Wellen und der starken Strömung beschloss man, die DD-Panzer direkt am Strand zu landen.

Für die Männer war die 9000 m lange Fahrt in den Landungsbooten von den Transportern zum Strand ein Alb-

Links: Gold Beach mit dem Vordringen landeinwärts am Ende des D-Day. Ursprüngliches Ziel für diesen Tag war die Hauptstraße südlich von Bayeux, die die Planer bis 24 Stunden nach dem D-Day zu erreichen hofften.

traum. Man hatte ihnen zwar Tabletten gegen Seekrankheit gegeben, doch fast jeder füllte seinen „Spucksack“ oder andere im Landungsboot verfügbare Behälter. Einige Landungsboote sanken, als sie sich den Weg durch die Wellen bahnten.

An der Küste war unter den Männern des deutschen 726. Infanterieregiments der Schütze Robert Vogt, der den Schrei hörte: „Feindliche Landungsboote nähern sich!“

Er erzählte: „Ich hatte von oben auf den Klippen einen guten Ausblick und sah übers Meer hinaus. Was ich sah, erschreckte mich zu Tode. Trotz des schlechten Wetters konnten wir eine riesige Zahl von Schiffen ausmachen. Schiffe, so weit das Auge reichte, eine ganze Flotte, und ich dachte: ‚Mein Gott, wir sind erledigt! Jetzt ist es aus mit uns!‘“

Als Erste sollten die Sturmpioniere landen, deren Aufgabe es war, Minen und Hindernisse zu beseitigen. Sieben Minuten später begannen die Sturmbataillone zu landen. Fast sofort, nachdem es an Land gegangen war, erlitt das 1. Bataillon *Royal Hampshires* ernste Verluste. Der kommandierende Offizier, seine vorderen Beobachter fürs Marinegeschützfeuer und Männer seines vorgerückten Stabs waren unter den Opfern, und kurz darauf fiel sein stellvertretender Kommandeur. Da die Funkverbindungen zerstört waren, hatte das Bataillon keinen Kontakt zu den Kriegsschiffen und Flug-

Oben: Ein beruhigender Schulterklaps eines Kameraden, während britische Soldaten sich bereit zum Einstieg ins Landeboot machen. Die Männer konnten in diesen letzten Minuten den Einschlag von Handfeuerwaffen auf den Rumpf und Granatexplosionen hören.

DAS BREN-MG

Das leichte Bren-Maschinengewehr (LMG), zunächst im Königlichen Werk für Handfeuerwaffen in Enfield im Norden Londons gebaut, beruhte auf dem ZB 26, einem LMG-Modell aus der tschechoslowakischen Waffenfabrik in Brno. Aus den kombinierten beiden Namen entstand der Name BrEn – Bren. Die Bren war eine luftgekühlte Gasdruckwaffe, die aus einem 30-Schuss-Magazin 7,7-mm-Munition abfeuerte. Sie hatte eine geringe Feuerrate (500 Schuss/min), war aber mit einer Visiereinrichtung bis 1830 m sehr präzise. Auch war sie nur 10 kg leicht. Ihre Länge betrug 115,5 cm. Sie war leicht zu zerlegen – erfahrene Männer wechselten Magazine oder Läufe in weniger als fünf Sekunden. Brens wurden während des Krieges auch in Australien, Kanada und Indien hergestellt.

zeugen. Trotzdem ging es gegen die Verteidigungsanlagen von WN 35 bei Le Hamel, zu denen eine 5-cm-KwK-Pak sowie MG-Stellungen gehörten, vor und säuberte sie schließlich bis 16 Uhr.

DIE ROYAL HAMPSHIRES IN AKTION

Dann schwenkten die *Hampshires* westwärts, räumten die Radarstation bei St-Côme-de-Fresné und hatten um 21 Uhr Arromanches genommen. Sie waren wegen der Grabenstellungen von Teilen der deutschen 1./915. und 2./916. der 352. Division und der Unmöglichkeit, Marinegeschützfeuer anzufordern, nur langsam voran gekommen.

Die 1. *Dorsets* landeten weiter östlich außerhalb der Reichweite der Stellung von Le Hamel, und durch das WN 40 nahe Les Roquettes stießen sie landeinwärts, gefolgt von „Dreschflegel"-Panzern und AVRE, die Breschen in die Minenfelder rissen. Das *Royal Marine Commando* Nr. 47 landete um 8.25 Uhr zwischen den *Dorsets* und den *Hampshires*. Bei Flut fuhren drei Landungsboote des Kommandos auf Hindernisse. 43 Mann fanden dabei den Tod. Das 2. Bataillon *The Dorsets* landete zur selben Zeit wie die Commandos.

Auf King, im Osten dieser Aktion, war die Wirkung des Marinebeschusses dramatisch, hatte aber nicht alle Verteidigungsanlagen ausschalten können. Die *Green Howards* landeten um 7.30 Uhr an den offenen Stränden zwischen den *Dorsets* und der Stadt La Rivière. Als sich sein Infanterielandungsboot der Küste näherte, nahm Company Sergeant Major (CSM) Stan Hollis von der Kompanie D ein Bren-MG eines Soldaten, legte es auf die Rampe des Bootes und feuerte auf einen deutschen Bunker nahe des Strandes. Nachher zeigte sich, dass der Bunker die harmlose Remise einer aufgegebenen Straßenbahnlinie war, die einst zur Bucht führte. Sekunden vor dem Niedergehen der Rampe berührte Hollis versehentlich den Lauf der Waffe und verbrannte sich. Später scherzte er: „Eine selbst zugefügte Wunde, die schmerzvollste, die ich im ganzen Krieg erlitt. Sie brauchte wochenlang, um zu heilen, und der Kampf hatte noch gar nicht begonnen."

VICTORIA-KREUZ AM D-DAY

Major R. J. L. Jackson von den *Green Howards*, ein Landungsoffizier auf King, erinnerte sich, dass der Strand ruhig war.

Unten: Ein Kommando mit seinen charakteristischen grünen Baretten hebt nach der Landung auf Gold für den Fotografen zuversichtlich die Daumen. Auswahl und Ausbildung der Kommandos machten sie zu Elitetruppen, worauf sie zu Recht stolz waren.

Erst als sein kleiner Trupp von Funkern und Regimentspolizisten etwa 200 m weit vorgestoßen war und eine feste Linie eingenommen hatte, begann der Kampf. „Sie warfen alles gegen uns. Zuerst erwischten uns die Mörser. Ich wurde übel am Bein verwundet. Mein Funker und ein Polizist starben." Verwundet und immobil wurde er gerade noch vor dem Ertrinken gerettet, als die Flut schon über seine Beine lief.

Unterstützt durch AVRE säuberten die *Green Howards* schnell die Stellung bei Hable de Heurtot und stießen weiter zum angeschlagenen, befestigten Batteriekomplex bei Mont Fleury. Bei diesen Angriffen verdiente sich CSM Stan Hollis das Victoria-Kreuz für Tapferkeit. Er war der einzige, der am D-Day diese höchste britische Auszeichnung erwarb.

Seine Laudatio endete so: „Wo immer der Kampf am heftigsten war, erschien CSM Hollis. Im Verlauf einer großartigen Tagesleistung zeigte er die äußerste Tapferkeit, und bei zwei Anlässen hinderten sein Mut und seine Initiative den Feind daran, den Vormarsch in kritischen Phasen zu stoppen. Vor allem durch sein Heldentum erreichte die Kompanie ihre Ziele und waren die Verluste nicht größer, und durch seine Tapferkeit rettete er das Leben vieler seiner Männer."

Hollis erzählte, dass er zuvor, als er das Feuer der Bren-Schützen inmitten von Lärm, Staub und Rauch auf die Küste leitete, eine Reihe von Möwen, die in kurzer Entfernung auf dem Stacheldraht saßen, ausgemacht habe. Auch ein gewisser Soldat Mullally erblickte sie und meinte mit typisch soldatischer Untertreibung:

„Kein Wunder, Sergeant Major, in der Luft gibt es ja nicht gerade viel Platz für sie."

Scheinbar kam das feindliche Feuer hauptsächlich aus einem großen mehrstöckigen Haus. Ich befahl den Churchill (AVRE) voran, um das Haus mit der Sprengbüchse zu zerstören ... Die Sherman-Tanks gaben maximalen Feuerschutz ... Die Sprengbüchse feuerte und etwas wie ein kleiner fliegender Mülleimer traf das Haus genau oberhalb der Tür. Es fiel wie ein Kartenhaus zusammen und spülte die Verteidiger mit ihren MGs, Panzerabwehrwaffen und einer Ziegellawine in den Hof.

Major Peter Selerie
Sherwood Rangers Yeomanry, *britische 8. Panzerbrigade*

Stan Hollis starb 1972. Als seine Witwe sein Victoria-Kreuz auf einer Auktion versteigern ließ, brachte es £ 32,000, zu jener Zeit ein Rekord für diese besondere Auszeichnung.

Die *East Yorks* wurden bei La Rivière gestoppt, wo die deutschen Verteidigungsstellungen noch MGs und eine 8,8-cm-Pak hatten. Die Deutschen begannen nun, die Pionierpanzerwagen wegzuputzen. Da fuhr ein einzelner AVRE auf die blinde Seite der Kanonencrew, feuerte auf 100 m seine schwere Kanone ab und zerstörte die Position. So konnten die *East Yorks,* die sich unter dem Damm gedeckt hatten, vorstoßen und das Gebiet säubern. Dies erforderte allerdings etliche Stunden heftigen Kampfs von Haus zu Haus. Das Reservebataillon, die 7. *Green Howards,* das um 8.20 Uhr landete, umging La Rivière und stieß mit Panzerunterstützung landeinwärts, um den Meuvaines-Kamm zu nehmen.

Die Ankunft der Tanks der *Nottinghamshire Yeomanry,* der 4./7. *Dragoon Guards* sowie der Dreschflegel-Tanks der 22. *Westminster Dragoons* später am Vormittag vergrößerte General Grahams Spielraum für einen raschen Vorstoß landeinwärts. Die Landung der 4./7. war großteils nach Plan verlaufen. Nur zwei Tanks versanken am Strand in überschwemmten Bombenkratern.

Links: Blick auf den Arromanches-Mulberry-Hafen von der Klippe oberhalb der Stadt. Die Überreste dieser neuen Lösung des Versorgungsproblems der amphibischen Kriegsführung sieht man noch ein halbes Jahrhundert nachdem der vorfabrizierte Hafen in Position gebracht wurde.

Oben: An dieser Geschützstellung sieht man die enorme Größe und Stärke mancher Stellungen des Atlantikwalls. Die Schießscharte ist durch eine massive Eisenbetonmauer gegen direktes Feuer vom Meer her geschützt, die Kanone aber bestreicht die Strände.

Drei Feldartillerieregimenter mit Selbstfahrlafetten folgten nach und lieferten Nahunterstützung und Gegenfeuer.

Südlich von Creully wurden die führenden Panzer der 4./7. auf offenem Gelände getroffen. Einige wurden Opfer einer deutschen Pak, doch auch der Pilot eines alliierten Forward-Observer-Bombardment-(FOB-)Flugzeugs entdeckte die Panzer und hielt sie für deutsche. Er forderte Feuer vom Kreuzer HMS *Orion* an. Der Army/Navy-Funk korrigierte den Irrtum, doch das Logbuch des Kreuzers hielt fest: „Feindliche Panzer zerstört – gut gemacht!“

Am D-Day gab es 104 Luftspäher in 39 FOB-Trupps, Marinepersonal mit Funkkontakt zu den größeren Kriegsschiffen. Die britischen Maschinen gehörten zum Taktischen Aufklärungsgeschwader Nr. 34, R. A. F., 2. Taktische Luftwaffe, und bestanden aus RN Seafire F-III und R. A. F. Spitfire LVB, stationiert in Lee-on-Solent in Portsmouth.

TIEFFLUGANGRIFFE

Am Boden drohte noch Übleres für die 4./7., als der Pilot einer patrouillierenden USAAF Republic P-47 Thunderbolt das gelbe Erkennungszeichen am Deck hinter dem Turm nicht bemerkte und zwei Tiefflugangriffe flog. Diesmal gab es zum Glück keine Opfer. Die Panzerbesatzungen schossen eine orangene Rauchgranate ab und der Pilot erkannte seinen Irrtum und machte sich auf zu neuen Zielen.

Zu Mittag wurden Männer, Waffen und Vorräte auf Gold Beach gelandet. Die Küstenverteidiger hielten sich noch bei Le Hamel, wo MGs weiter den Strand mit Flankenfeuer bestrichen. Während die Räumung von Minen- und Sprengfallen vorankam, legte man südlich der Küstenstraße D514 Sammelbereiche fest und dehnte den Landekopf 10 km landeinwärts aus.

Die 56. Brigadegruppe landete und stieß wie geplant südwestwärts, um Bayeux zu nehmen. Die 151. Brigadegruppe besetzte die Linie zwischen der 56. und 69. Brigade, um sich dem Zug nach Südwesten anzuschließen.

Den heftigsten Kampf des Nachmittags gab es, als die 69. Brigade um Villiers-le-Sec und Bazenville auf zwei Bataillone der deutschen 352. Division mit Pak-Unterstützung traf. Bayeux hätte man am D-Day nehmen können, doch die kommandierenden Offiziere der 56. und 151. Brigade fürchteten einen deutschen Gegenangriff und hielten ihre Truppen an.

Am Ende des Tages waren 25.000 Mann an Land und Gold war um den Preis von 413 Getöteten, Verwundeten oder Vermissten gesichert.

KAPITEL NEUN

JUNO BEACH

Auf Juno sollten drei Brigaden der kanadischen 3. Infanteriedivision landen. Dabei waren Männer, die sich 1939 freiwillig gemeldet hatten und fast fünf Jahre lang in England ausgebildet worden waren. Für andere war es eine Rückkehr nach Frankreich, da eine Reihe von Kanadiern im August 1942 beim Überfall von Dieppe dabei war. Der D-Day sollte ihre Chance sein, Vergeltung für die Verluste zwei Jahre zuvor zu üben. Sobald sie an Land waren, würden diese Kanadier den tiefsten aller Vorstöße landeinwärts der alliierten Landungen des D-Day ausführen.

Aufgrund des Ratschlags der deutschen Kriegsmarine war der Küstenstreifen zwischen Courseulles und St-Aubin, der zu Juno Beach werden würde, nicht so stark befestigt wie andere Gebiete der Normandie. Die Marine hatte Landungen wegen der Felsen vor der Küste für zu schwierig gehalten. Der Stab des Marinehauptquartiers von Admiral Hennecke in Cherbourg war überzeugt, dass für die Alliierten ein funktionierender Hafen Priorität haben würde.

Trotz dieser Zuversicht hatte man Verteidigungsanlagen errichtet, und das Heer forderte, dass die Marine das Gewässer vor der Küste verminte. Die alliierte Luftüberlegenheit verhinderte dies. So versuchten es die Pioniere der 716. Division mit einem improvisierten Minenfeld aus Kisten mit Sprengladungen an den küstennahen Felsen. Theoretisch eine gute Idee, doch Gezeiten und Strömung zerstörten die Kisten rasch und spülten die Reste bei Ebbe an den Strand.

Für die Küste verantwortlich waren das 2./736. Grenadierregiment mit seinem Hauptquartier in Tailleville und das

Links: Mit Ausrüstung beladen waten alliierte Soldaten an Land und befördern ein kleines Wellbike, ein Zweitakter-Motorrad. Dieses wurde ursprünglich für Luftlandetruppen entworfen und hatte eine Höchstgeschwindigkeit von 48,2 km/h. Es wog 31,7 kg.

726. Regiment, beide Teil der 716. Infanteriedivision unter General Richter. Die Division bestand aus 180 Offizieren, 1100 Unteroffizieren und 6500 Mannschaftsdienstgraden. Um sie auf Sollstärke zu bringen, hatte sie im 439., 441. und 642. Bataillon 2000 Osttruppen. Sie wurde von der 5., 6. und 7. Batterie des 1716. Artillerieregiments unter Oberstleutnant Knupe unterstützt. Es gab 16 schwere Batterien in Kasematten oder Geschützbettungen an der Küste oder in Stützpunkten landeinwärts in Reviers, Bény und Colomby-sur-Thaon sowie die 15-cm-Graf-Waldersee-Batterie in Plumetot. Die meisten Kanonen wurden von Pferden gezogen und die Division besaß im Juni 1944 fast 1000 Pferde. Es gab aber auch eine Selbstfahrlafetten-Batterie unter Leutnant Scharf in Cresserons.

Oben: Kommandotruppen mit leichtgewichtigen Fahrrädern und anderer Ausrüstung gehen auf Juno an Land. Sie hatten eine fast „trockene" Landung, worauf jedes Kommando hoffte – bis zur Brust im Wasser zu waten bedeutete stunden-, ja tagelang nach der Landung Unbehagen.

Der Stab der 716. Division bestand aus relativ älteren Offizieren zwischen 40 und 50 Jahren. Für Büros und Quartiere hatten sie attraktive Villen in den Vorstädten von Caen requiriert. Der Divisionsgefechtsstand war in einem ehemaligen Kalksteinbruch. Der Hauptgang des Gefechtsstands hatte drei Nebengänge, die durch sprengsichere Türen mit Schießscharten für Maschinengewehre gesichert waren. Das Hauptquartier enthielt den Kartenraum, General Richters Befehlsstand, Funkeinrichtungen und den Befehlsstand des 1716. Artillerieregiments.

Hinter der 716. Division stand eine stärkere Truppe, zwei Verbände der 21. Panzerdivision. Das 192. Panzergrenadierregiment mit Halbkettenfahrzeugen hatte sein Hauptquartier in Mathieu mit Abteilungen in Biéville, Villons-les-Buissons, Buron und Cairon. Es gab auch Teile des 200. Panzerjagerbataillons mit Selbstfahrlafetten-Pak in Putot-en-Bessin, Ste-Croix, Grand-Tonne und Cully. Die Gesamtstärke betrug 16.000 Mann mit 170 gepanzerten Fahrzeugen.

Links: Ein MG-42-Schütze der SS-Division Hitlerjugend. *Entgegen eines verbreiteten Irrtums bestand diese Division nicht aus den jugendlichen Angehörigen der Hitlerjugend.*

An der Küste gab es vier Widerstandsnester, je eines an den Seiten der Mündung der Seulles bei Courseulles, eines in Bernières und eines in St-Aubin. Alle waren mit Männern des 441. Ostbataillons besetzt. Der Strand westlich der Seulles wurde von einer 7,5-cm-Feldkanone, zwei 5-cm-Kwk-Kanonen in Kasematten, vier ähnlichen Kanonen in Ringständen, einem Renault-Panzerturmbunker und zahlreichen MG- und Granatwerferstellungen geschützt. Im Osten des Flusses gab es zwei 7,5-cm-Feldkanonen sowie Granatwerfer- und MG-Stellungen.

RADAR-FESTUNG

In Basly-Douvres gab es einen Komplex von Luftwaffe-Radars, genannt „Distelfink". Sie wurden durch drei Pak, drei 5-cm-Flak, ein Dutzend Flammenwerfer und 20 MGs geschützt. Die Garnison unter Leutnant Igle bestand aus 230 Mann Bodentruppen der Luftwaffe, Infanteristen und Stacheldrahtverhauen. Das Camp, der Luftwaffenstützpunkt, besaß 30 Gebäude, zwei Würzburg-, ein Freya- und ein Wassermann-Radar sowie unterirdische Bunker, die ein Gebiet von 12 Hektar umfassten. Drei Wochen vor dem D-Day wurde der Radar-Komplex durch Angriffe der R. A. F. zerstört, doch die Gebäude und Verteidigungsanlagen waren noch intakt, und da sie auf einer Anhöhe lagen, stellten sie eine Ehrfurcht gebietende Defensivstellung dar.

DIE KANADIER IN AKTION

Am D-Day sollte die kanadische 3. Division unter Major General R. F. L. Keller auf Juno landen und landeinwärts ziehen. Sie war bereits im Juli 1943 für die Invasion ausgewählt worden und in Schottland und in der Gegend von Portsmouth ausgebildet worden. Sie arbeitete mit der kanadischen 2. Panzerbrigade unter Brigadier Wyman mit ihren DD-Tanks und den Landungsbooten der Royal Navy zusammen.

Die Spitzenformationen für den D-Day waren das 6. Panzerregiment *(1. Hussars)* mit DD-Tanks. Die *Royal Winnipeg Rifles,* das *Regina-Rifle*-Regiment, das 10. Panzerregiment *(Fort Garry Horse)* mit DD-Tanks, die *Queen's Own Rifles of Canada* und das *North-Shore-(New-Brunswick-)*Regiment.

Am 26. Mai wurde die Division in ihrem Sammelgebiet „versiegelt". Der Korrespondent Alan Moorehead schrieb darüber: „Sobald das Tor geschlossen war, konnte man nicht mehr in die normale Außenwelt zurück, nicht einmal um im Laden an der Straßenecke Zigaretten zu kaufen, sich das Haar nicht schneiden lassen, nicht mit den Freunden telefonieren. Man war der Landung zugeteilt, vielleicht morgen, vielleicht übermorgen; keiner wusste es sicher."

> Die Feinde sind oben auf meinem Bunker. Ich habe keine Mittel, ihnen Widerstand zu leisten, und keine Verbindung zu meinen Männern. Was soll ich tun?
>
> *Funkspruch von Oberst Krug, Befehlshaber des 736. Grenadierregiments*
>
> Ich kann Ihnen keine Befehle mehr erteilen. Sie müssen nun Ihre eigene Entscheidung treffen. Auf Wiedersehen.
>
> *Antwort aus dem Hauptquartier der 716. Infanteriedivision 6. Juni, 23.59 Uhr*

Unten: Diagramm des Marinefeuers, das auf eine Bucht gerichtet war, und die Position der Landungsboote mit Truppen und Fahrzeugen. An den Flanken würden Kreuzer die Küstenbatterien und Stützpunkte bekämpfen. Beobachter in Spezialbooten korrigierten das Feuer.

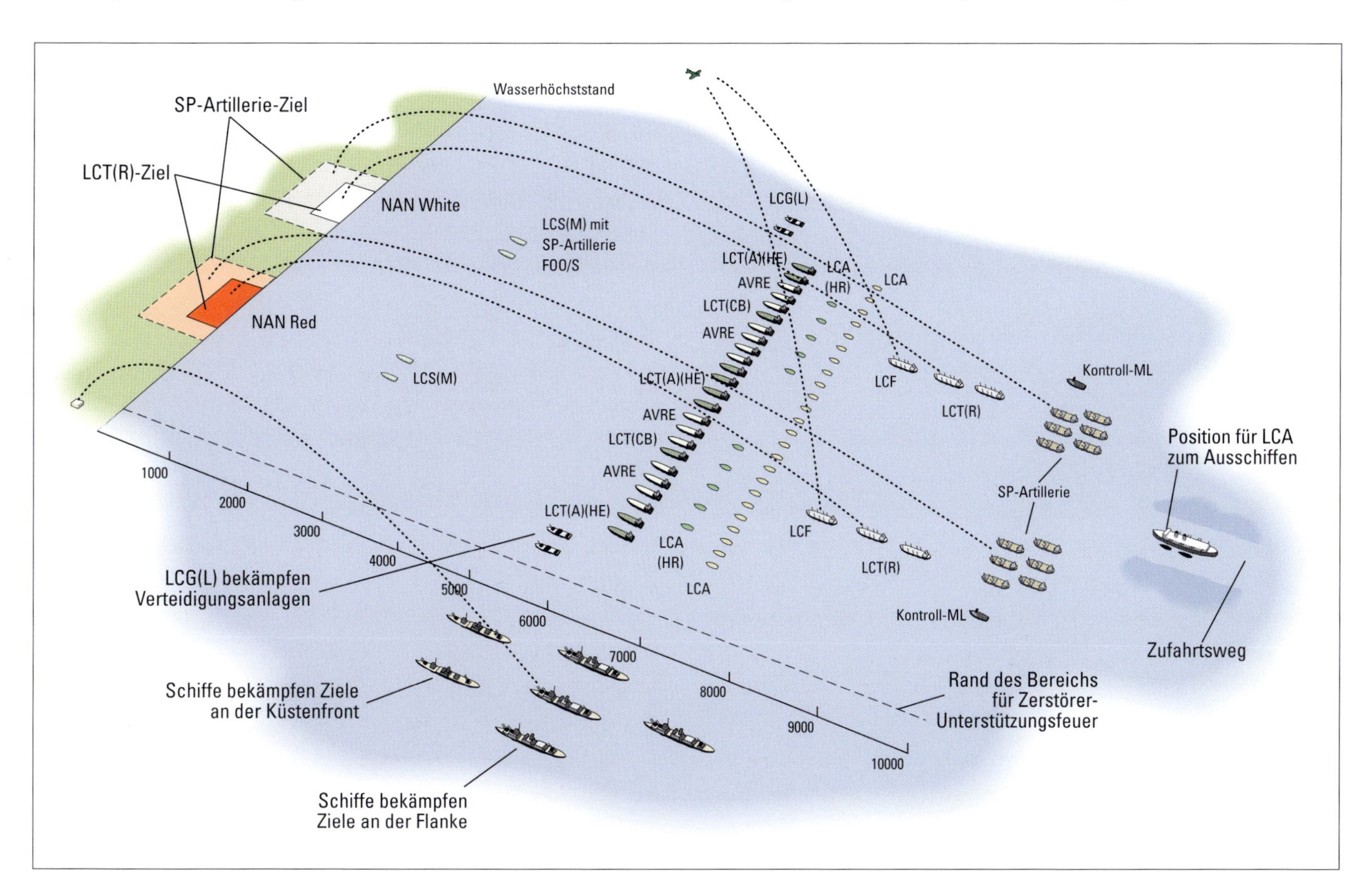

Die Ausrüstung wurde auf Angriff reduziert, die Quartiermeister sammelten Reservekleidung und die britischen Truppen packten ihre persönliche Habe in Gepäcktaschen, die kostenlos nach Hause geschickt wurden.

Am 1. Juni begannen die 15.000 Kanadier und 9000 britischen Soldaten, die die Division ausmachten, in Southampton an Bord von Landungsschiffen zu gehen.

Man hatte Juno für die Landung in zwei Strände geteilt – „Mike" im Westen und „Nan" zwischen Bernières und St-Aubin im Osten. Mike, der kleinere, war in „Green" und „Red", Nan in „Green", „White" und „Red" unterteilt.

Die kanadische 7. Brigadegruppe unter Brigadier Foster sollte auf Mike landen, die 8. unter Brigadier K. G. Blackader auf Nan. Jede Brigade würde von DD-Tanks unterstützt. Der 8. Brigade würde die 4. Special-Service-Brigade unter Brigadier Bernard „Jumb" Leicester nachfolgen. Sie war aus den Royal Marine Commandos Nr. 41, 46, 47 zusammengestellt, und Nr. 48 sollte säubern und Kontakt zum Royal Marine Commando Nr. 41 herstellen, das der britischen 3. Infanteriedivision auf Sword Beach zugeteilt war. Leicester hatte füher mit älteren Royal-Marine-Offizieren gestritten, da er die Einheit in der neuen Kommando-Rolle wünschte.

Die nachrückende Brigade, die 9., würde je nach Tiefe des Brückenkopfs auf Mike oder Nan landen. Sie erhielt die Aufgabe, die Anhöhe im Westen von Caen nahe dem Carpiquet-Flugfeld einzunehmen.

Erste Ziele der Kanadier war die Einnahme und Säuberung der Küstendörfer und Städte entlang Juno wie Courseulles, St-Aubin und Bernières und einiger Dörfer landeinwärts. Sie hatten drei Meldelinien: „Yew", „Elm" und „Oak", die den drei Phasen ihres Plans für den D-Day entsprachen. Oak lag etwa 16 km im Landesinneren an der Bahnlinie genau südlich der Route Nationale 13 von Caen nach Bayeux.

ANGRIFF VOM MEER UND AUS DER LUFT

Die Strände wurden wie die anderen in der Nacht aus der Luft von der R. A. F. angegriffen und bei Tageslicht dann von der USAAF. Zur Marinestreitmacht gehörten die Kreuzer HMS *Belfast* und *Diadem* und elf Zerstörer, darunter die FFS *Combattante* (Freies Frankreich) und die kanadischen HMCS *Algonquin* und *Sioux*.

Um 8.05 Uhr begannen die Landungsboote mit den Kanadiern in Richtung der Strände zu fahren. Die beiden Mini-U-Boote, die auf Tauchstation gewesen waren, tauchten auf, um die Landungstruppe zu geleiten. Unter der Vielfalt von Gefährten, die zum Strand fuhren, waren die DD-Tanks.

Sergeant Leo Gariepy vom 6. Panzerregiment, der seinen DD-Tank lenkte, erinnerte sich: „Ein Mini-U-Boot erschien nur Yards vor mir. Es sollte mich zu meinem ersten Ziel am Strand, einem Blockhaus mit einem Marinegeschütz, führen. Starker Wind ließ mich abtreiben. Der Mann im U-Boot versuchte, mich in die Reihe zurückzuwinken ... Als das Wasser seichter wurde, stoppte das U-Boot, sein Besatzer stand auf und wünschte mir Glück, indem er die Hände über dem Kopf zusammenschlug."

Gariepy kam hierauf zum Strand, „als MG-Kugeln das Wasser um mich zerrissen und hin und wieder Granaten zwischen uns fielen".

Für einen Royal-Marine-Bootsführer auf einem LCA schien der Royal-Navy-Offizier auf dem Deck des U-Boots auf dem Wasser zu stehen: „Angeblich gingen RN-Offiziere auf dem Wasser. Hier war der sichtbare Beweis dafür."

Die Landung auf Mike war für 7.35 Uhr, die auf Nan für 7.45 Uhr vorgesehen. Doch raue See erzwang eine 30-minütige Verspätung und bei steigender Flut würde dies eine tödliche Entscheidung sein. Die 7. Brigade verlor in den hohen Wellen acht DD-Tanks, doch die gelandeten begannen die Küstenstellungen zu bekämpfen. Die 8. Brigade beschloss, ihre Panzer auf konventionelle Art zu landen.

Die steigende Flut trieb einige LCAs der ersten Wellen auf die verminten Hindernisse im Küstenvorland. Ein kanadischer Marineoffizier berichtete:

„Etwa drei Viertel der Truppe waren vom LCA 1150 ausgeschifft, als eine Explosion die Backbordseite traf. Dies kam von einem der verminten Hindernisse. Zwei Soldaten wurden getötet. Eine weitere Explosion schlug ein Loch in die Steuerbordseite von LCA 1137. Alle Männer konnten das Boot ohne Verluste verlassen ... LCA 1138 wollte gerade den Strand verlassen, als eine Welle es auf ein Hindernis hob. Die darauf folgende Explosion riss den Kiel des Bootes auf ... Eine Sperre riss den Boden aus LCA 1151. Die Mannschaften wechselten auf ein Panzerlandungsboot über und wurden schließlich aufs Schiff zurückgebracht."

STURMLANDUNGSBOOTE VERLOREN

Insgesamt gingen bei der Landung eines Bataillons 20 LCAs verloren und 90 von 306 LCAs verlor man am Morgen.

Sobald die 7. Brigade an Land war, wurde sie in einen harten Kampf um das verteidigte Dorf Courseulles verwickelt. Der Großteil des Dorfs am Ostufer der Seulles hatte das Bombardement überstanden. Zwar gaben die Shermans des kanadischen 6. Panzerregiments Feuerunterstützung, doch die *Regina Rifles* mussten sich von Haus zu Haus kämpfen. Später wurden sie von Pionierpanzerwagen und Centaurs oder Mk VIII Cruisern (Centaur) (A27L) unterstützt, die ei-

Oben: Königliche Pioniere entfernen sich, als Plastiksprengstoffladungen bei einer Räumungsaktion des Kampffelds nach den Landungen explodieren und die tschechischen Igel-Panzersperren zerreißen. Andere Teams beseitigten Minen und räumten Stacheldraht.

ne 95-mm-Haubitze trugen, welche die *Royal Marines Armoured Support Group* bei den D-Day-Landungen als Feuerschutz für die LCTs eingesetzt hatte. Die Centaur-AVRE-Gruppe hatte das Gebiet am Nachmittag gesäubert.

Inzwischen hatten die *Winnepeg* und ein Teil der *Canadian Scottish* Vaux, Graye und Ste-Croix gesäubert. Ste-Croix wurde vom 2. Bataillon, 726. Grenadierregiment unter Major Lehmann gehalten. Der Major wurde getötet und sein Adjutant verteidigte den Hauptquartierbunker mit einigen Männern bis Einbruch der Nacht. Eine nachrückende Kompanie der *Regina Rifles* umging Courseulles und nahm Reviers ein.

Die Verteidiger an der Front der 8. Brigade folgten Rommels Weisung und warteten, bis die kanadischen Truppen an Land und in Reichweite waren. Sechs Shermans des kanadischen 10. Panzerregiments wurden zerstört. Als die *Queen's Own Rifles* und das *North-Shore*-Regiment zum Damm stürmten und St-Aubin und Bernières angriffen, fanden sie die Dörfer stark verteidigt. In Bernières wurde ein Widerstandsnest, das dem Strand beherrschte, erst nach Marinebeschuss durch ein Fliegerabwehrschiff, das fast auf Grund lief, als es nahe an die Küste kam, eingenommen. Die Aktion hatte der Spitzenkompanie der *Queen's Own* 50 Prozent Verluste eingebracht. Die *Queen's Own* konnten aber die Flankenstellungen sichern und um 9.30 Uhr war das Dorf genommen.

Die Eroberung St-Aubins kostete eine weitere Stunde. Die „Kuriositäten" waren dabei unbezahlbar. Die DD-Tanks und AVREs zerstörten die deutschen Stellungen. In einem von einem Centaur des *Royal-Marine-Armoured-Support*-Regiments vernichteten Bunker fand man 70 leere Granatenbehälter – Zeugen der Entschlossenheit der Verteidiger.

ZIVILE OPFER

Unter den Opfern in St-Aubin waren Monsieur und Madame Serge Constant. Er erinnerte sich an die tödliche Wirkung des Beschusses: „Meine Frau war in Panik und verließ das Haus. Es gab eine kleine Allee und einen Garten an ihrem Ende, und jeder ging in den Garten hinunter. Dort standen wir alle an der Mauer. Und dann explodierte plötzlich eines dieser Torpedoraketen-Dinger. Oh mein Gott! Meine Frau wurde verwundet, zwei Tanten direkt neben mir getötet."

Beim Dorf Langrune stürmte das Royal Marine Commando Nr. 48 in einen stark befestigten Komplex. Die Seitenstraßen waren blockiert, Fenster und Türen der Gebäude zugemauert und die Verteidiger hatten unterirdische Tunnel gegraben, um sich gedeckt bewegen zu können. Die Kommandos forderten Marinebeschuss und einen Centaur an. Als der Tank seine Munition verbraucht hatte, kam ein an-

Cambes
Les Buissons
0
2 km
0
2 Meilen
Villons-les-Buissons
Anisy
Thaon
Le Fresne Camilly
Colomby-sur-Thaon
Anguenny
Basly
Fontaine Henry
Creully
Colombiers-sur-Seulles
Tierceville
Bény-sur-Mer
Reviere
Douvres-la-Délivrande
Tailleville
Banville
Sainte-Croix-sur-Mer
Mont-Fleury
Luc-sur-Mer
Langrune-sur-Mer
Saint-Aubin-sur-Mer
Bemières-sur-Mer
Courseulles-sur-Mer
Graye-sur-Mer
Vaux
La Rivière
OBOE
NAN
MIKE
LOVE
KING
N
N.-Shore
Reg. de la Chaudière QOR-Panzer & AVRE
Kanadische
Regina-Reg.
Stab & Spec.-Serv.-Brig. 48. RM Commando
RN & RE Strandtrupps
Winnipeg-Reg.
8. Kan. Brig.-Grp.,14. & 19. Kan. Fd.-Art., Kan.-Scot.-R., Panzer & AVRE
7. Kan. Brig.-Grp.12. & 13. Kan. Fd.-Art., Kan.-Scot.-R., Panzer & AVRE
9. Kanad. Brig.-Grp.
Stab 2. Kanad. Pz.-Brigade
3. Kanadische Infanteriedivision
51. Highland Division
4. Panzerbrigade
I. Korps
JUNO BEACH
Infanterievorstöße
Infanteriestellungen
Deutscher Widerstand
Bunker
Pak-Stellung
Landminen
Drahtverhau
Igel, Tetraeder oder nicht identifizierte Hindernisse

derer heran, fuhr aber auf eine Mine. Nun brachte man eine Pak, und ein Sherman, der direkt feuern wollte, fuhr ebenfalls auf eine Mine. Es folgte ein harter Kampf Mann gegen Mann. Die Royal Marines fochten sich von Stellung zu Stellung und erst am 7. Juni ergaben sich 31 Mann in den von Granaten zerstörten, rauchenden Trümmern der Stadt.

Als das Regiment *de la Chaudière* Bény-sur-Mer erreichte, stoppte es schweres MG-Feuer und Pak von einem Vorwerk aus. Zu Mittag war das Gebiet gesäubert. Einen Bunker schaltete ein Bulldozerpanzerfahrer aus, indem er die Schießscharten einfach mit Sand füllte und die Verteidiger begrub.

Die Landungen gingen weiter, doch Wracks und Hindernisse machten Probleme. So ging es langsamer als erwartet. Als die Flut stieg, wurde der Strand enger, doch die Sturmpioniere bahnten zwei Routen durch die Minenfelder entlang der Küste und dann eine dritte. Ab 14.00 Uhr konnte dann

Links: Juno im Zentrum der britisch-kanadischen Strände war zehn Kilometer breit und hatte vor der Küste Riffe, die den Love-Sektor abschirmten. Mike aber war wie auch der Nan-Sektor durch eine zentrale Passage gut zugänglich.

Oben: Die zerschmetterten Überreste einer Straßensperre aus Holzbalken bieten kanadischen Truppen Deckung. Die Dörfer und kleinen Städte von der Küste landeinwärts waren von den Deutschen im Jahr davor befestigt und in Stützpunkte verwandelt worden.

Unser Versorgungsboot wurde ausgeschaltet. So hatten wir keine schweren Waffen. Die DD-Tanks waren nicht an Land gekommen. Mein Zug, 36 Mann, ging durch Flankenfeuer aus MGs. Die offiziellen Zahlen des Bataillons für die am 6. Juni im Kampf Gefallenen betrugen 63, für Kompanie B 34. Ich habe die Zahlen für unseren Zug nicht, weiß aber, dass nur neun Mann landeinwärts gingen, von denen drei verwundet wurden. Von den zehn Mann meiner Abteilung wurden sieben getötet und zwei verwundet. Von den zehn Mann waren sechs seit Juni 1940 bei der Einheit. Der eine Überlebende, der letzte Ersatz, war nie im „Landen“ ausgebildet worden.

Lieutenant Corporal Ralph Jackson
Queen's Own Rifles of Canada, *3. Infanteriedivision*

Oben: Im Morgendunst ziehen Truppen von Juno Beach landeinwärts. Die alliierten Planer hatten sich auf die Aufgabe konzentriert, den Atlantikwall zu durchbrechen, und nicht den harten Kampf bedacht, der in der Landschaft der Normandie noch bevorstand.

die Reservebrigade mit vier Regimentern Artillerie und einem dritten Panzerregiment den Brückenkopf erweitern.

Major General Keller verließ um 11.45 Uhr sein Kommandoschiff, die HMS *Hilary*, und gab um 14.35 in einem kleinen Garten bei Bernières seine erste Pressekonferenz in Frankreich. Das Presseteam hatte in Bernières das Hotel de Grave ausgemacht und am D-Day um 10.30 Uhr seine Vorbereitungen getroffen. Zur Freude der Bevölkerung von Juno Beach sprachen die kanadischen Truppen Französisch.

Kellers selbstbewusste und recht prahlerische Art entsprach nicht seiner Kompetenz als General. General John Crocker, Kommandeur des I. Korps, sagte, dass Keller „vom Temperament her und vielleicht auch physisch (er sieht aus, als habe er sehr gut gelebt) für ein so verantwortungsvolles Kommando nicht geeignet ist". Auch Montgomery meinte, Keller „war nicht gut genug für das Kommando über eine kanadische Division". Keller war aber bei den kanadischen Truppen beliebt und ihn zu entlassen war politisch unmöglich. Das Problem löste sich am 8. August, als Bomber der USAAF irrtümlich Kellers Hauptquartier angriffen. Er wurde fast getötet und musste verwundet nach England zurückkehren.

Von den Stränden weg rückten am D-Day kanadische Infanterie und Panzer aggressiv vor. Die vorzügliche 7. Brigade krachte durch ein Bataillon des deutschen 726. Infanterieregiments und verband sich bei Creully mit der britischen 50. Division. Vergeblich fielen Granaten, als ihre Panzer deutsche Panzerabwehrstellungen umgingen und bei Le Fresne-Camilly die Straße Caen–Arromanches erreichten.

Die 8. Brigade säuberte die befestigten Dörfer Tailleville, Basly und Colomby-sur-Thaon, und um 18.30 Uhr zog die 9. Brigade durch sie durch. Die *North Nova Scotia Highlanders* und das 27. Panzerregiment *(Sherbrooke Fusiliers)* stießen durch Granatwerfer- und Pak-Feuer vorwärts, um bei letztem Tageslicht Villons-les-Buissons und Anisy zu nehmen. Tailleville, das Ziel der Kompanie C des *North-Shore*-Regiments gewesen war, wurde vom deutschen 736. Grenadierregiment, dessen Befehlsstand sich im Dorf befand, hartnäckig verteidigt. Erst um 23 Uhr konnten es die Kanadier schließlich sichern.

Am Ende des Tages bemerkte der kanadische Divisionskommandeur in Bény, dass das feindliche 736. Grenadierregiment an der Küste immer noch eine 4 km breite Front hielt. Es gab einen Korridor zur Küste, der seine Truppen von der britischen 3. Division im Osten abschnitt.

Am frühen Morgen des 6. Juno rückte eine Kampfgruppe der deutschen 21. Panzerdivision entlang dieses Korridors gegen die Küste vor. Eine Schützenkompanie und sechs Panzer des 1. Bataillons des 192. Panzergrenadierregiments erreichten tatsächlich die Küste und meldeten diese Öffnung. Doch dann sahen die Crews der Panzerwagen den riesigen Strom der Luftbrücke mit ihrer Jägereskorte über sich. Er sollte die 6. Luftlandedivision in ihrer DZ an der Orne verstärken. Die Männer der deutschen 21. Panzerdivision dachten fälschlich, sie würden in dem Gebiet abgesetzt werden, und ohne Rückendeckung zog sich die Kampfgruppe zurück, da sie fürchtete, die Luftlandungen würden sie abschneiden.

Nach dem Krieg erinnerte sich Generalleutnant Edgar Feuchtinger, ein Artillerist, der die 21. Panzerdivision befehligte, dass die britischen und kanadischen Truppen „... erstaunlich vorangekommen waren und bereits einen Streifen Anhöhe etwa 10 km vom Meer entfernt besetzt hatten. Von hier aus schaltete das ausgezeichnete Pak-Feuer der Alliierten elf meiner Panzer aus, ehe ich noch gestartet war. Ich erwartete nun, dass einige Verstärkung käme, damit ich meine Stellung halten konnte, doch es kam keine. Eine weitere alliierte Fallschirmlandung auf beiden Seiten der Orne sowie ein heftiger Angriff englischer Panzer zwang mich, meinen Halt an der Küste aufzugeben."

Am frühen Morgen des 6. Juni war er allerdings in seinem Hauptquartier nicht erreichbar und sein Stab dachte, er sei bei seiner französischen Geliebten in Paris. Von Luck sagte über seinen Vorgesetzten: „Er liebte all die guten Dinge des Lebens, die man in Paris reichlich fand. Feuchtinger wusste, dass er keine Kampferfahrung oder Kenntnis der Panzerkriegsführung hatte, und musste das meiste delegieren, also die Ausführung der Befehle uns erfahrenen Kommandeuren überlassen." Ein freundliches Urteil über einen Mann, der zwar im Ersten Weltkrieg sowie 1940 in Frankreich und 1942 an der Leningrad-Front gekämpft hatte, seinen Aufstieg im Heer aber hauptsächlich den politischen Beziehungen innerhalb der Nazi-Partei verdankte.

Oberst Bodo Zimmermann vom deutschen Stab des OB West urteilte härter über Feuchtingers Leistung am D-Day. Er beschuldigte ihn des Weglaufens. Am 24. Dezember 1944 ging Feuchtinger in seine eigene Falle. Im Hauptquartier der 21. Panzerdivision, die nun an den Grenzen des Reichs kämpfte, traf der Befehl ein, Feuchtinger möge seine Abwesenheit von seinem Hauptquartier am 5. und 6. Juni erklären. Doch der General war wieder nicht in seinem Hauptquartier. Während die Division in bitterer Kälte focht, verbrachte er Weihnachten zu Hause bei seiner Familie. Im Januar 1945 wurde er seines Kommandos enthoben und im März von einem Kriegsgericht verurteilt. Durch seine Verbindungen zur Nazi-Partei konnte er der Hinrichtung entgehen. Bei Kriegsende nahmen ihn die Amerikaner fest.

Mut fehlte den Technikern und dem Luftwaffenpersonal im Radarkomplex bei Basly-Douvres nicht, der am 7. Juni um 7.00 Uhr vom *North-Shore*-Regiment, das im letzten Tageslicht des Vortages eingetroffen war, angegriffen wurde. Die Kanadier trafen auf starke Gegenwehr. Etliche Attacken wurden zurückgeschlagen, bis am 17. Juni eine Kampfgruppe der 22. *Dragoons*, das Royal Marine Commando Nr. 41 und die 26. Sturmabteilung RE, unterstützt von schwerem Artilleriefeuer, angriffen. Die Radarstellung war von Männern gehalten worden, die bis zwei Wochen vor dem D-Day keine Frontsoldaten waren. Beim Schlussangriff wurden acht Panzer beschädigt und vier AVREs ausgeschaltet.

Am Ende des Tages hatte die kanadische 3. Division ihren Strand gesichert, ihre Ziele landeinwärts aber noch nicht erreicht. Doch 21.400 Mann, 3200 Fahrzeuge und 2130 Tonnen Vorräte waren gelandet worden. Die Division hatte 946 Verluste zu verzeichnen, davon 335 Gefallene.

Unten: M4 Shermans passieren einen Funklaster. Die Mannschaft des Tanks vorne hat als Schutz Kettenglieder an der Vorderseite befestigt, auch um Reserveglieder zu haben, falls die Ketten von einer Panzermine beschädigt werden. Die Glieder brachten aber kaum Schutz.

KAPITEL ZEHN

SWORD BEACH

An der ganz linken Seite der alliierten Landungen hatten die Männer der britischen 3. Infanteriedivision, die auf Sword an Land gingen, die wichtige Aufgabe, sich mit den östlich der Orne gelandeten Luftlandetruppen zu verbinden. Sie hatten es auch mit der deutschen 21. Panzerdivision zu tun, die zwar einige eher ungewöhnliche, aus französischen Tanks umgebaute Panzerwagen besaß, doch immer noch eine sehr starke Macht war, die die Briten vielleicht aufhalten oder gar ins Meer zurückwerfen konnte.

Die Verteidigungsstellungen an der Küste zwischen St-Aubin-sur-Mer und der Mündung der Orne (sie wurde als Sword bezeichnet) entsprachen dem deutschen Standard. Die Küste war leicht gekrümmt, sodass die Verteidiger Waffen mit überlappendem Feuerbereich im Defilement aufstellen konnten. Ein Teil des Strandes war felsig, andere Bereiche bestanden aus weichem Schlamm. All dies kam dem deutschen Küstensperrplan entgegen.

An der Mündung der Orne war das verteidigte Gebiet bei Riva Bella 1,2 km lang und erstreckte sich 200 m landeinwärts. Riva Bella, eine moderne Stadt am Meer, hatte einen gitterförmigen Grundriss mit zwei Straßen, die parallel zum Meeresufer hinunterliefen. Das Widerstandsnest WN 18 hatte zwei Standorte an der Küste, umfasste 80 Bunker und hatte sechs 15-cm-K420(f)-Kanonen in offenen Betonbettungen mit einer Reichweite von 21 km. Daneben

Links: Männer der 3. Infanteriedivision waten zu den Sanddünen und den flachen Stränden von Sword an Land. Die Deutschen hatten einige ausgezeichnete Stützpunkte, die die Küste schützten, errrichtet. Der Himmel zeigt, wie wechselhaft das Wetter am 6. Juni war.

Oben: Kommandos, an ihre Bergen-Rucksäcken und grünen Baretten erkennbar, steigen aus einem Landungsboot aus. Die Kommandos unter Lord Lovat (Mitte links im Wasser mit dem Rücken zur Kamera sichtbar) kämpften hart, um die Paras bei der Pegasus-Brücke zu erreichen.

gab es vier russische 7,62-cm-Feldgeschütze, sieben 5-cm-KwK-Kanonen, drei davon in Kasematten, die zwei Kasematten mit russischen 7,62-cm-Feldgeschützen flankierten, zwei Renault-Panzertürme, einen 5-cm- und einen 8,1-cm-Granatwerfer, eine 2-cm-Flak, zwei gepanzerte MG-Türme (Typ R644) und einen 15-cm-Scheinwerfer. Befehlsstand der Vereidigungsanlagen war ein viergeschossiger Betonturm mit einer 2-cm-Flak obenauf. Innerhalb der Stadt verlief ein mit Beton ausgegossener V-förmiger Panzergraben zum linken Ufer des Orne-Kanals. Er trennte den Bereich der Seefront vom Hauptbereich der Stadt ab.

Die Riva-Bella-Stellung war von Kompanien des 1./736. Infanterieregiments und des 642. Ostbataillons der ortsfesten 716. Infanteriedivision besetzt. Gerade vor dem D-Day wurde die 1. Batterie des 1260. Küstenartillerieregiments landeinwärts nach St-Aubin d'Arquenay verlegt, zur Batteriestellung mit ihren vier 15,5-cm-Kanonen. WN 12 hatte den Namen „Daimler". Es hätte die Strände direkt beschießen können, doch eine Gruppe aus Sergeant Guy de Montlaur, Maat Joseph Nicot und Marcel Lefebre von der Resistance hatte die Telefonleitungen gekappt.

MORRIS UND HILLMAN

Neben den 7,5-cm-Kanonen in Kasematten in Ouistreham gab es landeinwärts zwischen Colleville und Périers die 10-cm-Geschütze in WN 16 und WN 17, bemannt vom 1716. Artillerieregiment, von den alliierten Planern mit den Decknamen „Morris" und „Hillman" bezeichnet. Östlich von Hillman befand sich das Hauptquartier des 736. Infanterieregiments, im Süden auf einer Anhöhe das Hauptquartier des 1716. Artillerieregiments.

Westlich des WN 18 lag bei La Bréche das WN 20 (Deckname „Cod"). Diese Stellung besaß eine 7,5-cm-Kanone in einer Kasematte, zwei 5-cm-Kanonen. ebenfalls in Kasematten, drei 8,1-cm-Granatwerfer und eine 3,7-cm-Kanone. „Cod" bestand aus 20 separaten, sich gegenseitig unterstützenden Stützpunkten. Die tiefen Stellungen sollten schließlich erst um 10 Uhr gesichert werden.

Ganz rechts von Sword lag bei Lion-sur-Mer das WN 21 („Trout") mit zwei 5-cm-Kanonen in Kasematten. Die Decknamen nach Fischarten gingen weiter mit „Sole" (WN 14), dem Hauptquartier des 1./736. Infanterieregiments.

Sword Beach, das das Ziel der britischen 3. Division unter Major General T. G. Rennie war, wurde in „Peter" und „Queen" unterteilt. Spitzenformationen würden die 8. Infanteriebrigadegruppe, die 13./18. *Royal Hussars* in DD-Tanks, das 1. *South-Lancashire*-Regiment und das 2. *East-Yorkshire*-Regiment sein. Wegen der Felsen nahe der Küste würden sie auf einer engen Front „White" und „Red", die Abschnitte von Queen, angreifen müssen.

Rennie hatte im Krieg eine bemerkenswerte Laufbahn. 1940 wurde er mit der 51. *(Highland)* Division bei St. Valery gefangen genommen, entkam aber nach zehn Tagen. Er diente in Nordafrika und kommandierte 1942 bei El Alamein die *Black Watch*, wo er den DSO erwarb. Danach kämpfte er in Sizilien. Zurück in England, bildete Rennie die 3. Division für ihre Rolle am D-Day aus, doch wurde er später kritisiert, weil er dabei keine Betonung auf das rasche Ausnützen unerwarteter Gelegenheiten gesetzt hatte.

FRANZÖSISCHE PANZER

Für den Küstenbeschuss zur Unterstützung der Division würde eine beeindruckende Streitmacht unter Konteradmiral Arthur Talbot sorgen: Die zwei Schlachtschiffe HMS *Warspite* und *Ramillies*, das Panzerschiff HMS *Roberts*, die Kreuzer HMS *Mauritius* (Flagship), *Arethusa*, *Frobisher* und *Danal* und die polnische ORP *Dragon* standen bereit. Unter den 13 Zerstörern war die norwegische HMNS *Svenner*.

Die Streitmacht hatte neben den schweren Küstenbatterien beiderseits der Seine-Mündung etliche Ziele. Die wichtigsten waren die Batterien bei Villerville, Mount Canisy und Houlgate. Um 5.45 Uhr würde es losgehen.

An Bord der *Ramillies* dachte Maat Drake erst an eine weitere Übung, als das Schlachtschiff in See stach. Dass es nach Frankreich dem D-Day entgegenging, merkte er, als der Kapitän zur Mannschaft sprach. Die Einleitungsworte des Skippers waren: „Die Würfel sind gefallen. Wir haben den Befehl anzugreifen."

Admiral Talbot erinnerte sich an die schwache Reaktion der deutschen Verteidiger: „Der Himmel war voll von unse-

Unten: Ein Sherman-„Dreschflegel"-Panzer brennt vor dem Strand von Sword Beach neben einem Schienenleger-Tank und einem Bulldozer. Die als „Funnies" (Kuriositäten) bekannten Spezialpanzer räumten den Weg durch Minenfelder, Panzergräben und andere Hindernisse.

ren Bombern und Jägern, vom Rauch unseres Beschusses. Der Feind war offenbar von der schieren Stärke unserer Unterstützung wie gelähmt."

Für die alliierten Planer war Sword der potenziell anfälligste Strand, da die deutsche 21. Panzerdivision in und um Caen und die 12. SS-Panzerdivision *Hitlerjugend* im Osten standen. Griffen diese an, wenn die Alliierten erst eine geringe Zahl von Tanks an Land hatten, so konnten sie die Landetruppen ins Meer zurücktreiben. Entscheidend war daher, durch die Küstenverteidigungsanlagen zu brechen und einen tiefen Halt an der Küste zu erreichen.

GESCHWÄCHTER GEGNER

Tatsächlich aber war die 21. Panzerdivision keine so starke Truppe wie gefürchtet. Ein Großteil der Division war mit erbeuteten französischen Fahrzeugen von 1940 und veralteten Waffen ausgerüstet. Major Becker, der die Panzerjägerabteilung 200 der Division befehligte, war ein Reserveoffizier mit Familienbanden zur deutschen Rüstungsindustrie. Diese nutzte er, um der Division improvisierte Fahrzeuge zu verschaffen. Man benutzte die Chassis erbeuteter Hotchkiss- und Lorraine-Tanks und von Panzerwagen zur Produktion von Selbstfahrlafetten (Pak und Artillerie). Darunter waren die 7,5-cm-Pak 40 auf GW 39h(f), eine Selbstfahrlafetten-Pak auf einem französischen Hotchkiss-H39-Panzer, und die FH 18 auf GW Lorraine Schlepper, die eine 10,5-cm-Haubitze trug.

Feuchtinger erzählte, dass „die Panzer durch die zwei Jahre im Freien rostig geworden waren. Sie mussten komplett zerlegt und gesäubert werden. Im Allgemeinen brauchte man die Teile von zwei oder drei Panzern, um einen weiteren von quasi neuwertiger Qualität bauen zu können".

Die Vehikel wirkten mit den großen aufgesetzten gepanzerten Boxen zum Schutz der Crew überschwer. Major Hans von Luck meinte: „Zunächst lachten wir über die monströsen Sturmgeschütze, aber bald wussten wir es besser."

Von den zehn Panzer- und Panzergrenadierdivisionen im Westen wurde die 21. als einzige als untauglich für den Einsatz in Russland eingeschätzt. Die Division war im Juli 1943 in der Normandie aus der Einheit, die in Nordafrika hervorragend gekämpft hatte, doch im Mai 1943 vernichtet worden war, neu gebildet worden. Sie bestand aus:

- Panzer-Aufklärungsabteilung 21
- Panzer-Regiment 22 (zwei Bataillone)
- Panzergrenadier-Regiment 125 (zwei Bataillone)
- Panzergrenadier-Regiment 192 (zwei Bataillone)
- Panzer-Artillerie-Regiment 155 (drei Bataillone)
- Panzerjäger-Abteilung 200
- Nachrichten-Abteilung 200
- Panzer-Pionierbataillon 220

Dazu gab es noch den Divisionsstab, die Stabsabteilung und Hilfsdienste. Die Heeres-Flak-Abteilung 305 kam später zur Division hinzu. Feuchtinger war über die Qualität einiger der Männer seiner Einheit enttäuscht. „Eine weitere große Schwierigkeit bei der Ausbildung der 21. war, dass wie in vielen anderen Divisionen 15 Prozent der Reserven so genannte Volksdeutsche (Deutschstämmige aus dem Ausland) waren, von denen viele nicht einmal die deutsche Sprache richtig beherrschten."

Die 12. SS-Panzerdivision *Hitlerjugend* aber war ein Panzerverband ganz anderen Kalibers. Sie wurde aus Freiwilligen in den Führungsschulen der Nazi-Jugendbewegung und aus Männern der alten SS-Division *Leibstandarte Adolf Hitler* rekrutiert. Ihr Kommandeur war Gruppenführer Fritz Witt, der bei der Ausbildung das Hauptgewicht auf Feldübungen mit scharfer Munition legte.

Witt trat 1931 der Nazi-Partei bei und diente in der Waffen-SS in Polen, Frankreich (wo er das Ritterkreuz erwarb), auf dem Balkan und an der Ostfront. Als er das Kommando über die 12. SS-Division *Hitlerjugend* erhielt, war er erst 35 Jahre alt und damit der zweitjüngste Divisionskommandeur in den deutschen Streitkräften.

„PANZER-MEYER"

Witts persönliches Motto lautete „Angriff" und am D-Day schwor er seine Division darauf ein. Am 14. Juni starb er im Granatenfeuer, doch sein Nachfolger Kurt Meyer („Panzer-Meyer") war aus demselben Holz geschnitzt.

Die Divisionsstärke von 20.540 Mann war etwas höher als die Sollstärke, da die Einheit eine große Zahl von Freiwilligen zwischen 16 und 17 Jahren angezogen hatte. Die jungen Soldaten waren aggressiv und voll Hingabe. In den Juniwochen 1944 sollten sie bemerkenswerte und auch grausame Gegner sein. Vielen waren ihre Häuser in Deutschland zerbombt worden, sie hatten ihre Väter und Mütter im Krieg verloren und den Horror der massiven Luftangriffe der RAF auf deutsche Städte erlebt.

Die Division bestand aus:

- SS-Panzergrenadier-Regimenter 25 und 26 (drei Bataillone)
- SS-Panzer-Aufklärungsabteilung 123
- SS-Panzer-Regiment 12 (drei Bataillone)

Rechts: Die auf Sword landenden Truppen mussten Ouistreham säubern, das in einen Stützpunkt verwandelt worden war, der die Mündung der Orne und den Caen-Kanal schützte. Riesige Rauchschirme verbargen die Invasionsflotte vor deutschen Küstenbatterien im Osten.

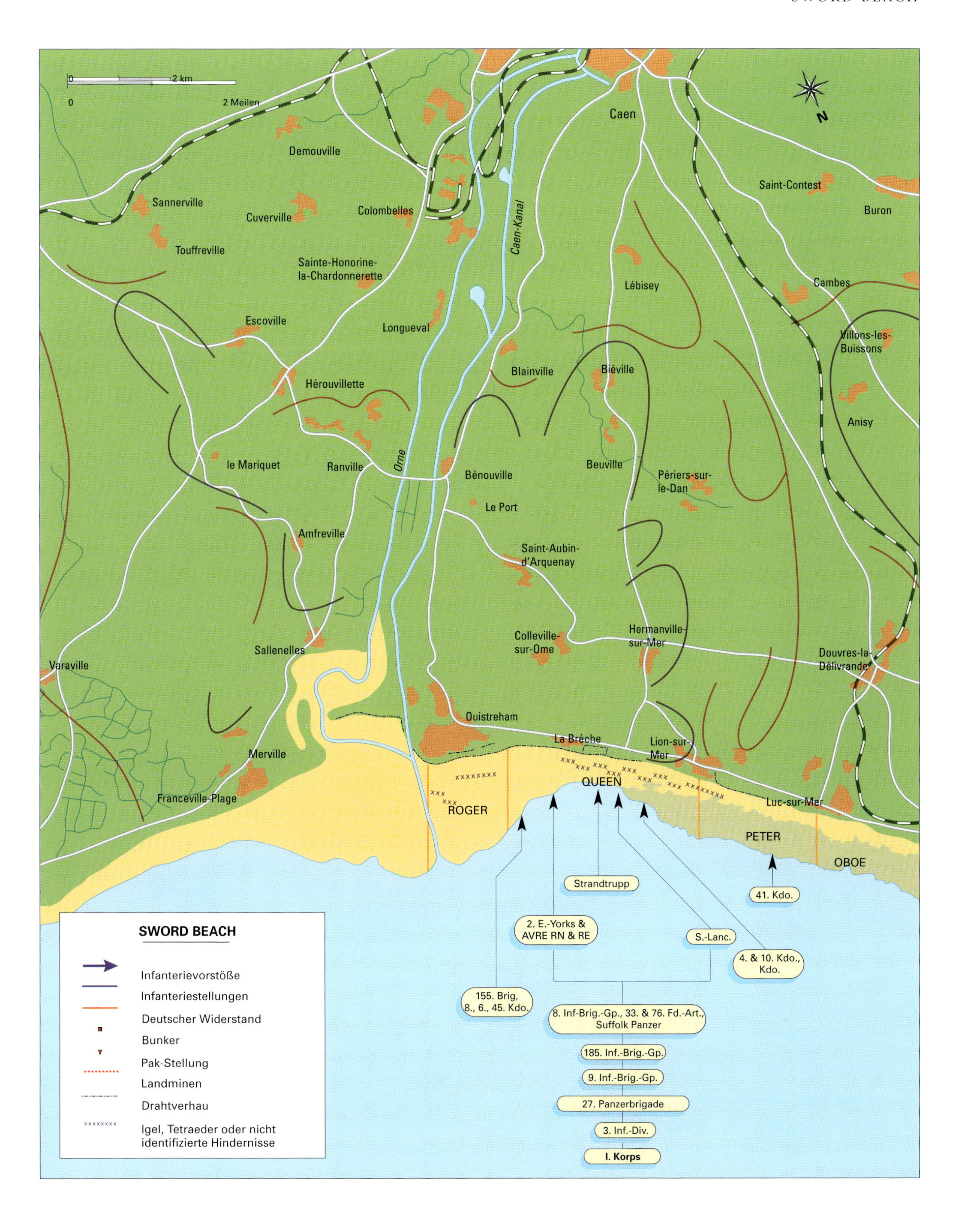
0 2 km
0 2 Meilen
N
Caen
Demouville
Sannerville
Cuverville
Colombelles
Touffreville
Sainte-Honorine-
la-Chardonnerette
Caen-Kanal
Saint-Contest
Buron
Lébisey
Cambes
Escoville
Longueval
Villons-les-
Buissons
Blainville
Biéville
Hérouvillette
Anisy
le Mariquet
Ranville
Orne
Bénouville
Beuville
Périers-sur-
le-Dan
Le Port
Amfreville
Saint-Aubin-
d'Arquenay
Colleville-
sur-Orne
Hermanville-
sur-Mer
Sallenelles
Douvres-la-
Délivrande
Varaville
Oustreham
La Bréche
Lion-sur-
Mer
Merville
QUEEN
Franceville-Plage
ROGER
Luc-sur-Mer
PETER
OBOE
Strandtrupp
41. Kdo.
2. E.-Yorks &
AVRE RN & RE
S.-Lanc.
4. & 10. Kdo.,
Kdo.
155. Brig,
8., 6., 45. Kdo.
8. Inf-Brig.-Gp., 33. & 76. Fd.-Art.,
Suffolk Panzer
185. Inf.-Brig.-Gp.
9. Inf.-Brig.-Gp.
27. Panzerbrigade
3. Inf.-Div.
I. Korps
SWORD BEACH
Infanterievorstöße
Infanteriestellungen
Deutscher Widerstand
Bunker
Pak-Stellung
Landminen
Drahtverhau
Igel, Tetraeder oder nicht
identifizierte Hindernisse

Oben: Ein Sergeant lächelt in die Kamera, während sich die Truppen am Strand formieren, um den Panzer, der zum Losfahren bereit ist, zu unterstützen. Die Männer haben Leinenhüllen zum Schutz von Schloss und Mechanismus ihrer Gewehre vor nassem Sand bei der Landung.

- SS-Panzer-Flak-Abteilung 12
- SS-Werfer-Abteilung 12
- SS-Panzerjäger-Abteilung 12
- SS-Panzer-Nachrichtenabteilung 12
- SS-Panzer-Pionier-Bataillon 12
- Divisionsstab und Divisionsstabsabteilung

Die Waffen-SS focht den Krieg nach den gnadenlosen Regeln, die sie an der Ostfront anwandte. Kleine Zahlen von Gefangenen wurden manchmal erschossen, da ihre Evakuierung in die Etappe die Operationen verlangsamt hätte, und unbewaffnetes Personal mit Rotem Kreuz in Sanitätsposten, die beim Kampf überrannt wurden, konnte im Blutrausch eines Angriffs erschossen werden. Bei den Kämpfen in der Normandie behandelten manche alliierte Truppen gefangene SS-Soldaten genauso erbarmungslos.

130 km landeinwärts stand die Panzer-Lehr-Division, bestehend aus Demonstrationseinheiten von Panzerschulen. Ihr Kommandeur war General Fritz Bayerlein. Sie war mit PzKpfw-V-Panthern ausgerüstet. Der einzige Nachteil war, dass ihr Personal zwar sehr erfahren war, doch meist aus Veteranen von der Ostfront bestand und daher keine Erfahrung mit der gewaltigen alliierten Feuerkraft hatte, die sich noch gegen die kleinsten Ziele richten konnte. Bayerlein hatte Kampferfahrung in Nordafrika und an der Ostfront gesammelt. Der Standort der Division spiegelte Feldmarschall von Rundstedts Plan eines Manöverkriegs, in dem die deutschen Panzer die Alliierten besiegen würden, sobald sie in Frankreich waren.

DIE PANZER-LEHR-DIVISION

die Panzer-Lehr-Division bestand aus dem 901. und 902. Panzergrenadier-Lehr-Regiment und dem 130. Panzer-Lehr-Regiment. Innerhalb des 130. Regiments sollte das 2. Bataillon unter dem Befehl von Major Prinz Wilhelm von Schönberg-Waldenberg am 9. Juni außerhalb von Bayeux den Invasoren einen schweren Kampf liefern und den britischen Vormarsch verzögern. Die Division besaß auch ihre Panzerjäger-, Nachrichten-, Pionier- und Aufklärungseinheiten. Im Mai 1944 hatte sie Sollstärke und 183 Panzer, 58 Pak, einige davon auf Selbstfahrlafetten, und 53 Artilleriegeschütze. Doch ehe sie im Kampf vom D-Day ihre Rolle spielen konnte, musste sie ihren Weg über Straßen nehmen, die zum Jagdfeld der alliierten Tiefflieger geworden waren. Sie erlitt dabei schwere Verluste durch Bomben, Raketen und Bordkanonen der Jagdbomber.

Angesichts dieser Opposition sollte die britische 8. Brigadegruppe rasch entlang der Orne ziehen müssen, um die *Ox and Bucks Light Infantry,* die die Pegasus-Brücke hielt, zu entsetzen. Das Commando Nr. 4 würde Riva Bella säubern, das Royal Marine Commando Nr. 41 westwärts stoßen und sich bei Langrune mit den Kanadiern verbinden.

Nachrückende Einheit war die 185. Infanteriebrigadegruppe, die die 8. Brigade passieren und Caen oder die Anhöhe über der Stadt einnehmen sollte.

Force S, die die für Sword Beach bestimmten Männer führte, war die einzige Seetransportergruppe, die sich östlich des Solents sammelte. Die Männer verbrachten eine feuchte Nacht in der Kanal-Bauchung. Um 5.30 Uhr wurden dann die Spitzen-Infanteriekompanien in ihre LCAs hinunter gelassen. Auf der Fahrt zur Küste las Major C. K. „Banger" King von den 2. *East Yorks* dem Stab der Kompanie A aus Shakespeares *Heinrich V.* vor.

Zweiundsiebzig 105-mm-Haubitzen auf Selbstfahrlafetten der 3. Artilleriedivision steigerten ihre Feuerkraft, als ihre Landungsschiffe nach Sword fuhren. Man hatte die Selbstfahrlafetten in England in Panzerlandungsboote mit zwei Geschützen nach vorn und zwei nach hinten umgebaut. In Vorbereitung dieser einzigartigen Mission wurden über 100 Sprenggranaten einsatzbereit gestapelt. Die Geschütze feuerten schließlich etwa 6500 Schuss ab.

Da die Landungen auf Utah schon begonnen und Luftangriffe sowie Luftlandungen die Deutschen alarmiert hatten, versprach Sword ein harter Kampf zu werden. Erste Anzeichen dafür gab es, als S-Boote der in Le Havre stationierten 5. Flottille durch den von Flugzeugen zum Schutz der alliierten Flotte gegen die Küstengeschütze in Le Havre produzierten Rauchschirm auftauchten. Um 5.30 Uhr feuerten die S-Boote einen Schwarm von 18 Torpedos auf das riesige Ziel. Nur einer traf! Die *Svenner* erwischte es mittschiffs. Sie sank. Ein Offizier und 33 Matrosen starben. Andere Torpedos verfehlten das Kommandoschiff HMS *Largs* und die Schlachtschiffe *Warspite* und *Ramilles* nur knapp.

Die königliche norwegische Marine hatte am D-Day noch drei Zerstörer, drei Korvetten, drei Motorbarkassen und ein Patrouillenschiff im Kanal im Einsatz.

In der Nacht des 6. Juni wurden alle verfügbaren deutschen S-Boote eingesetzt, doch die 5. Flottille verlor S 139 und S 140 durch Minen in den eigens zum Schutz der Landungsbuchten zum D-Day ausgelegen Minenfeldern.

Nach dem 6. Juni schwärmten die S-Boote, falls es das Wetter erlaubte, fast jede Nacht aus, doch wegen der massiven Feuerkraft der alliierten Flotte hatten sie wenig Erfolg. Ihre Einsatzberichte waren dramatisch formuliert, was einen falschen Eindruck von ihrer Effektivität vermittelte.

Die Männer des Royal Marine Commando Nr. 41 hatten den Kanal in kleinen Infanterielandungsbooten (LCI (S)) überquert. Das brauchte einen starken Magen. Erst als sie ablegten, erfuhren sie ihren Bestimmungsort und ihr Ziel.

RAUE SEE

Die See war mit zwei Meter hohen Wellen bei einer Windgeschwindigkeit von 16 bis 20 Knoten (30–37 km/h) sehr rau. Die DD-Tanks wurden daher 5 km und nicht wie ursprünglich geplant 8 km vor der Küste ins Wasser gelassen. Die Crews lenkten ihre plumpen Panzer-„Boote" vorzüglich und 21 von 25 erreichten den Strand, obwohl zwei von einem Landungsboot mit der ersten Welle von Sturmpionieren gerammt wurden.

Hinter den DDs kam die Infanterie der 8. Brigade. Die Strände waren bombardiert und beschossen worden, doch die Verteidiger waren in Deckung und ließen nun ein brutales Sperrfeuer aus Handfeuerwaffen und Granatwerfern los. Major A. R. Rouse von den *South Lancashires* erzählte:

„Auf den letzten 90 Metern der Einfahrt schien alles zugleich zu geschehen. Aus dem Rauchnebel tauchten die Unterwasserhindernisse auf. Wir hatten sie auf Luftfotos studiert und wussten genau, was uns erwartete, hatten aber irgendwie ihre Höhe unterschätzt, und als wir uns zwischen Eisenschienen, Rampen und Pfählen mit oben befestigten Tellerminen, wie gigantische Pilze, durchwanden, schienen wir uns durch einen grotesken versteinerten Wald zu tasten. Der Lärm war so beständig wie eine Sirene."

Der kommandierende Offizier der *South Lancashires,* Lieutenant Colonel Richard Burbury, trug bei der Landung eine Flagge mit den Bataillonsfarben, die seinen Truppen als Sammelpunkt dienen sollte. Doch leider lenkte diese Geste aus einer längst vergangenen Zeit die Aufmerksamkeit eines deutschen MG-Schützen auf ihn und Burbury wurde getötet, als er den Strand erreichte. Sein Stellvertreter, Major Jack Stone, übernahm das Kommando ohne die Bataillonsfahne.

Das *East-Yorkshire*-Regiment erlitt in den ersten wenigen Minuten, die es an Land war, 200 Verluste. Langsam räumten die Dreschflegel-Tanks und AVREs La Brèche. Doch das lästige Feuer stoppte erst, als das Commando Nr. 4 Ouistreham eingenommen hatte.

Um 8.45 Uhr lief das Landungsboot mit dem Commando Nr. 41 180 Meter vor dem Strand auf Sand und geriet unter schweren Granatwerfer- und MG-Beschuss. Sie waren nicht am richtigen Strand, doch ihr Kommandeur Lieutenant

Es war zwar weit weg von zu Hause, doch heimelig, da es ein Bataillon wie die Warwicks war … es waren lauter Jungs aus Birmingham, und zwischen den fallenden Granaten und dem allgemeinen Kriegsgetöse konntest du in ein paar Splittergräben gerade hinter dir eine hitzige Diskussion über die Vorzüge der Villa- und Birmingham City-Fußballklubs hören, und dann schienst du nicht weit weg von zu Hause zu sein.

Private Geoff Peters
2. Bataillon, Warwickshire-Regiment
Britische 3. Infanteriedivision

Colonel T. M. Gray schickte einen Teil der Truppe ostwärts, um sich mit dem *South-Staffordshire*-Regiment zu verbinden, und einen Teil nach Lion-sur-Mer. Bei heftigem Kampf wurden drei Tanks ausgeschaltet und zwischen 16 und 18 Uhr gaben Zerstörer vor der Küste Feuerschutz.

Als das Commando Nr. 41 mit einem Bataillon der *Lincolnshires* unterstützt von den *Ulster Rifles* eben einen genau geplanten Angriff starten wollte, warfen drei Heinkel He 111 aus geringer Höhe eine Reihe Bomben ab. Sie verwundeten Colonel Gray und seinen Stab. Die Attacke startete trotzdem und säuberte Lion-sur-Mer. So konnte sich das Commando dort mit dem Commando Nr. 46 verbinden.

Um 9.00 Uhr landete das Reservebataillon der Brigade, die *Suffolks*, und zog los, Colleville zu säubern und dann um 13.00 Uhr nach Morris weiterzugehen. Richard Harris, ein junger Infanterist bei den *Suffolks*, erinnerte sich an den Moment, als das Landungsboot den Strand erreichte.

„Immer näher kamen wir der Küste … Zitternd, das Gewehr fest umklammernd, kauerte ich und erwartete den gefürchteten Schrei ‚Rampen runter!'. Wir kamen ganz langsam herein, zwischen schon gelandeten Booten, von denen manche brannten. Die Motoren gingen auf Rücklauf, der Bug liefen auf Sand und Kies und wir blieben stehen. ‚Rampen runter!' Das war's. Ich wollte mich nur möglichst kurz oben

Oh ja, ich traf Leute. Ich sah bei mehr als einer Gelegenheit selbst Leute, auf die ich feuerte, fallen. Ich kann das ohne Zögern sagen. Ohne zu prahlen, was für ein guter Schütze man ist – ein nur 90 oder 135 m entfernter Mann ist ein furchtbar großes Ziel. Und ist es ein feindlicher Soldat, so feuerst du nicht einen Schuss, sondern eine Salve, lädst nach und feuerst wieder, so rasch du kannst. Auch wenn er schon gefallen ist, schießt du weiter.

Private Dennis Bowen, 18 Jahre alt
5. Bataillon, East-Yorkshire-Regiment

Unten: Ein Wirrwarr von Fahrzeugen und Spezialpanzern wie ein AVRE rechts bevölkern den Strand. Die steigende Flut engte den Raum ein, als während des Tages immer mehr Truppen und Fahrzeuge dem strengen Stundenplan gemäß gelandet wurden.

Oben: Soldaten suchen hinter einem AVRE Deckung vor MG-Feuer, während im Hintergrund ein M10-Panzerjäger, den die Briten „Wolverine" (Vielfraß) nannten, seinen Turm gegen einen Bunker schwenkt. Die M10 wurden später mit einer britischen 17-Pfünder aufgerüstet.

auf der Rampe als Ziel darbieten, und als einer der Ersten hatte ich freie Bahn zum Laufen."

Der Sturm auf Hillman erwies sich als schwieriger und gelang nur durch Artilleriefeuer und direkter Unterstützung der Panzer der *Staffordshire Yeomanry.* Erst um 20.15 Uhr war die Stellung gesichert.

Im Osten fochten das *East-Yorkshire*-Regiment und die verbleibenden Tanks der 13./18. *Royal Hussars* hinter Ouistreham hart und räumten „Daimler" erst um 16.00 Uhr.

Um 9.30 Uhr hatte das *South-Lancashire*-Regiment Hermanville befreit und zog gegen den Périer-Kamm. Diesen Schlüsselpunkt besetzten entschlossenere Truppen, Männer des deutschen 2./192. Panzergrenadierregiments mit den 8,8-cm-Kanonen des 200. Panzerjägerbataillons. Diese stoppten den Vormarsch der 8. Brigade, die nun auf die Ankunft der 195. Brigade wartete.

Um 8.20 Uhr landete das Commando Nr. 4 von der HMS *Princess Astrid* (die wie das Schiff, das sie 1942 für die Operation Cauldron, ihrem Anteil am Dieppe-Überfall, nach Frankreich gebracht hatte, eine frühere belgische Kanalfähre war) und der HMS *Maid of Orleans* auf Queen Beach Red.

Beim Einlaufen erinnerte sich Lieutenant Murdoch McDougall, der Trupp F kommandierte, dass „zweiunddreißig Augenpaate auf mich gerichtet schienen. Mich ergriff Panik. Mein Mund war trocken. Gott, lass mich nichts Idiotisches tun. Bitte lass mich normal erscheinen". Dann sah er McVeigh, einen Bren-Schützen im Trupp. Vor Seekrankheit und Angst grün im Gesicht, murmelte der: „Bringt mich um

Einige der Bevölkerung kamen auf die Straße. Ich bekam von einem Franzosen mittleren Alters eine Flasche, eine starke Spirituose, die ich später als destillierten Cidre [Calvados] kennen lernte. Wir zogen bald durch dieses Dorf und in offenes Gelände, bis wir zu den Brücken kamen. Ich erinnere mich, wie die Kugeln die Eisenbeschläge trafen ... Als ich über eine der Brücken rannte, stoppte ich bei einem toten britischen Offizier, der eine an einer Kordel am Hals befestigte 45er-Colt-Automatik hatte. Ich verstaute die Pistole in einer Innentasche meiner Kampfbluse. Diese Pistole kam mir später sehr gelegen. Der Offizier gehörte zum Segler-Trupp, der in der Nacht gelandet war und so gute Arbeit geleistet hatte, um die Brücken unversehrt einzunehmen.

Tpr. P. H. Pritchard
Commando Nr. 6, britische 1. Special Service Brigade

Christi willen an Land!“ Der junge Offizier war erleichtert, „dass es jemandem noch schlechter ging als mir“.

Als sie landeten, kamen sie unter starkes Feuer und hatten 40 Verluste, darunter den Kommandeur, einen Veteran des Dieppe-Überfalls, Lieutenant Colonel Robert Dawson, der eine Bein- und eine Kopfverletzung davontrug.

AUFTRITT VON LORD LOVAT

Das Commando gehörte zur 1. *Special-Service-*(SS-)Brigade unter Brigadier Lord Lovat, die aus dem Commando Nr. 3 unter Lieutenant Colonel Peter Young, Commando Nr. 4 unter Dawson, Commando Nr. 6 unter Lieutenant Colonel Derek Mills-Roberts und Commando Nr. 45 unter Lieutenant Colonel N. C. Ries bestand. Auch das Commando Nr. 41 unter Lieutenant Colonel T. M. Gray gehörte zur Brigade, hatte aber bei Lion-sur-Mer eine unabhängige Rolle.

Die Bezeichnung SS wurde bald aufgegeben, teils wegen der deutschen Formation gleichen Namens, teils weil bei den US-Truppen die *Special Services* eine Wohlfahrtsorganisation für die amerikanischen Soldaten waren. Die SS-Brigade wurde zur Commando-Brigade.

Am D-Day wurden der Stab der SS-Brigade und das Commando vom Pfeifer Bill Millin an Land geleitet. „Ich spielte *Highland Laddie* in Richtung Strand, der unter schwerem Feuer lag ... Ich sah Lovat und den Brigade Major an der Wasserlinie stehen. Jeder andere lag. Also schloss ich mich ihnen an. Er (Lovat) bat mich zu spielen. Es klang für mich eher lächerlich, die Leute wie im Frieden am Strand von Brighton mit dem Dudelsack zu unterhalten. Egal ... Ich begann hin und her marschierend zu spielen. Ein Sergeant rannte herüber und sagte: ‚Runter, du verrückter Bastard. Du lenkst die Aufmerksamkeit auf uns!‘ Doch ich marschierte weiter hin und her, bis wir den Strand verließen.“

Rasch und unter feindlichem Feuer über morastiges Gelände ziehend, räumten die Commandos zwei Bunker und erreichten um 13.30 Uhr die Brücke über den Caen-Kanal. Beim Anmarsch hissten sie einen Union Flag, und Millin spielte *Blue Bonnets over the Border,* damit die Männer der Kompanie D *Ox and Bucks* sie als Kameraden erkannten.

An der Brücke trafen sie auf Brigadier J. H. N. Poett, den Kommandeur der 5. Fallschirmjägerbrigade, die nachts abge-

Unten: Sobald Truppen und Fahrzeuge an Land und durch den Rand des Atlantikwalls waren, musste man so rasch wie möglich landeinwärts stoßen, um den Landekopf zu erweitern. Die Planer waren optimistisch gewesen, doch mit jeder Stunde nahm der deutsche Widerstand zu.

sprungen war. Er sagte mit klassischem Understatement: „Sehr erfreut, Sie zu sehen." Die Antwort des Truppenführers an der Spitze war im gleichen Ton: „Ich fürchte, wir kommen einige Minuten zu spät, Sir."

Millin blies dann unter dem Grinsen der Paras und dem Knallen deutschen Heckenschützenfeuers die Gruppe über die Pegasus-Brücke. Lovat ging laut Millin „ruhig, als bummle er auf dem Land, und deutete, ich solle nachkommen".

Zum Commando Nr. 4 gehörten 171 französische Männer der Trupps Nr. 1 und Nr. 8 vom Inter Allied Commando Nr. 10 unter Captain Philippe Kieffer. Sie waren die einzigen französischen Truppen, die am D-Day landeten, und kämpften in Ouistreham, wobei sie ein Frontkasino räumten, das als deutsches Hauptquartier gedient hatte.

Kieffer konnte einen DD-Tank anfordern, der um 9.25 Uhr eintraf und das Feuer auf das Casino eröffnete, ehe die Truppen eindrangen. Unterwegs hatten Kieffers Truppen einen örtlichen Gendarmen getroffen, der ihnen Details über die deutsche Stärke und Stellungen verriet. Als der Kampf vorbei war, erinnerte er sich an die erstaunte Reaktion eines kleinen Jungen. „Hast du das gesehen? Sie sind großartig, diese Engländer. Sie haben an alles gedacht und brachten Typen mit, die so gut wie wir Französisch sprechen!"

Oben: Erste Opfer werden zur Evakuierung nach England an Bord eines Kriegsschiffs der Royal Navy gebracht. Manche Soldaten wurden getötet oder verwundet, noch ehe sie gelandet waren, wenn ihre Landungsboote unter Beschuss gerieten oder auf verborgene Hindernisse aufliefen.

STEIGENDE FLUT

Am Strand ließ auflandiger Wind die Flut rascher als erwartet steigen. Der Uferstreifen schrumpfte auf zehn Meter, und das Wasser bedeckte die Hindernisse schneller, als die Pioniere sie zerstören konnten. Das schränkte die Landeoperationen ein und verzögerte die nachrückenden Truppen. Die 9l. Brigade musste bis Mitte des Nachmittags auf ihren Landungsschiffen bleiben, bis die Strände geräumt waren.

Die 185. Brigade war um 11 Uhr gelandet und vorwärts gestoßen. Doch die Tanks der *Staffordshire Yeomanry* waren nicht da, und erst gegen 12 Uhr trafen eineinhalb Panzerbataillone ein. Der Angriff startete zu Fuß und um 14.25 Uhr wurde der Périer-Kamm nach heftigem Kampf genommen. Lieutenant R. Cadogan von der 27. Panzerbrigade erinnerte sich, Überlebende der *Staffordshire Yeomanry* gesehen zu haben. „Sie bewegten sich mit starrem Blick wie Zombies, ohne ihre Umgebung wahrzunehmen. Ich hatte bisher noch niemand unter schwerem Schock Stehenden gesehen, und ihr Aussehen, die verbrannten Hände und Gesichter, machten mir Angst, wenn ich an die kommenden Tage dachte."

Auf deutscher Seite hatte Feuchtinger endlich klare Befehle erhalten, den Landekopf anzugreifen. Eine um 40 Panzer IV herum aufgestellte Kampfgruppe erhielt den Auftrag. Gegen 16 Uhr erreichte sie den Périer-Kamm und erlitt dort schwere Verluste, wie Feuchtinger meldete. Die Deutschen waren in eine wohl ausgewogene Streitmacht, bestehend aus der *King's Shropshire* Leichten Infanterie, Tanks der *Staffordshire Yeomanry* und M10-Panzerjägern der 41. Pak-Batterie, gerannt. Trotz ihrer Verluste stießen die Deutschen vor, fanden eine Lücke zwischen den Kanadiern und der 3. Division und erreichten bei Lion-sur-Mer die See.

Die Lücke war durch die Verzögerung der Landung der 9. Brigade entstanden. Als diese endlich mit der Landung begann, traf das Sperrfeuer eines deutschen 8,1-cm-Granatwerfers ihren Stab und tötete wichtige Offiziere, darunter den kommandierenden, Brigadier Cunningham.

Admiral Talbot war um 15.35 Uhr auf Sword gelandet und traf am Strand auf 24 gestrandete Landungsboote und viel Verwirrung. Er hatte den Spitznamen „der Laute" und befahl rasch zusätzliche Arbeitstrupps an Land, um die Ausgänge vom Strand freizuräumen.

Bei Tagesende stand die 3. Division 5 km vor Caen, ihrem Ziel für den D-Day. Nach schweren alliierten Luftangriffen fiel die Stadt schließlich am 7. Juli. An den Stränden waren 28.845 Mann gelandet. Dabei verzeichnete das *South-Lancashire*-Regiment 107 Mann Verluste, das *East-Yorkshire*-Regiment verlor 206 und die *King's Shropshire* Leichte Infanterie 113 Mann.

KAPITEL ELF

DER PREIS

Es gibt keinen Kampf ohne Verluste auf einer oder beiden Seiten. D-Day war keine Ausnahme, doch nur auf Omaha hatten sich die schlimmsten Befürchtungen der alliierten Strategen bewahrheitet. Auf Utah gab es nur etwa so viele Verluste wie bei einer der harten Übungen mit scharfer Munition, die man zuvor in England abgehalten hatte. Nach dem 6. Juni 1944 sollten die knappen, aber tragischen Telegramme eintreffen, die den Verwandten Nachricht über Gefallene oder Vermisste überbrachten.

Alle an der Operation in der Normandie Beteiligten wussten, dass die Landungsboote, die die Soldaten an die Strände befördert hatten, auch die Verwundeten und die deutschen Kriegsgefangenen zurückbringen würden.

Bei der Planung hatte der Stab die Verluste der landenden Divisionen auf 15 Prozent geschätzt, wobei 25 Prozent der Gesamtsumme auf die führenden Regimenter entfallen würden. Etwa 30 Prozent der Opfer wären Tote, 70 Prozent würden verwundet, gefangen genommen oder vermisst werden. Manche Verwundete konnten an der Front behandelt werden und weiterkämpfen. Die tatsächlichen Verluste blieben unter den erwarteten, mit manchen Ausnahmen wie Omaha.

In den Krankenhäusern in Südengland hatte man Platz geschaffen und Pflegepersonal sowie Hilfskräfte – manche erst junge Mädchen – in Bereitschaft versetzt. Älteres Personal warnte sie, dass sie in den nächsten Wochen nicht nur sehr beschäftigt sein würden, sondern auch Mitleid erregende und schreckliche Dinge sehen würden.

Links: Die zerbrochenen Überreste eines Gewehrs und ein GI-Helm markieren zwischen leeren Munitionsschachteln, Gewehrgranaten und ausgegrabenen Minen in der Erde an der Pointe du Hoc das Behelfsgrab eines Rangers. Hier lag nur einer von vielen, die am 6. Juni 1944 fielen.

Oben: Am Abend des 6. Juni verfolgen Militärs und Zivilisten in London die Nachrichten über die Invasion in den Abendzeitungen. Radio und Printmedien berichteten eingehend sowie – innerhalb der Grenzen von Sicherheit und Zensur – genau und umfassend.

Die landenden Soldaten trugen zumindest einen Erste-Hilfe-Feldverband bei sich. Das war ein Stück Verbandswatte mit einer Bandage dran und konnte verhindern, dass man an einer Schuss- oder Granatsplitterwunde verblutete. Weiters führten sie Sulphonamide („Sulfa"-Tabletten und -Puder) mit, die sich bereits in Sizilien und Italien als hilfreich erwiesen hatten. Man streute es auf eine Wunde, bevor der Verband angebracht wurde, um eine Blutvergiftung zu verhindern. Außerdem hatte jeder Mann eine Ampulle Morphium bei sich, ein starkes Schmerzmittel.

Obwohl es in den ersten Stunden nach der Landung möglicherweise keine Zeit geben würde, die Verwundeten zu bergen oder zu versorgen, wurden sofort, als es Feuerpausen gab, Antibiotika aufgestreut und Feldverbände angelegt. Wenn ein Soldat Morphium erhalten hatte, schrieb man ein „M" auf seine Stirn, damit er keine zweite Dosis bekam, was für ihn tödlich hätte sein können. Das neu entwickelte Penicillin, das zur Verhinderung von Blutvergiftung eingesetzt wurde, rettete schätzungsweise 12 bis 14 Prozent der Verwundeten das Leben.

BEHANDLUNG VON VERWUNDETEN

Bemerkenswert ist, dass von den 20 Prozent nicht aus Kämpfen resultierender Ausfälle in der US-Armee einige auf das Konto der Malaria gingen. Soldaten, die in Nordafrika gelandet waren, hatten sie sich bereits zugezogen. Nun tauchte sie durch Stiche europäischer Mücken wieder auf.

Die Landungen und Gefechte forderten ihren psychologischen Tribut. Die US-Armee gab eine Quote von einem Kampfstressopfer unter 8,4 im Kampf Verwundeten ein. Die Briten schätzten, dass psychische Erkrankungen neun Tage

Rechts: Ein GI-Sanitäter behandelt einen verwundeten deutschen Unteroffizier. Auf allen Seiten gab es große Humanität und auch entsetzliche Brutalität. Wenn sich eine reale oder angebliche Gräueltat herumsprach, konnte es schwierig werden, sich zu ergeben, ohne gleich erschossen zu werden.

nach D-Day für 13 Prozent aller Ausfälle verantwortlich waren. Sie wurden vor ihrer Evakuierung vom Psychiatrischen Heeresdienst behandelt.

Für die Ärzte und Chirurgen waren auch die schwer Verwundeten Männer in ihren besten Jahren, fit und jung und mit einer beachtlichen Fähigkeit zur Rekonvaleszenz.

Doch Krieg ist kein sauberes Geschäft. Das medizinische Personal wusste, dass die Wunden weder antiseptisch noch sauber sein würden. Sand, Schmutz, Kleidung und Öl drang in die Wunden ein – manchmal unter Explosionsdruck. Minen sprengten Füße und Beine weg, große Schrapnellstücke fügten schwerste Verletzungen zu und mehrfache Treffer aus automatischen Waffen durchlöcherten lebenswichtige Organe.

Grob geschätzt waren 25 bis 30 Prozent der Verwundungen Schusswunden, der Rest wurde durch Minen, Artillerie und Granatwerfer verursacht. Manche Verletzungen waren nicht sichtbar – der Druck von explodierenden Granaten ließ Lungen und innere Organe kollabieren.

Manchmal, wenn die Zahl der Verwundeten zu hoch war, musste das medizinische Personal entscheiden, ob sich der Versuch lohnte, das Leben eines schwer verwundeten Soldaten zu retten. Manchmal entschieden sie sich dagegen.

Die Soldaten der 82. und 101. Luftlandearmee wussten, dass sie im Falle einer Verwundung nicht automatisch evakuiert wurden. Anfangs konzentrierten sich die Sanitäter der Sanitätshilfsguppe der 1. Armee, die mit Segelfliegern ge-

KRIEGSGEFANGENE

Zwischen 6. und 18. Juni wurden 1700 Alliierte gefangen genommen. Die meisten waren entweder Luftlandestreitkräfte, die in der Nacht des 6. Juni gelandet waren, oder abgeschossene Flugzeugbesatzungen. Ein Viertel konnte entkommen, so lange sie noch in der Nähe ihrer Streitkräfte waren.

Im selben Zeitraum gerieten 6000 Deutsche in Gefangenschaft. Offiziere oder Spezialisten, die über wertvolle Informationen verfügen könnten, wurden in den „Londoner Käfig" geschickt, doch die meisten kamen in Kriegsgefangenenlager im schottischen Edinburgh oder in Catterick, Doncaster, Loughborough und im Fußballstadion von Preston, letztere alle in Nordengland. Obwohl die überwältigende Feuerkraft der Alliierten dazu beitrug, dass sich deutsche Soldaten gern ergaben, waren auch die hinter den Linien verstreuten Propagandaflugblätter ein wichtiger Faktor. Der britische Außenminister, Anthony Eden, sagte im House of Commons, dass 77 Prozent der Gefangenen behaupteten, sie gelesen zu haben.

Wenn britische oder kanadische Streitkräfte jemanden aufgriffen, wurde der Gefangene von einem Regimentsnachrichtenoffizier verhört, um an Informationen zu kommen, die in den nächsten 12 bis 24 Stunden nützlich sein könnten. Dann wurde er mit Gefangenentransporten evakuiert. Von größerem Informationswert waren Karten und Dokumente, insbesondere solche aus feindlichen Hauptquartieren.

Für die Alliierten waren Kriegsgefangene ein Zeichen, dass sie im Gewinnen waren, und eine Chance, den Feind aus der Nähe zu betrachten. Für den jungem US-Offizier Lt. Carrol waren sie „erfahrene harte Männer, 30 bis 45 Jahre alt".

Die größten Pechvögel am D-Day waren wohl der deutsche Soldat, dessen Abreise aus der Normandie am 4. Juni wegen einer Lebensmittelvergifung verschoben worden war, und der Royal-Navy-Matrose, der, weil sein Landungsboot versenkt war, mit seinen militärischen Passagieren landeinwärts ging und von einer deutschen Patrouille gefasst wurde.

Oben: Bis Ende Juni hatten die Alliierten die Halbinsel erobert, waren jedoch noch immer in heftige Gefechte im kleinteiligen Ackerland der Normandie verstrickt. Die dichten Hecken boten den nach wie vor hart kämpfenden Deutschen ideale Verteidigungspositionen.

> Als wir die Nissen-Hütte eingenommen hatten, wo sich die Deutschen aufhielten, fanden wir … dass diese Leute in ihren Betten in einem Haufen schmutziger Kleidung lagen. Keiner war besonders schwer verwundet, doch sie waren ekelhaft dreckige, scheußlich stinkende, sehr weiße, kränkliche, ungesund aussehende Menschen. Sie waren so schmutzig blass wie Landstreicher, ein schrecklicher, gelblichgrauer Anblick. Keiner sagte etwas. Keiner sprach Englisch, soweit ich wusste, sie deuteten bloß. Ich setzte jemanden auf – damals verwendete man Schüsseln zum Füttern – und der Gestank war furchtbar, doch es war zu spät, um sich zu beschweren. Ich erinnere mich vor allem an den Blick, diesen glasigen Blick … Manche waren bloß Kinder, kaum älter als ich.
>
> *Naina Beaven, 16 Jahre alt*
> *Rotkreuzschwester, Portsmouth*

landet waren, darauf, Verwundete zu stabilisieren. Sie warteten, bis sich die auf Utah gelandeten Truppen vereinigt hatten, um die Fallschirmjäger per Schiff zu evakuieren.

Die US Navy war dafür verantwortlich, sämtliches medizinisches Material an die Hochwassermarke auf Utah und Omaha zu transportieren. Die Armee war für die Verladung der Patienten auf Landungsboote zuständig. LSTs wurden so umgebaut, dass sie 147 Tragen befördern konnten und 100 davon wurden hinter dem Panzerdeck mit Operationseinrichtung ausgestattet. An Bord jedes LST befanden sich zwei Ärzte und 30 Pflegekräfte, entliehen von der 3. Armee.

Die Männer der ersten Wellen landeten gemeinsam mit den Kompaniesanitätern, kurz darauf gefolgt von ihren Bataillonssanitätsdiensten. Zwei Stunden später landeten Regimentssanitätsdienste mit einer Sammelkompanie vom Divisionssanitätsbataillon, die alle Regimenter unterstützte. Nach Festigung der Strände begann eine Sanitätssammelkompanie von der Sonderpionierbrigade damit, Patienten von den Sammelkompanien der Division zu übernehmen. So konnten die Räumungstrupps des Divisionssanitätsbataillons landeinwärts marschieren und sich fern der Strände etablieren.

Damit bei den ersten Landungen genügend Sanitätsmaterial verfügbar war, hatten die ersten 200 LSTs ein Spezialpaket mit medizinischen Vorräten, die am häufigsten benötigt würden, an Bord. Dazu gehörten Tragen, Decken, Plasma und Feldverbände; sie wurden einfach am Strand abgeladen, wo die Sanitäter einfachen Zugang dazu hatten.

Wie die Amerikaner, so landeten auch die Briten in den ersten Stunden des D-Day medizinische Luftlandeeinheiten. Die 225. Fallschirmfeldambulanz (FA) landete um 1.00 Uhr, um 3.00 Uhr war ihr Hauptverbandsplatz dienstbereit. Die 224. FA traf einige Stunden später ein und gegen 21.00 Uhr landete die 195. FA per Segelflugzeug, zusammen mit drei Jeeps mit Anhängern. Innerhalb von zwei Wochen hatten die Sanitätseinheiten der 6. Luftlandedivision 128 Verluste zu beklagen, aber über 3000 Verwundete behandelt.

Für die Angriffsdivisionen, die an den Stränden landeten, gab es eine ganze medizinische Organisation, bestehend aus

Einem Kameraden fehlte ein Stück Kopf, sein Gehirn tropfte auf die Trage. Der Sanitäter sah ihn an. Ich fragte: „Können wir etwas tun?" Er zuckte mit den Schultern. Also gab ich ihm einen tödlichen Schuss Morphium. Als der Sanitäter zurückkam, erzählte ich es ihm. Er sagte: „Du hast das Richtige getan. Hätte er überlebt, hätte er den Rest seiner Tage nur noch dahinvegetiert." Ich bin sicher, es gab noch andere, aber wir sprachen nicht darüber.

Private James Bramwell
9. Fallschirmjägerbataillon, 6. Luftlandedivision

zwei Feldverbandsplätzen (FDS), zwei Feldoperationseinheiten (FSU) und einer Feldtransfusionseinheit (FTU) zusätzlich zu den chirurgischen Teams. Abgesehen von einem Sektor an der Front der 50. Division bei Le Hamel, waren FDSs 90 Minuten nach der ersten Landungswelle in Betrieb.

Briten wie Amerikaner waren bestrebt, Verwundete nach England zu evakuieren, wo Krankenhäuser vorbereitet wor-

Unten: Feuerwehrleute der USAAF sprühen Schaum auf eine P-47 Razorback. Dieses robuste Flugzeug sollte schließlich den Rekord in der von einem USAAF-Jagdbomber abgeworfenen Bombentonnage halten – 104 Millionen kg im Zweiten Weltkrieg.

den waren. Es gab drei Kategorien: sieben Küsten- oder Hafenkrankenhäuser mit insgesamt 1200 Betten, in denen die schwersten Fälle behandelt wurden, 13 Durchgangskrankenhäuser mit 6550 Betten und ähnlicher Funktion wie die Truppenverbandsplätze (CCS). Der Kern des Systems waren die 97 Basiskrankenhäuser mit einer Kapazität von 50.000 Betten, von denen am D-Day 23.000 verfügbar waren. Die bestehenden Lazarette boten weitere 16.800 Betten.

Modifizierte LSTs mit eingebauten Gestellen für Tragen konnten 300 Patienten befördern, die mittels DUKWs vom Strand gebracht wurden. Die Alliierten planten, neun Tage nach D-Day maximal 900 Patienten pro Tag zu Flugfeldern auf der Ebene von Salisbury zu fliegen.

DIE MEDIZINISCHE INFRASTRUKTUR

Als der Strandkopf wuchs, wurde die normale medizinische Infrastruktur etabliert, mit Regimentssanitätsposten, CCS und FDS. Vier Tage nach den Landungen errichtete man das erste von sieben allgemeinen Krankenhäusern vor Ort.

Auch die Deutschen hatten ein hoch entwickeltes, kriegserprobtes Evakuierungssystem. Wenn jemand verwundet wurde, wurde er von Kompanieträgern auf einer Trage zur Verwundetenstation und von dort zum Truppenverbandsplatz (TVP) 3 km hinter der Front gebracht. Hier erhielten Verwundete vom Bataillonssanitätsoffizier und seinen Hilfskräften vor allem Schmerzmittel und neue Verbände.

Dann wurde der Verwundete zum größeren Hauptverbandplatz (HVP) gebracht, etwa 6 bis 10 km hinter der Front. Hier gab es 160 Mann Personal in drei „Zügen" – Träger, Apotheke und Versorgung. Im HVP konnten lebensrettende Operationen durchgeführt werden; außerdem gab es hier Spezialisten wie etwa Zahnärzte.

Das nächsthöhere Versorgungsniveau war das Feldlazarett (FL). Die 76 Mann starke Belegschaft konnte komplizierte Operationen an schwierigen Wunden, z. Bsp. am Bauch, durchführen. Das FL lag 15 bis 20 km hinter der Front und war in festen Gebäuden untergebracht. Dort konnten rund 200 Patienten behandelt werden.

Danach kam das Kriegslazarett, das sich für die 7. Armee in der *École Militaire* in Paris befand und 5000 Betten umfasste. Es gab drei Chirurgen sowie je einen Internisten, Hygieniker, Neurologen und Pathologen. Manchmal begaben sie sich zur Unterstützung bei komplexen Fällen vor Ort.

Für einen im Kampf Gefallenen gab es ein paar einfache Riten. Eine der beiden Identifizierungsplaketten oder „Hundemarken", wie sie die Amerikaner nannten, wurde zur Bestätigung seines Todes entfernt, die andere verblieb bei der Leiche, damit sie, wenn sie gefunden wurde, identifiziert werden konnte. Die deutschen Soldaten hatten eine Plakette, die in der Mitte gebrochen werden konnte. Der obere, an der Kette befestigte Teil, wurde mit dem Soldaten begraben, die untere wurde mitsamt seinen persönlichen Besitztümern seinem Kompaniekommandanten übergeben. Die US Army hatte zwei Plaketten an zwei Ketten. Die Plakette an der längeren Kette verblieb bei der Leiche, die andere diente zur Erfassung. Auch die Briten hatten zwei Plättchen, ein rotes und ein blaues aus Fiberglas. Darauf verzeichnet waren unter anderem Name, Nummer, Religion, Blutgruppe und Geburtsdatum – diese Informationen waren auch hilfreich, wenn ein Verwundeter nicht bei Bewusstsein war.

Wenn es die Zeit zuließ, wurden die Gefallenen eingesammelt und persönliche Gegenstände wie Ringe, Uhren, Zigarettenetuis oder Feuerzeuge in Umschläge verpackt und beschriftet, um sie den Angehörigen zu übersenden. Der vorgesetzte Offizier schrieb einen persönlichen Brief an die Witwe oder Mutter, der das Leid mindern sollte, den das offizielle Vermissten- oder Gefallenen-Telegramm brachte.

Über den 6. Juni erzählte der 14-jährige Tom Hiett, ein Telegrammjunge der Post in Southampton: „Um 11.00 Uhr musste ich das erste Todestelegramm zustellen. Die Dame kam zur Tür und erschrak, als sie mich sah. Ich gab ihr das Telegramm, murmelte ‚Keine Antwort nötig' und floh. Es war, als könnte ich die ganze Straße entlang Weinen hören und ich dachte: Oh Gott, wie viele noch?"

In eine Decke oder Plane eingewickelt wurde der Soldat begraben und die Stelle verzeichnet. Angesichts der langen Grabsteinreihen auf den Militärfriedhöfen des Ersten Weltkriegs wussten die britischen Soldaten, dass bald neue Grabsteine in Frankreich auftauchen würden. Darauf würden Name, Rang, Nummer, Alter, Todestag und Regiments- oder Korpsabzeichen sowie einige persönliche Worte seiner Familie stehen. Einige würden jedoch nur die Worte tragen: „A soldier known to God." („Ein gottbekannter Soldat.")

SEEBESTATTUNG

Für die Besatzungen von Kriegsschiffen gab es eine kurze Zeremonie mit Seebestattung. Sogar die Skipper der Landungsboote, die nach England zurückkehrten, waren angewiesen, ihre Toten nicht zurückzubringen, da dies eine zusätzliche logistische Belastung darstellen würde.

Als sich D-Day dem Ende zuneigte, die Männer sich für eine unsichere Nacht verschanzten, die ersten Toten begraben und Verwundete evakuiert wurden, sprach General de Gaulle um 20.00 Uhr über BBC Radio-Londres zu Frankreich:

„Die wichtigste Schlacht ist im Gang: Natürlich ist es die Schlacht um Frankreich und der Kampf des französischen

Oben: Ein Konvoi von Rettungswägen unterwegs auf ein Sanitätsschiff, das im Mulberry-Hafen in Arromanches vor Anker liegt. Das Wissen, dass es ein verlässliches und effizientes Evakuierungssystem für die Verwundeten gab, war wichtig für die Kampfmoral der Frontsoldaten.

Volkes … Frankreich, vier Jahre lang untergetaucht, aber nicht besiegt, steht noch … Hinter den Wolken von Blut und Tränen erscheint nun die Sonne der Pracht.“

In Frankreich war Marshall Pétain, der die kollaborationistische Vichy-Regierung geleitet hatte, etwas niedergeschlagener: „Die Angelsachsen haben unseren Boden betreten. Frankreich wird zum Schlachtfeld. Franzosen, unternehmt nichts, was schreckliche Vergeltungsmaßnahmen auslösen könnte. Folgt den Befehlen der Regierung … Aufgrund der Umstände könnte die deutsche Armee in der Kampfzone spezielle Maßnahmen anordnen. Bitte befolgen Sie diese.“

Er fürchtete, dass die Landungen zu Chaos und Bürgerkrieg führen würden und dass die Kommunisten die Verwirrung nützen könnten, um die Macht zu ergreifen. Fortsetzung der Kollaboration war besser als ein kommunistisches Frankreich.

In Großbritannien herrschte Erleichterung, als die ersten Erfolgsberichte eintrafen. Das erste offizielle Kommuniqué kam um 9.30 Uhr aus Eisenhowers Hauptquartier. Es war knapp und präzise: „Unter dem Kommando von General Eisenhower begannen die alliierten Marinestreitkräfte heute Morgen mit starker Unterstützung der Luftstreitkräfte mit

Die Oberschwester war eine junge Frau aus London. Sie sagte zu uns: „Wenn meine Jungs kommen, seid ihr vielleicht das Letzte, was sie auf Erden sehen … Ich möchte ein sanftes Lächeln und wenn ihr euch über sie beugt, schaut nett drein und lasst eure Augen nicht spiegeln, was ihr seht.“ Ein Kamerad mit schweren Verbrennungen sagte zu mir: „Sie sehen gut aus, wirklich, Schwester.“ Ich sagte: „Sie sehen nicht schlecht, Ihre Augen sind ziemlich frech.“ Also sagte er: „Würden Sie mich küssen, Schwester?“ Das war verboten, doch ich blickte mich um, beugte mich zu ihm und küsste ihn auf seine verbrannten Lippen unter dem schrecklichen Geruch seiner Verbrennungen.

Mary Verrier
Hants 12. Abteilung, VAD, Portsmouth

Landungen an der Nordküste Frankreichs.“ Gegen 1.00 Uhr am 7. Juni kam das ebenso untertriebene 2. Kommuniqué: „… laut Operationsberichten waren unsere Streitkräfte bei den ersten Landungen erfolgreich. Die Kämpfe gehen weiter.“

In London prangte am Abend des 6. Juni auf dem *Evening Standard* die fette Schlagzeile: „Churchill verkündet erfolgreiche Massenluftlandungen hinter dem Feind in Frankreich.“ Am nächsten Morgen erschienen die anderen Zeitungen wie der *Daily Telegraph* mit maßvolleren Schlagzeilen: „Alliierte Invasionstruppen mehrere Meilen tief in Frankreich“ und lieferten detaillierte Berichte.

DIE NACHRICHTEN AUS BERLIN

In Berlin verkündete Reichspressechef Dr. Dietrich Dienstagmorgen die Neuigkeiten in der übertriebenen Art, die den deutschen Lesern und Hörer schon vertraut war.

„Heute Morgen stießen auf Befehl Moskaus unsere Feinde im Westen vor, um ihr blutiges Opfer zu bringen, das sie so lange zurückgehalten haben. Der oft angekündigte Angriff auf die Freiheit Europas durch die Freunde des Bolschewismus hat begonnen. Wir werden ihnen einen heißen Empfang bereiten. Deutschland kennt die Bedeutung dieser Stunde.“

In einem geheimen Bericht über innere Angelegenheiten vermerkte der deutsche Sicherheitsdienst (SD) am 8 Juni:

Unten: Befreite ehemalige italienische Soldaten, die als deutsche Gefangene Verteidigungsanlagen an der Küste gebaut hatten, warten auf ein US-Landungsboot, das sie von Utah Beach nach England bringen soll. Sie sollten später wieder nach Italien überstellt werden.

Oben: Das nackte und einfache Denkmal der Nationalgarde auf Omaha Beach heute, errichtet an der Stelle einer deutschen Geschützstellung. Die endlosen Grabsteinreihen auf den riesigen Friedhöfen auf den Klippen vermitteln einen Eindruck von den Verlusten am D-Day.

„… die deutschen Menschen erleben das Eintreffen der Invasion ganz allgemein als Erlösung von unerträglichem Zweifel und bedrückender Unsicherheit. Es ist buchstäblich das einzige Gesprächsthema geworden. Alles andere ist völlig in den Hintergrund getreten. Der Beginn der Invasion hat die Nachricht über unseren Bruch mit Rom vollständig verdrängt.“

Tag und Nacht flog dir etwas um die Ohren. Waren es keine MGs, dann eben Panzergeschütze. Waren es keine Panzergeschütze, dann Artillerie. War es keine Artillerie, dann warf irgendein Schwein im Flugzeug Bomben auf dich ab … Wenn Krieg dich etwas lehrt, dann ist das, wie absurd Hass sein kann. Denn es ist wirklich verrückt, dieses Spektakel von Männern und Maschinen, die sich gegenseitig zu zerstören versuchen. Scheußlich verrückt. Man fragt sich, ob es für ein Tier, das so etwas fertig bringt, eine Zukunft gibt.

2nd Lieutenant David Holbrook, 21 Jahre
East Yorkshire Yeomanry

Du warst einfach dort und hast getan, was du konntest, und wenn du zu einem sterbenden Kameraden kamst, sagte ich ihm, dass er sterben würde. Du bekamst ein Kopfnicken von ihm. Wenn er katholisch war, salbte ich ihn. Das ging ganz automatisch, eine Sekunde für jeden.

Captain R. M. Hicky
Katholischer Pater, North-Shore-Regiment, Kanadische 3. Division

In London hielt König George VI. aus dem Buckingham Palast um 21.00 Uhr via Radio eine Ansprache an seine Untertanen in Großbritannien und schloss mit den Worten:

„In diesem historischen Moment ist sicherlich niemand unter uns zu beschäftigt, zu jung oder zu alt, um zu diesem landesweiten Nachtgebet beizutragen, während der große Kreuzzug fortschreitet.

Wenn sich aus allen Kirchen, Häusern und Fabriken, durch Männer und Frauen allen Alters, aller Rassen und Berufe, unser Flehen erhebt, dann möge sich, bitte, Gott, jetzt und in naher Zukunft die Vorhersage eines antiken Psalms erfüllen: ‚Der Herr wird seinem Volk Stärke verleihen: Der Herr wird seinem Volk den Segen des Friedens geben.‘“

D-DAY-SCHLACHTORDNUNG

ALLIIERTE SCHLACHTORDNUNG

21. ARMEEGRUPPE (Montgomery)

Zweite (britische) Armee (Dempsey)

Armeetruppen

79. Panzerdivision
    30. Panzerbrigade
        22. Dragoons
        1. Lothians and Border Horse
        2. County of London Yeomanry (Westminster Dragoons)
        141. Regiment RAC
    1. Panzerbrigade
        11. Bataillon RTR
        42. Bataillon RTR
        49. Bataillon RTR
    1. Sturmbrigade RE
        5. Sturmregiment RE
        6. Sturmregiment RE
        42. Sturmregiment RE
    79. Panzerfernmeldedivision
    1. kanadisches Mannschaftstransportpanzer-regiment

GOLD

Britisches XXX. Korps (Bucknall)

50. Northumbrian-Infanteriedivision
    69. Brigade
        5. Bataillon The East Yorkshire Regiment
        6. Bataillon The Green Howards
        7. Bataillon The Green Howards
    151. Brigade
        6. Bataillon The Durham Light Infantry
        8. Bataillon The Durham Light Infantry
        9. Bataillon The Durham Light Infantry
    231. Brigade
        2. Bataillon The Devonshire Regiment
        1. Bataillon The Hampshire Regiment
        1. Bataillon The Dorsetshire Regiment
Divisionstruppen
        61. Aufklärungsregiment RAC
        50. Divisionspioniere
        50. Fernmeldedivision
        74., 90. und 124. Feldregiment RA
        102. Panzerabwehrregiment RA
        25. Leichtes Flugabwehrregiment RA
        2. Bataillon The Cheshire Regiment (Maschinengewehrschützen)

8. Panzerbrigade
    4./7. Royal Dragoon Guards
    24. Lancers
    The Nottinghamshire Yeomanry
    12. Bataillon The King's Royal Rifle Corps (Motor)

56. Infanteriebrigade
    2. Bataillon The South Wales Borderers
    2. Bataillon The Gloucestershire Regiment
    2. Bataillon The Essex Regiment

47. Royal Marines Commando (von der 47. Sonder-brigade)

JUNO

Britisches I. Korps (Crocker)

3. kanadische Infanteriedivision
    7. kanadische Infanteriebrigade
        The Royal Winnipeg Rifles
        The Regina Rifle Regiment
        1. Bataillon Canadian Scottish Regiment
    8. kanadische Infanteriebrigade
        The Queen's Own Rifles of Canada
        Le Régiment de la Chaudière
        The North Shore (New Brunswick)
    9. kanadische Infanteriebrigade
        The Highland Light Infantry of Canada
        The Stormont, Dundas and Glengarry Highlanders
        The North Shore Nova Scotia Regiment
    Divisionstruppen
        17. Duke of York's Canadian Hussars (Aufklärungsregiment)
        3. kanadische Divisionspioniere
        3. kanadische Fernmeldedivision
        12., 13. und 14. Regiment, RCA
        3. Panzerabwehrregiment, RCA
        4. Leichtes Flugabwehrregiment, RCA
        The Cameron Highlanders of Ottawa (Maschinengewehrschützen)

2. kanadische Panzerbrigade
    6. Panzerregiment (1. Hussars)
    10. Panzerregiment (The Fort Garry Horse)
    27. Panzerregiment (The Sherbrooke Fusiliers Regiment)

48. Royal Marines Commando (von der 47. Sonder-brigade)

SWORD

Britisches I. Korps (Crocker)
3. (Britische) Division
    8. Brigade
        1. Bataillon The Suffolk Regiment
        2. Bataillon The East Yorkshire Regiment
        1. Bataillon The South Lancashire Rgt
    9. Brigade
        2. Bataillon The Lincolnshire Regiment
        1. Bataillon The King's Own Scottish Borderers
        2. Bataillon The Royal Ulster Rifles
    185. Brigade
        2. Bataillon The Royal Warwickshire Regiment
        1. Bataillon The Royal Norfolk Regiment
        2. Bataillon The King's Shropshire Light Infantry
    Divisionstruppen
        3. Aufklärungsregiment RAC
        3. Divisionspioniere
        3. Fernmeldedivision
        7., 33. und 76. Feldregiment RA
        20. Panzerabwehrregiment RA
        92. Leichtes Flugabwehrregiment RA
        2. Bataillon The Middlesex Regiment (Maschinengewehrschützen)

27. Panzerbrigade
    13/18. Royal Hussars
    1. East Riding Yeomanry
    The Staffordshire Yeomanry
1. Sonderbrigade
    3. Kommando
    4. Kommando
    6. Kommando
    45. Royal Marines Commando

41. Royal Marines Commando (von der 47. Sonder-brigade)

US Erste Armee (Bradley)

UTAH

US VII. Korps (Collins)

US 4. Infanteriedivision
    12. Regiment
    22. Regiment
    8. Regiment
    359. Infanterieregiment (abgestelt von der 90. Division)

70. Panzerbataillon

OMAHA

US V. Corps (Gerow)

US 1. Infanteriedivision
    16. Infanterieregiment
    18. Infanterieregiment

US 29. Infanteriedivision
115. Infanterieregiment
116. Infanterieregiment
Divisionstruppen
110., 111., 224. und 117. Feldartillerie-bataillon
29. Fernmeldekompanie
729. Leichte Feldzeug-Wartungskompanie
29. Quartiermeisterkompanie
29. Aufklärungstrupp
121. Pionier-Kampfbataillon
104. Sanitätsbataillon
29. Spionageabwehrkorps Abordnung
29. Militärpolizeizug
29. Infanteriedivisions-Musikkorps
29. Infanteriedivisions-Sondertrupp HQ

2. Rangerbataillon
5. Rangerbataillon

LUFTLANDESTREITKRÄFTE

Britische 6. Luftlandedivision
3. Fallschirmjägerbrigade
8. Fallschirmjägerbataillon - (Royal Warwickshire)
9. Fallschirmjägerbataillon - (Essex Regiment)
1. kanadisches Fallschirmjägerbataillon
5. Fallschirmjägerbrigade
7. Fallschirmjägerbataillon - (Somerset Lt. Inf.)
12. Fallschirmjägerbataillon - (Green Howards)
13. Fallschirmjägerbataillon - (South Lancashire)
6. Luftlandebrigade
2. Bataillon Ox & Bucks Lt. Inf.
1. Bataillon Royal Ulster Rifles
12. Bataillon Devonshire Regiment
Divisionstruppen
22. Unabhängige Fallschirmjägerkompanie (Pathfinders)
6. Luftlande-Panzeraufklärungsregiment
53. Leichtes Luftlanderegiment, Royal Artillery
2. Luftlande-Beobachtungseinheit, RA
3. Luftlande-Panzerabwehrbatterien, RA
4. Luftlande-Panzerabwehrbatterien, RA
6. Luftlande-Panzerabwehrbatterien, RA
2. Leichte Luftlande-Flugabwehrbatterie, RA
6. Luftlande-Fernmeldedivision
3. Fallschirmjägerstaffel, RE
591. Fallschirmjägerstaffel, RE
249. Feldkompanie, RE
224. Fallschirm-Feldambulanz, RAMC
225. Fallschirm-Feldambulanz, RAMC
195. Fallschirm-Feldambulanz, RAMC
6. Luftlande-Militärpolizeikompanie
317. Luftlande-Feldspionagesektion
Geheimdienst-Korps
Segelfliegerpilotenregiment

US 82. Luftlandedivision
505. Fallschirmjägerinfanterieregiment
507. Fallschirmjägerinfanterieregiment
508. Fallschirmjägerinfanterieregiment
325. Segelfliegerinfanterieregiment
Divisionstruppen
376. Fallschirm-Feldartillerieregiment
319. Segelflieger-Feldartillerieregiment
320. Segelflieger-Feldartilleriebataillon
307. Luftlande-Pionierbataillon
307. Luftlande-Sanitätskompanie
82. Luftlande-Militärpolizeizug
82. Luftlande-Fernmeldekompanie
80. Luftlande-Flugabwehrartilleriebataillon
782. Luftlande-Feldzeug-Wartungs-kompanie
407. Luftlande-Quartiermeisterkompanie

US 101. Luftlandedivision
501. Fallschirmjägerinfanterieregiment
502. Fallschirmjägerinfanterieregiment
506. Fallschirmjägerinfanterieregiment
327. Segelflieger-Infanterieregiment
401. Segelflieger-Infanterieregiment
Divisionstruppen
377. Fallschirm-Feldartilleriebataillon
321. Segelflieger-Feldartillerieregiment
907. Segelflieger-Feldartillerieregiment
326. Luftlande-Pionierbataillon
81. Luftlande-Flugabwehrartilleriebataillon
101. Luftlande-Fernmeldekompanie
801. Luftlande-Feldzeugkompanie
426. Luftlande-Quartiermeisterkompanie
326. Luftlande-Pionierbataillon
326. Luftlande-Sanitätskompanie
101. Spionageabwehrkorps Abordnung
101. Luftlande-Divisions-Militärpolizeizug

DEUTSCHE D-DAY-TRUPPEN

LXXXIV. Korps (Marcks) (der 7. Armee)

716. Infanteriedivision (statisch)

352. Infanteriedivision
914. Grenadier-Regiment

91. Luftlande-Infanteriedivision
6. Fallschirmjägerregiment (zugeordnet der 91. Division)
1057. Grenadier-Regiment
1058. Grenadier-Regiment

709. Infanteriedivision (statisch)
919. Grenadier-Regiment
729. Grenadier-Regiment
739. Grenadier-Regiment
649. Ost-Bataillon, zugeordnet
Sturmbataillon AOK 7 (zugeordnet der 709. Division)

243. Infanteriedivision (statisch)
920. Grenadier-Regiment
921. Grenadier-Regiment
922. Grenadier-Regiment

LXXXI. Korps (Kuntzen) (der 15. Armee)

711. Infanteriedivision (statisch)

Panzergruppe West (von Schweppenburg)

12. SS-Panzerdivision
SS-Panzerregiment 12
SS-Panzergrenadier-Regiment 25
SS-Panzergrenadier-Regiment 26
SS-Panzeraufklärungsabteilung 12
SS-Panzerjägerabteilung 12
SS-Panzerartillerieregiment 12
SS-Werferabteilung 12
SS-Flakabteilung 12
SS-Panzerpionierbataillon 12
SS-Panzernachrichtenabteilung 12
SS-Nachschubtruppen 12
SS-Instandsetzungsabteilung 12
SS-Wirtschaftsbataillon 12
SS-Sanitätsabteilung 12

21. Panzerdivision
Panzerregiment 22
Panzergrenadier-Regiment 125
Panzergrenadier-Regiment 192
Panzerartillerieregiment 155
Panzeraufklärungsabteilung 21
Panzerjägerabteilung 200 (Panzerabwehr)
Panzerpionierbataillon 220

REGISTER

Kursive Seitenzahlen beziehen sich auf Bildtexte

Ablenkungsmanöver 42–3, 95–6
Abwehr (deutscher Geheimdienst) 42
Alderney 25
Allied Forward Observer Bombardment (FOB) 155
Alliierte Landungen, Karte *43*
Alliierte Luftangriffe 23
Alliierte Luftmacht 69
Anzio 8
Arromanches 74, 149, 153
  Mulberry-Hafen *154*
Atlantikwall 10–15, *11*, 23, 24–5, 32
  Unterkünfte 18
  Geschützstellungen 18
Auszeichnungen
  Mulberry-Hafen 154
  DSO 90, 169
  Ritterkreuz 65, 106, 121
  Medal of Honor 120, 139, 144, 145
  Military Cross 85, 145
  Victoria Cross 154

Bayerlein, Fritz 172
Bayeux 155
BBC Radio-Londres 33–4, *37*, 184
Bedell-Smith, General Walter 86, 89
Bénouville 104
Beobachtungsposten *147*
Bernières 161, 164
Besprechungen 43–4, 52
Bestattung 184
„Bigot"-Code 33
„Blätter" Propagandaflugblätter 39–40
„Blitzkrieg" 7
„Bodyguard"-Ablenkungsplan 40–41
Bombardierungen, Karte 58
Bradley, General Omar 85, 86, 134, 135, 139
  Biografie 84
Britische Einheiten
  8. Armee 8
  9. Bataillon Fallschirmjägerregiment 79, 103
  2. Bataillon Oxfordshire and Buckinghamshire Light Infantry 78–9, *97*, 99–100, 105
  1. Bataillon Royal Hampshires 152–3
  1. Bataillon The Royal Ulster Regiment 105
  8. Brigadegruppe 173
  1. Dorsets 153
  4./7. Dragoon Guards 154–5
  7. Fallschirmjägerbataillon 101
  8. Fallschirmjägerbataillon 103
  3. Fallschirmjägerbrigade 97, 102
  5. Fallschirmjägerbrigade 102, 176–7
  Fallschirmjägerregiment 85
  7. Green Howards 154
  185. Infanteriebrigade 173
  3. Infanteriedivision 160, 167
  50. Infanteriedivision 62, 164
  Kommandos 52, *80*, 90, 102, 105, *153*, 161, *168*, 173, 174, 175, 176–7
  XXX. Korps 38, 151
  7., 12. und 13. (Lancashire) Bataillon 103
  211. Luftlandebatterie 105
  6. Luftlandebrigade 99, 103, 105
  249. Luftlande-Feldkompanie 100
  6. Luftlandedivision 38, 100, 102–3
  6. Luftlande-Panzeraufklärungsregiment 105
  50. Northumbrian Division 151
  Operationen in Frankreich 82–3
  8. Panzerbrigade 62, 151
  79. Panzerdivision 50
  Royal Marines 160, 163
  Special Air Services (SAS) 79–81, 95
  22. Unabhängige Fallschirmjägerkompanie 93, 103
  7. (Yorkshire) Bataillon 103
Britische Flankenlandungen, Karte *98*
Bucknall, Lieutenant General 38, 151
Bunker *9*, 10–11, *24*, 148
  Tarnung 12–13

Caen 177
Caen-Kanal 78, 100
Cherbourg *23*, 25
Chronologie des D-Day 19
Churchill, Winston 10, 38, 39, 44, 73
Clogstoun-Willmott, Captain Nigel 36–7, 61
Collins, Lieutenant General „Lightning Joe" 38
Cota, Brigadier General Norman 141, 142, 144
Cotentin, Halbinsel 25, 115, 116, *182*
Courseuilles 160
Crocker, General J T 38

Dänemark 7
D-Day, Chronologie 19
Denkmal der Nationalgarde, Omaha Beach *187*
Deutsche Einheiten
  Afrika-Korps 8
  6. Armee 8
  7. Armee 62, 66
  Armeegruppe B 15
  1260. Artillerieregiment 125, 149
  1261. Artillerieregiment 124
  1716. Artillerieregiment 149, 168
  91. Division 65
  243. Division 65
  Durchschnittsalter 116
  6. Fallschirmjägerregiment 65, 112, 123
  91. Luftlandedivision 106
  2. Grenadier-Regiment 157–8
  736. Grenadier-Regiment 157–8, 164
  919. Grenadier-Regiment 121
  „Hitlerjugend", SS-Division *158*, 170, 172
  1. Infanteriedivision 168
  346. Infanteriedivision 103
  352. Infanteriedivision 65, 116
  709. Infanteriedivision 65, 116
  711. Infanteriedivision 103, 104
  716. Infanteriedivision 65, 104, 158
  736. Infanteriedivision 168
  726. Infanterieregiment 152
  LXXXIV. Korps 15, 25
  Marinegruppenkommando West 55
  Ost-Bataillone 65, 66, 116–117, 158, 168
  1. Panzerarmee 9
  21. Panzerdivision 65, 104, 158, 164–165, 170
  125. Panzergrenadier-Regiment 104
  Panzer-Lehrdivision 172–173
  716. Statische Infanteriedivision 125, 168
Deutsche Spione 43
Deutsche Verteidungsanlagen, Karte *62*
Devon 7
Dienstübergreifende topografische Einheit 36
Dieppe 10, 11, 15, 24, 48, 73
Dihm, Generalleutnant Friedrich 44
Dollman, General Friedrich 62, 65, 110, 111
„Drachenzähne" 11

Eisenbahnen 70
  Und die französische Resistance 36
Eisenhower, General Dwight David 38, *39*, 69, *81*, 85–6, 89, 108–9
  Biografie 83
El Alamein 8, 90
Enigma-Verschlüsselungsmaschine 31, *32*, 33
Erste-Hilfe-Versorgung 180
„Eselsohren" (Artillerie-Feldstecher) 136
„Eureka"-Konferenz 39
Evakuierung von Verwundeten 183–5

Fahrzeuge
  „Amphijeeps" 25
  ARKs (Armoured Ramp Carriers) 49, *50*
  Armoured Vehicle Royal Engineers (AVRE) 48, *49*, 154, 160
  BARV (Beach Armoured Recovery Vehicle) 49
  DUKW amphibische Lastwagen 50, *51*, 78, 92
  Fahrräder 51
  Goliath ferngesteuertes Zerstörungsfahrzeug 122
  Jeeps 29, *74*
  Kettenfahrzeuge *65*
  Schützenpanzer *32*
Falley, Generalleutnant Wilhelm 106, 108, 110
Fallschirme 101
Feldverteidigung 9
Fernmeldemagazin 15, 66
Festung Europa 9
Feuchtinger, Generalleutnant Edgar 165, 177
Flugzeuge
  Avro Lancaster 43, 69, 70, 97
  B-17 *34*, 70
  B-24 Liberator 133
  B-26 Marauder *116*
  Bomber 69–70
  C-47 Skytrain 68, 71, *108*
  Consolidated Vultee Liberator 70
  Dakota 110
  Douglas Skytrain/Dakota 24
  Flying Fortress 29
  Focke Wulf Fw190 71
  Hawker Typhoon 71
  Heinkel He 111 174
  Heinkel He 177 71
  Jagdflugzeuge 71
  Junkers Ju 71
  Messerschmitt Bf 109 71
  P-47 „Razorback" *183*
  Segelflugzeuge 71, 79, *96*, 97–98, *99*, 100, 103, 105
Frankreich
  Niederlage 7
  Deutsche Truppen in 9–10
  Widerstandsgruppen 10, 31, 33, 34, 36, 83
Französische Truppen 177
Freies Frankreich 34, *37*
Freya-Radarsystem 25, 71
Funkgeräte, S-Phone 82
FUSAG (1. US-Armeegruppe) 41, 42

Gale, Major General 38, 102, 105
Gavin, Major General James 111, 112
Gemischte Einsatzlotsenkommandos (COPP) 36–7
  Kanuten *38*
Gerhardt, Major General Charles H. 134
Gerow, Lieutenant General Leonard „Gee" 38
Geschützstellungen 77–8

Goebbels, Dr. Joseph 40
Gold Beach 38, 59, 60, 62, 147–55
Karte *151*
Landung 151-5
Luftangriffe auf 151
Minen 149, 151
Opfer 155
Verteidigung 147–9
Widerstand 149–51
„Goldene Stadt" 124
„Gooseberries" 74
Gonneville 98
Griechenland 7–8
Großbritannien
Stellung 1941 8
US-Truppen in 27–9
Guderian, Heinz *32*

Harris, Air Chief Marshal Sir Arthur 69
Hindernisse für Landungsboote 16
Hitler, Adolf, Tagesablauf an D-Day 113
Hobart, Major General Sir Percy 49
Hollis, Stan 154
Horrocks, Lieutenant General Brian 151
Howard, Major 100, 101, 102, 103, 105
Huebner, Major General Clarence R. 134, 145

Infanterielandungsboot (klein) 173
Infanterielandungsboot (LCI) *90*
Italien 8

Jahnke, Leutnant Arthur 121, 123
Japan, Überfall auf Pearl Harbor 8
„Jedburgh"-Teams 81
Johnson, Lieutenant Colonel 113
Jugoslawien 7
Juno Beach 38, 59, 60, 62, 157–165
Karte *163*
Landung 160–64
Luftangriff 160
Marinebombardement 160
Minen 160, 161
Opfer 163, 165
Verteidigung 157, 158–9
Zivile Opfer 161

„Kampfdrill"-Übung 27
Kampfstress 180–181
Kanadische Einheiten 28, 38
Verteidigung 24–25
7. Brigadegruppe 160, 164
8. Brigadegruppe 160, 164
1. Fallschirmjägerbataillon 103, 105
3. Infanteriedivision 62, 157, 159
2. Panzerbrigade 62
6. Panzerregiment 159, 160
10. Panzerregiment 159
Queen's Own Rifles 159, 161
Regiment de Levis *71*
Kanalinseln 15, 24
Verteidigung 24–5
Kasematten 147
Keller, Generalmajor 159, 164
Kieffer, Captain Philippe 177
Kollaborateure 12
Kraiss, Generalmajor Dietrich 65, 97
Krankenhäuser 184
Kriegsgefangene 181
Kriegsmarine 17, 32, 55–6, 147, 157

Küstenverteidigung 10

La Barquette 113
La Mare Fontaine 149
Landezonen (LZs) 17, 36, 79, 98, 102–103, 106
Landstreitkräfte 62–69
Landungsboote 59, 62, *78*, 160
Panzerlandungsboot (LCT) 61
Landungsboote, für Fahrzeuge und Mannschaften (LCVP) (Higgins Boats) 116, *117*
Landungsfahrzeuge 59, 62, 78, 160
Lee, General Bill 112–113
Leicester, Brigadier Bernard 160
Leigh-Mallory, Air Chief Marshal Sir Trafford *81*, 86, 100, 108, 109
Les Longues *147*
Leuchtpatronen 96
Lochstahlplanken (PSPs) 51
Lovat, Lord 176, 177
Luftaufklärung 31–32, 36
Luftstreitkräfte 69–73
Luftwaffe 25, 29, *66*, 71–73

Malaria 180
Maquis 34
Marinefeuerunterstützung *159*
Medienberichte 52, *180*, 185–186
Medizinische Infrastruktur 184
Medizinisches Personal 181–183, 186
Merville 79, 97, 98–99
Meyer, Kurt 170
MI6 34
Minenkriegsführung 17, 23, 119
Minenräumer 61–2
Mini-U-Boote 36, 37, 60–62, 160
Monte Cassino 8
Montgomery, Field Marshal Sir Bernard Law 38, 44, *81*, 86, 89, 151
Biografie 90
Morgan, Lieutenant General Frederick 33, 38
Mountbatten 73
Mulberry Häfen 67, 73–74, 73
Arromanches *154*
Mussolini, Benito 8

Nachstoßeinheiten 60
Normandie
Strände 38
Verteidigungspositionen *16*
Karte der Strände 21–22
Positionen am 20. Juni 1944 *182*
Norwegen 7, 42

Oberkommando der Wehrmacht (OKW) 15
Oelze, Colonel 25
Office of Strategic Services (OSS) 34, 81
Ohmsen, Walter 124, 125
Omaha Beach 18, 38, 50, 57, 60, 77, 129–145
Bombardment vor der Landung 132–133
Funkverbindungen 144–145
Karte *130*
Landung 133–140
Landungsdiagramm 143
Minenfelder 131
Opfer 142, *144*, 145
Querschnitt *134*
Tiefenpositionen 131
Verteidigung 130–31
Operationen
Barbarossa 8
Bulbasket 84
Cooney 83
Dingson/Grog 83
Dynamo 56
Fortitude North 42
Fortitude South 40, 41, 104
Glimmer 43
Green 36
Houndsworth 85
Jubillee 73
Neptune 38
Overlord 39, 43, 51
Pluto 74
Pointblank 69
„Quicksilver" 41
Samwest 84–5
Sea Lion 9
Taxable 43
Titanic 95–7
Tortoise 36
Opfer
Deutsches Evakuierungssystem 184
Evakuierung 183–4, *185*
Gold Beach 155
Juno Beach 163
Omaha Beach 142
Segelfliegerpilotenregiment 105
Sword Beach 176, 177
Utah Beach 113
Organisation Todt 9, 12, 70
Orne-Brücke 101
Orne-Fluss 78, 100, 167
Ostarbeiter 12

Panzer
Bobbin 48
Centaur 160–61
Churchill 48, 154
„Crabs" 49
Dreschflegelpanzer 153
Duplex-Drive-(DD-)Sherman Panzer 48, 49–50, 116
„Funnies" 48–50, 169
Hotchkiss 170
Lorraine 170
Panther 68
PzKpfw IV 68–9
Sherman *58*, 67–68, *86*, 120, 154, *165*
Tetrach Leichter Panzer (A17) 105
Tiger 68, 68–9
Pas de Calais 15
Patton, General George 41, *44*
Pearl Harbor 8
Pegasus-Brücke *98*, 100–101, *103*, 104, 113
Picture Post 103
„Pintail Bombs" 96
Plastiksprengstoff 36
Pluto (Pipe Line Under The Ocean) 74
Pointe du Hoc 77–8, 125, 127, 179
Karte 126
Poitiers–Tours Eisenbahn 84
Polen 7, 9
Propaganda 39–40
Psychiatrische Fälle 180–81

Radarsysteme 25, 71, 158–9
raketenfeuernde Landungsschiffe 47
Ramsay, Admiral Sir Bertram *81*, 86
Biografie 56
Reichert, Generalmajor Josef 104

Rennie, Major General T. G. 169
Reviere 161
Richter, Generalleutnant Wilhelm 104, 158
Ridgway, Major General Matthew B. 38, 106
Riva Bella 167, 168
Rommel, Feldmarshall Erwin 50, 57, 93
  Biografie 15
Roosevelt, Brigadier General Theodore jr. 115, 119, 120
Roseveare, Major 105
Royal Naval Volunteer Reserve (RNVR)) 60
Rudder, Lieutenant Colonel James 125, 127
Rundstedt, Feldmarshall Karl Rudolf Gerd von 15, 24, 34
  Biografie 18
S-Boote 56, 173
Schiffe
  KVS *Admiral Scheer* 55
  HMS *Ajax* 59, 148, 151
  HMCS *Algonquin* 160
  USS *Ancon* 60, 132, 145
  HMS *Arethusa* 59, 99, 169
  HMS *Argonaut* 59, 151
  USS *Arkansas* 58, 125, 132, 148
  USS *Augusta* 57
  HMS *Bachaquero* 61
  USS *Bayfield* 60
  HMS *Belfast* 57, 58, 59, 149, 160
  HMS *Black Prince* 58
  HMS *Bulolo* 60, 148, *149*
  USS *Chase* 93
  FFS *Combattante* 59, 160
  USS *Corry* 125
  HMS *Danal* 59, 169
  HMS *Diadem* 59, 160
  ORP *Dragon* 59, 169
  HMS *Emerald* 59, 151
  HMS *Enterprise* 58
  HMS *Erebus* 57, 58
  HNMS *Flores* 59, 151
  HMS *Frobisher* 59, 169
  FFS *Georges* 58
  FFS *Georges Leygues* 132, 148
  HMS *Glasgow* 58, 132
  HMS *Hawkins* 58
  HMS *Hilary* 60, 164
  HMS *Holmes* 55
  ORP *Krakowiak* 59, 151
  HMS *Largs* 60, 173
  HMS *Maid of Orleans* 175
  USS *Maloy* 60
  HMS *Mauritius* 59, 169
  HMS *Misoa* 61
  FFS *Montcalm* 58, 132
  USS *Nelson* 56
  USS *Nevada* 58, 125
  HMS *Obedient* 56
  HMS *Orion* 59, 149, 151, 155
  HMS *Princess Astrid* 175
  USS *Quincy* 58, 113
  HMS *Ramillies* 57, 59, 169, 173
  HMS *Roberts* 57, 59
  HMS *Rodney* 25
  HSS *Satterlee* 126
  HMS *Scylla* 57, 58
  HMCS *Sioux* 160
  HNMS *Soemba* 58
  HNMS *Svenner* 59, 169
  HMS *Talybont* 126
  HMS *Tasajera* 61
  USS *Texas* 57, 58, 78, 125, 132
  USS *Tuscaloosa* 58
  HMS *Warspite* 57, 59, 169, 173
  siehe auch Landungsboote
Schiffsgürtel 74
Seerettung 60
Seestreitkräfte 55–62
Segelfliegerabwehr („Rommels Spargel“) 16
Sextant-Konferenz 39
SHAEF 89
Sicherheitsvorkehrungen 33
Sizilien 8
Sowjetunion, Nichtangriffspakt 8
Special Operations Executive (SOE) 34, 81, 84, 85
St-Aubin 16
St-Nazaire 10
Stalingrad 8
Ste-Mère-Eglise 111–12
Strände 38
Sturmtrupps 60
Sword Beach 38, 50, 59, 60, 77, 167–77
  Opfer 176, 177, 177
  Verteidigung 167–9
  Landung 173–7
  Karte *170*
  Marinebombardment 169–70

Talbot, Rear Admiral Arthur 169, 177
Tarnung 12–13, *13*, 92
  Deutsche Uniform *65*
Taylor, Major General Maxwell 106, 108, 112, 113
Tedder, Air Chief Marshal Sir Arthur *81*, 86, 89
  Biografie 93
Tennant, Rear Admiral William 74
„Tiger“-Konvoi 56
Tonkin, Captain John 84, 95
Tote, Identität von 184
Training *47*, 51–4
Transportation Plan 69, 86, 93
„Trident“-Konferenz 39
„Tschechischer Igel“ 11, *133*, 151, 161

Überflutung, als Verteidigung 17, 116
U-Boote 32, 55
Übungen 7
Ultra 33, 36, 43
USA
  Eintritt in den Krieg 38
  Office of Strategic Services (OSS) 81
  Schwarze Soldaten 28–9
  Truppen in Großbritannien 27–9
  Waffenindustrie 29
US Einheiten
  Ausrüstung *86*
  4. Division 125
  Fallschirmjäger *89, 92, 107, 112*
  Fallschirmjägerinfanterieregiment 106, 113
  1. Infanteriedivision 52, 62, 134, *141*
  4. Infanteriedivision 52, 56, 62, 116
  29. Infanteriedivision 134–6
  116. Infanteriedivision 138
  V. Korps 38, 125, 139
  VII. Korps 38
  8. Luftstreitkraft 29
  82. Luftlandedivision 38, 65, 95, 106, 111
  101. Luftlandedivision 38, 65, 95, 106, 108–9, 112, 113
  2. Rangerbataillon 78
  Rangers 125–7, 141
  8. Regiment 116
  12. Regiment 116
  22. Regiment 116
  Regimentskampfteams 134, 144
US-Küstenwache (USCG) 60
Utah Beach 38, 60, 62, 77, 106, 115–27
  Gegenangriff auf 110–11
  Karte der Landung *119*
  Luftangriffe, Karte *110*
  Landung 117–20
  Plan 116–20
  Verteidigung 125

Van Fleet, Colonel James A. 115
verdeckte Operationen 81
Verluste 179–86
Ver-sur-Mer 149
Verteidigungsstellungen, Normandie 16
Vian, Rear Admiral Sir Phillip 57
Vierville 130, 139, 141, 142, 145
Vorgefertigte Häfen 73–4

Waffen
  7,5-cm-Feldkanone 38 6136
  15-cm-K 18-Geschütz *8*
  15-cm-Kanone 124
  40,6-cm-Kanone 9
  105-mle-1913-Schneider-Kanone 61, 63
  auf Utah Beach 121–122
  Bangalore-Torpedo 97
  „Bazooka“ 106, *123*, 145
  Besa-Maschinengewehr 48
  Bren Leichte Maschinenpistole *34*, 152
  C/36-Geschütze 147
  Churchill-Crocodile-Flammenwerfer 48
  Defensiv-Flammenwerfer 23
  Deutsche 66–7
  Flak-Geschütze 124
  Flugabwehrkanone *65*
  Granaten *148*
  Kar-98K-Gewehr *131*
  Landungsboot (Raketen) 151
  M1-„Garand“-Gewehr 62, 66
  M1A1-Karabiner 106
  M42 „Spandau“ 137
  Marinekanone 59
  Maschinengewehre 69
  Nebelwerfer 66
  Oerlikon-Kanone 59
  Pack-Haubitze M1A1 113
  Panzerabwehrkanone *60, 67*
  Plastiksprengstoff 36
  Selbstfahrende Haubitzen 173
  Sexton, selbstbetriebene Kanone 151
  Skoda-K52-Kanone 124
  Sturmwaffen 69
  V-1-Rakete 40, *42*, 70
  siehe auch Minenkriegsführung
Weltkrieg, Erster 57
Wetterbedingungen 89
Wettervorhersage 79
Widerstandsgruppen, Frankreich 10, 31, 33, 34, 36, 83
Widerstandsnester 116, 117, 129, 130–31, 137, 149, 151, 158, 167, 169
Witt, Fritz 170
Würzburg-Radarsystem 25
Würzburg-Riese-Radarstation 149

„Zweite Front“ 9, 38, 89